KB214575

Growing Young

청소년 그리고 청년에게

따뜻한 공간이 되어주는

교회와 공동체의 6가지 핵심 가치

Growing Young
청소년 그리고 청년에게 따뜻한 공간이 되어주는
교회와 공동체의 6가지 핵심 가치

2022년 10월 31일 1쇄 인쇄
2022년 11월 4일 1쇄 발행

지은이 | 카라 파월, 제이크 멀더, 브래드 그리핀
옮긴이 | 김지용, 조호영
펴낸이 | 이지원
펴낸곳 | 다세연

주소 | 서울시 광진구 광장로 5길 25 4층
전화 | 02-3446-6806

ISBN 979-11-950190-4-5 03230

2016 © Kara Powell, Jake Mulder, and Brad Griffin
Korean Copyright © 2022
by Daseyeon, Seoul, Korea

본서의 한국어판 저작권은 다세연을 통하여
Baker Books와 독점 계약한 다세연에 있습니다.
저작권법에 의하여 한국 내에서 보호를 받는 저작물이므로 무단전재와 복제를 금합니다.

청소년 그리고 청년에게

따뜻한 공간이 되어주는

교회와 공동체의 6가지 핵심 가치

Growing
Young

카라 파월, 제이크 멀더, 브래드 그리핀 지음

김지용, 조호영 옮김

다세연
daseyeon

추천의 글

젊어지는 교회는 말 그대로 젊은이들이 많은 교회이다. 젊은이들은 품이 넓고 진심을 가진 능숙한 소통기술을 가진 어른들에 대한 신뢰가 필요하다. 젊어지는 교회는 신뢰할 어른들의 모습을 볼 수 있는 통로가 될 것이고 그곳에서 자란 다음세대가 어떤 교회 공동체를 기대하고 신앙생활을 이루어가는지를 볼 수 있는 도구가 될 것이다. 예수 그리스도의 말씀을 기초한 공동체, 이웃으로 살아가는 모습을 기대할 수 있는 젊어지는 교회는 다음세대가 신앙생활을 해 나가는 데 큰 위로와 소망이 될 수 있을 것이다.

넥타 김경숙 목사

'열쇠꾸러미 리더십'이라는 젊어지는 교회의 첫 핵심가치가 눈에 띈다. 청소년과 청년을 다음 세대로 대하지 말고, 함께 권한(power)과 역할을 나눌 소중한 친구로서 대하라는 메시지다. 그들은 미래의 주인공이 아니라, 바로 그들 자신이 지금 교회의 주인공임을 밝혀준다. 이 책은 청소년과 청년 그 세대 자체로서 멋지고 매력있는 시대임을 부각시킨다. 청소년의 소중함을 알고 그들과 함께 공감하며 젊고 따뜻한 교회되기를 원하는 지도자들에게 필요한 책이다. 더욱 역동적으로 젊어지는 교회에로 초청하는 예수님의 초대장으로 읽으면 어떠할까? 그렇다면 청소년과 청년을 보는 교회 지도자의 관점뿐만 아니라, 그 설교와 사역이 확연히, 그러나 슬기롭게 변화될 것이다.

전 소망교회 담임 목사, 미래목회와말씀연구원 이사장 김지철 목사

"한 발 먼저 걸어간 이들의 이야기에 귀를 기울이는 사람이 지혜를 가진 사람입니다." 청년 시절 전도사님이 설교 중 들려주신 이야기입니다. 본 서는 우리보다 한 발 먼저 위기를 만났고 그 도전 앞에 몸부림 쳤던 미주 그리스도인들의 이야기를 나누고 있습니다. 우리가 만난 도전 앞에서 그들의 이야기를 겸손히 들으며 지혜를 얻길, 그리고 다른 이들에게 그 지혜를 나누길 소망합니다.

온누리교회 차세대본부장 노희태 목사

이 책은 청소년들과 청년들이 교회를 떠나감으로 노령화되어가는 교회를 젊게 만드는 여섯 가지 원리를 제시하는데, 처음부터 끝까지 '맞아, 맞아'를 연발하며 읽었다. 풀러신학교 청소년연구소의 방대한 조사에 기초하고 있는데, 저자들이 책상에서 쓴 것이 아니라 현장에서 땀과 눈물, 온몸으로 쓴 책이다. 이 책을 읽으면 한국교회의 청소년, 청년들

이 왜 교회를 떠나는지, 어떻게 돌아오게 할 수 있는지를 선명하게 깨닫게 된다. 한국교회의 모든 목회자, 청소년, 청년 사역자, 교사들의 필독서이다.

장신대, 기독교학교교육연구소 소장 박상진 교수

청년 세 명, 청소년 네 명, 어린이 세 명.. 다세연의 정직한 눈으로는 한국교회 중 '다수'에 해당하는 저희 교회도 요즈음 걱정이 참 많습니다. 코로나19로 인해 멈추었던 교회 공동체의 움직임이 아직 조심스럽기만 한데 이름도 험악한 새로운 바이러스 소식이 또 다시 들려옵니다. '교회도, 우리 아이들도 이대로 괜찮은걸까?'하는 탄식이 깊어집니다. 요즘 생뚱맞게도 가끔.. 지금은 없어진 제 모교회의 이름이 떠오르곤 합니다. 어쩌면 좀 촌스러운 그 이름이 떠오르면 제 마음 속 한 구석은 늘 몽글몽글해집니다. 그러면 다시 고민에 빠집니다. '지금의 나처럼 우리 교회 아이들도 교회를 기억할까? 훗날 어른이 된 우리 아이들에게 교회는 어떤 기억으로 남겨지게 될까?' 이 책은 새롭지 않습니다. 아주 오래된.. 교회와 관련된 우리의 희망들.. 경청의 지도력, 깊은 이해와 공감, 복음의 본질 안에서 형성되어가는 따뜻한 신앙 공동체, 그리고 그 자체로 우주적 존재인 한 아이와 소중한 가정, 나아가 시민사회 속 넉넉한 환대로 우정을 가꾸어가는 좋은 이웃됨의 신앙적 가치들을 다시금 확인하며 제안합니다. 다세연의 다정한 언어로 번역된 이 지극히 당연한 이야기에 어느덧 몽글몽글 다시 마음이 설레기 시작합니다. 다음 세대의 희망을 포기할 수 없어 '자기답게, 천천히, 적절하게, 더불어서.. 다시 한 번, 또 한 번' 걸어보자 하시던 다정한 그 음성에 다시금 벅차 오르던 그날처럼..

하늘소망교회 박성일 목사

한국교회와 다음 세대가 위기라 합니다. 다른 교회가 아니라 우리 교회의 이야기입니다. 하지만 어디서부터 어떻게 풀어가야 할지 몰라 막막하기만 한 숙제 앞에서 반짝이는 빛 하나를 만난 듯합니다. 어둠 속에서 그 빛을 먼저 찾아준 이들에게 고맙습니다. 이 빛을 여러분도 함께 보길 원합니다.

높은뜻우신교회 다음세대 총괄 박신애 목사

A Growing young wheel의 6가지 원칙은 '개별성'과 '공동체성'의 온전한 조화를 추구합니다. 1)열쇠꾸러미 리더십을 발휘하고, 2)다음세대를 공감하며, 3)그리스도의 삶

과 말씀을 전하는 것은 '개별성'을 존중하는 것입니다. 4)따뜻한 공동체를 만들고, 5)다음세대의 가정 사역에 우선순위를 두고, 6)최고의 이웃이 되는 것은 '공동체성'을 견고히 하는 것입니다. 독자들이 이 책을 통해 개인과 공동체의 신비한 연합을 돕는 비법을 발견하게 될 것을 확신합니다.

밀알두레학교 교장 신기원 목사

다세연에서 FYI(Fuller Youth Institute)의 'Growing Young'을 번역했습니다. 다세연이 청소년 사역의 최전선에 서서 실제적인 사역의 방향을 제시해 온 선교단체이기에 이 책의 번역이 더욱 감사하고, 기대가 됩니다. 분명 한국 교회에 큰 도움이 될 것입니다. 특히 좀 더 새롭고 미래지향적인 청소년 사역과 부모 사역을 고민하는 교회와 사역자들을 위해서는 더욱 좋은 선물이 될 것입니다.

서울드림교회 신도배 목사

글을 읽고 있지만, 마치 현장에 있는 느낌이다. 교회 창립 2년 차에 어떤 교회여야 하는가에 대한 고민이 있었는데 지금 시대에 반드시 필요한 책이며, 만약 교회를 개척한 지 얼마 안 되었다면, 모든 성도들이 함께 반드시 읽어야만 하는 책이다. 젊어지는 교회가 되기 위해서 다양한 세대가 모여서 다음 세대에게 집중할 때 적용할 수 있는 가치들이라고 확신한다.

라이드처치, 라이드미션 오승현 목사

한 사람의 열정과 생명이 녹아 있는 책입니다. 많은 분들이 한국 교회가 직면한 다음세대의 위기에 대해 걱정하면서도, 정작 대안을 찾고 무엇을 준비해야 하는지에 대해서 말하는 경우는 적은 것 같습니다. "Growing Young"은 그런 우리의 고민과 질문에 좋은 이정표가 되는 안내서라고 생각합니다. 다음 세대와 함께 걸어가는 마음가짐과 구체적인 방법을 배울 수 있고, 교회가 그 여정을 즐겁게 받아들이도록 도와주는 책입니다. 그리고 이 책은 다음 세대를 사랑하고, 다음 세대의 부흥을 위해 자신의 열정과 인생을 드린 다세연 김용재 목사님의 생명이 녹아 있는 책이라고 할 수 있습니다. 교회의 미래를 준비하는 지도자들과 다음 세대를 섬기는 모든 분들과 함께 읽고 싶습니다.

높은뜻 씨앗이되어 교회 이원석 목사

나는 받아든 원고를 단숨에 읽었다. 이처럼 영혼의 떨림과 이끌림에 눈을 뗄 수 없었던 것은 "빈자리에서 빛나는 자리(Growing Young)"를 보고픈 간절함이 컸기 때문일 것이다. 우리 시대 교회의 미래라고 할 다음세대는 보이지 않고, 신앙공동체의 존립은 불안하기만 하다. 이러한 시절에 확실성(certainty)보다 진정성(sincerity)으로 복음의 능력을 발견하고 믿음의 유산을 꽃 피우는 사람들이 있다. Growing Young에서 그들의 생생한 이야기를 만날 수 있을 것이다.

교회교육현장연구소 소장 이호훈 목사

다세연에서 이렇게 귀한 책을 소개해 주셔서 정말 감사합니다. 이 책은 가장 혁신적으로 변화하고 있는 미국의 몇 교회를 깊이 있는 분석을 통해 6가지 핵심 가치를 정리하면서 다음세대를 더 잘 섬기고 세우기 위해 오늘도 지금 이 순간도 고민하고 애쓰는 사역자들에게 큰 위로와 통찰력을 줄 수 있는 책이 될 것입니다. 다세연의 가르침!!! 자기다움!! 이 책을 통해 사역의 현장을 돌아보고 더 나아가 자기다움의 열정, 창의력으로 다음세대를 살리고 세우는 현장에서 잘 버터내는 힘이 되기를 기대합니다.

터전교회 임성경 전도사

책의 내용을 접하면서 본질을 고민하는 사람들은 생각이 같을 수밖에 없다는 것을 다시 한 번 느꼈습니다. 실제적이면서도 본질을 고민하는 다세연을 닮아있고 갖가지 이론과 정보의 홍수 속에서도 안전하게 추천할 수 있는 책이라 생각되어 기쁘고 편안한 마음으로 추천합니다.

창화교회 최태하 위임목사(기독교교육 Ph.D)

〜

나단(Nathan), 크리스타(Krista), 그리고 제시카 파월(Jessica Powell),

윌 멀더(Will Mulder), 안나(Anna), 카라(Kara), 그리고 조엘 그리핀(Joel Griffin)에게.

당신은 우리를 고무시켜 우리가 예수님의 더 좋은 제자들이 되게 합니다.

당신은 우리가 미소 짓고 겸손히 하나님을 찾게 합니다.

당신은 날마다 우리가 성장하고 젊어지도록 도와줍니다.

차 례

감사의 말

이 책을 읽다 보면 알게 되겠지만, 주목할 만한 교회들은 공동체를 젊어지게 하는 에너지를 불어넣기 위해서 결코 한 명의 지도자에게 의존하지 않는다. 거기엔 언제나 팀이 있다.

항상.

우리는 최고의 연구도 마찬가지라고 믿는다. 미국 전역에 걸쳐서 젊어지고 있는 교회를 다룬 이 연구를 위해서, 우리는 세상이 젊은이를 바라보는 관점을 바꿔야 할 때라고 믿는 60명 이상의 연구원·목회자·후원자로 이루어진 그룹과 함께 일을 해왔다.

그중 핵심 구성원은 풀러청소년연구소(이하 FYI) 스태프다. 스티브 아규(Steve Argue), 아이린 조(Irene Cho), 메이시 페닉스 데이비스(Macy Phenix Davis), 메간 이슬리(Meghan Easley), 요한나 그린웨이(Johanna Greenway), 타일러 그린웨이(Tyler Greenway), 제니퍼 게라 알다나(Jennifer Guerra Aldana, 퀸 하클리스(Quinn Harkless), 브라이언 넬슨(Brian Nelson), 데이시 로잘레스(Daisy Rosales), 그리고 매튜 슐러(Matthew Schuler)는 우리 사역과 이 책을 만들어 낸 비결이다.

풀러 청소년 사역의 모든 단계는 함께하는 자문단 덕분에 더 좋아지고 있다(그리고 더 추진력이 생기고 있다). 메리 안드링가(Mary Andringa), 짐 버그먼(Jim Bergman), 주디 버그먼(Judy Bergman), 에이프릴 디아즈(April Diaz), 팀 갤러(Tim Galleher), 신디 고(Cindy Go), 월리 홀리(Wally Hawley), 메간 헛치슨(Megan Hutchinson), 켄 크닙(Ken Knipp), 자넷 레버턴(Janet Labberton), 마크 메인즈(Mark Maines), 제프 마테지히(Jeff Mattesich), 크리스타 페이츠

먼(Christa Peitzman), 린다 프린(Linda Prinn), 주디 서퍼(Judi Shupper), 알버트 테이트(Albert Tate), 제레미 테일러(Jeremy Taylor), 그리고 제프 라이트(Jeff Wright)는 우리 자문단이다.

4년에 걸친 이 연구는 네 개의 재단이 가진 비전 덕분에 가능했다. 이 재단들은 교회의 더 나은 미래를 꿈꾸며 이 비전을 하나의 열매로 만드는 데 헌신하고 있다. 우리는 재정적 도움을 준 핸슨 가족 자선 재단(Hanson Family Charitable Foundation), 릴리 기부 재단(Lilly Endowment Inc.) 틴데일 하우스 재단(Tyndale House Foundation), 그리고 베르메르 자선 재단(Vermeer Charitable Foundation)에 깊이 감사드린다. 더 중요한 것은, 공동체 안에서 자라나게 될 청소년과 청년들에 대한 감사의 마음이다. 왜냐하면, 공동체들은 앞으로 젊어지기 위해서 필요한 도움을 그 안에서 자라나는 청소년과 청년들로부터 받게 될 것이기 때문이다.

이 연구의 힘은 풀러 신학교의 세계적인 교수단에서 나왔다. 모든 방법론적 결정과 설문조사에 도움을 준 챕 클락, 스캇 코모드(Scott Cormode), 짐 퍼로우(Jim Furrow), 그리고 캐머런 리(Cameron Lee)에게 감사한다. 이 연구의 근육은 풀러 교수진 덕분해 단단해졌다. 저스틴 바레트(Justin L. Barrett), 라이언 볼거(Ryan Bolger), 토드 볼징거(Tod Bolsinger), 마크 브랜슨(Mark Lau Branson), 워렌 브라운(Warren S. Brown), 커터 겔러웨이(Kutter Callaway), 마리 클레멘츠(Mari Clements), 나단 펠드멧((Nathan Feldmeth), 켄 퐁(Ken Fong), 커트 프레드릭슨(Kurt Fredrickson), 오스카 가르시아-존슨(Oscar Garcia-Johnson), 윈스턴 구덴(Winston Gooden), 조엘 그린(Joel B. Green), 벤자민 홀트버그(Benjamin Houltberg), 마크 레버튼(Mark Labberton), 주안 마틴즈(Juan Martinez), 데이비드 스캇(David Scott), 스캇 선키스트(Scott W. Sunquist), 그리고 주드 티어스마 왓슨(Jude Tiersma Watson)에게 감사한다.

　　하나님이 전국에 있는 놀라운 공동체들에서 행하시는 모든 일을 조사하고, 인터뷰하고, 관찰하고, 기술하고, 분석하고, 축하하는 데 셀 수 없는 시간을(사실, 따지고 보면 10,000시간을 넘었다) 바친 연구 보조자들에게 뜨거운 감사의 박수를 보낸다: 아서 뱀포드(Arthur Bamford), 브리아나 벤틀리 블리커(Brianna Bentley Bleeker), 아담 보로잔(Adam Borozan), 앤-마리 브래들리(Ann-Marie Bradley), 크리스틴 브루지(Kristin Brussee), 엘리자베스 벅스(Elizabeth Burks), 마르코스 카날레스(Marcos Canales), 카이틀린 클락(Kaitlyn Clark), 조나단 다미아니(Jonathan Damiani), 마이클 디마켄젤로(Michael DiMarcangelo), 케이스 딕슨(Keith Dixon), 마리아 드루스(Maria Drews), 크리스토퍼 페른호트(Kristopher Fernhout), 스티븐 핑켈(Stephen Finkel), 데니스 플렌더스(Denise Flanders), 로리 그레이(Lorrie Gray), 패트릭 자크(Patrick Jacques), 오스틴 존슨(Austin Johnson), 브라이언 존슨(Bryan Johnson), 에리카 크누스(Erika Knuth), 에밀리 리틀(Emily Little), 케리 로페즈(Kerri Lopez), 자니 맥글라슨(Janie McGlasson), 첼시 매킨터프(Chelsea McInturff), 다니엘 맨도저(Daniel Mendoza), 크리스틴 메롤라(Christine Merola), 메레딧 밀러(Meredith Miller), 소니아 밈스(Sonia Mims), 로렌 멀더(Lauren Mulder), 스테파니 오벳(Stephanie Obad), 피터 오우(Peter Ou), 레이첼 파프로키(Rachel Paprocki), 메리언 페너(Marian Pena), 에밀리 피터스(Emily Peters), 크리스토퍼 로미니(Christopher Romine), 질 로미니(Jill Romine), 아론 로잘레스(Aaron Rosales), 켄드라 소이어(Kendra Sawyer), 조디 톰프킨스(Jodi Tompkins), 랜달 반드벤터(Randel VanDeventer Jr.), 자레드 보타우(Jared Votaw), 메레딧 보타우(Meredith Votaw), 그리고 사라 워터스(Sarah Waters)에게 감사한다.

　　연구 기간 내내, 날카로운 관점을 가진 많은 지도자·연구자·비저너리(visionaries)·부모님 연구 과정의 여러 단계에서 중요한 피드백을 해주었다. 에이브러햄 베자라노(Abraham Bejarano), 짐 캔디(Jim Candy), 빌 크로 포드(Bill Crawford), 리셋 프레이저(Lisette Fraser), 크리스텐 아이비(Kristen Ivy), 크리스틴 머치(Christine Mutch), 샘 박(Sam Park), 크리스천 스미스 (Christian Smith), 조쉬 스미스(Josh Smith), 빌 스테피에리(Bill Staffieri), 로렌 스 워드(Lawrence Ward), 그리고 글렌커크 교회(Glenkirk Church)께 감사한 다.

베이커 북스(Baker Books)는 우리가 알고 있는 최고의 출판사이다. 브 라이언(Brian), 마크(Mark), 그리고 베이커 팀 전체의 뛰어나고 헌신적인 작 업에 매우 감사한다.

그리고 베이커 북스와 이런 협업이 이루어지도록 해준 워드서브 리터 러리 그룹(WordServe Literary Group)의 그렉 존슨(Greg Johnson)에게 존경을 표한다.

우리 배우자들-데이브(Dave), 로렌(Lauren), 그리고 미시(Missy)-은 우 리의 존재와 행위를 더욱 빛나게 해준다. 사랑해주고, 카라의 이른 아침 출근과 제이크와 브래드의 야근을 인내하고 이해해해 준 우리 배우자들 에게 감사한다.

우리 아이들에게는 교회가 젊어지도록 돕고 싶은 우리의 열정을 타오 르도록 해준다고 말하고 싶다. 우리는 사랑으로 자라나기를 기대하는 교 회가 그리스도로 인해 변화되어서 세상을 어떻게 변화시킬 수 있을지 꿈 꾸는 것을 좋아한다.

1. 젊어지는 교회되기

공동체가 집중하고 있는 것

제 친구들은 정말 교회에 가고 싶어하지 않아요. 하지만 우리는 여기에 있고 싶어요. 어른들도 그걸 알고 있죠. 그래서 그분들도 우리가 이 교회에 있길 원해요. 우리 교회 전체는 우리를 그저 미래의 교회가 아니라, 지금의 교회(the church of today)처럼 여기고 있어요. -애쉴리(Ashlee), 17세

고령화(Growing old)는 자연스럽게 일어난다. 피할 수 없다.

거울에 우리를 비춰보면, 고령화의 결과를 보게 된다.

우리 교회를 살펴보면, 고령화가 미치는 영향을 깨닫게 된다.

나이가 들면 위대한 지혜와 아름다움이 찾아온다. 오랜 시간 동안 예수님 사랑과 은혜를 경험한 신앙 공동체는 성숙하고 뿌리 깊은 연대를 맺게 된다. 하나님과 이웃을 사랑하는데 바친 헌신은 해가 바뀌고 계절이 변하면서 풍성한 결실을 보게 된다.

나이를 먹는 것은 나쁜 것만은 아니다. 오래된 것들은 나름대로 의미가 있다. 우리는 단지 그게 전부라고 생각하지 않는 것이다.

만약 당신의 교회가 다른 교회와 비슷하다면, 곳곳에 빈자리가 있을

것이다. 그곳은 공동체를 떠난 청소년과 청소년이 있던 곳이다. 그들은 금요일 저녁에는 영화관에 그리고 토요일 아침에는 카페에 모이지만, 정작 주일 아침 예배에는 모습을 드러내지 않는다. 이런 빈자리는 당신의 교회에 불완전함을 느끼도록 만든다.

공동체에 있는 이런 빈자리는 단순히 젊은이들이 빠졌다는 의미 이상을 나타낼 것이다. 교회는 전 세대에 걸쳐 기대만큼 젊어지고(Growing Young) 있지 않다. 아마도 당신은 설교단에서 애써 실망을 숨기며, "모두 어디 있는 거지?"라고 스스로 질문하는 담임목사일지도 모른다. 아니면, 교회에 도착했을 때 예전보다 원하는 곳에 주차하기가 훨씬 쉬워졌음을 느끼는 교인일지도 모른다. 당신의 역할이 무엇이든, 교회의 에너지와 출석은 예전 같지도 않고 기대에 미치지도 않는다.

당신이 성장하는 교회에 속해 있다면, 교회가 더 빠르게 성장하기를 바랄 것이다. 그런 성장 속에서도, 공동체 서로가 여전히 가깝고 친밀하게 지내길 원할 것이다. 새로운 얼굴들이 보이면 반기지만, 예전부터 맺어 온 끈끈한 관계도 잃고 싶어 하지 않을 것이다.

아니면, 젊은이가 넘쳐나는 축복받은 공동체에 있다고 생각할 수도 있다. 당신은 성령께서 그들을 이끄시는 법을 신뢰한다. 하지만 아이들이 당신의 나눔을 그저 소비만 하도록 내버려 두고 싶지는 않은 마음이 있다. 당신은 청소년과 청년이 세상 속에서 하나님의 구원을 위한 일에 참여하고 싶은 마음을 품게 되기를-앞장서서 이끌어나가길-원한다.

진실은, 모든 교회에 청소년과 청년이 필요하다는 것이다. 아이들의 열정은 주변의 토양을 비옥하게 만든다. 그들의 성경에 대한 호기심과 관계에 대한 진정성은 교회의 가르침을 계속해서 새롭게 하며 풍성한 우정의 열매를 맺게 한다.

청소년과 청년에게는 건강하게 성장하는 교회가 필요하다. 그런 교회는 그들이 공동체 안에서 건강하게 성장하여 지역사회에 뿌리내리게 도와주며 섬김의 자리로 파송한다.

당신의 교회에는 청소년과 청년이 필요하다. 그리고 그들은 당신의 교회가 필요하다. 한쪽이 없이 다른 한쪽만으로는 불완전하다.

미국 공동체들이 겪는 위기

왜 우리 교회만 고령화되고, 사람이 줄어들고, 정체기를 겪는 것인지 의아하게 느낄 수 있다. 그러나 그것은 당신만의 고민이 아니다. 불행한 현실은 교회 대부분이 성장하고 있지 않다는 것이며, 그들이 더이상 젊어지지 않는다는 것이다.

출석 인원의 감소

퓨 리서치 센터의 조사에 따르면, 자신을 그리스도인이라고 밝히는 미국 내 성인의 비율은 2007년과 2014년 사이에 78%에서 71%로 떨어졌다. "종교적으로 무소속"(religious unaffiliated, 이것은 무신론자, 불가지론자, 또는 "특별한 종교가 없다"는 것을 의미한다.)이라고 밝히는 사람은 이에 상응하여 16%에서 23%로, 거의 7%가 올랐다.[1]

이런 "무소속의 증가"는 교파에 따라 다양하다. 미국연합감리교회(United Methodist Church), 미국침례교회(American Baptist Churches USA), 미국복음주의루터교회(Evangelical Lutheran Church in America), 미국장로교회

(Presbyterian Church [USA]), 그리고 성공회(Episcopal Church)를 포함한 주류 개신교는 수적으로 매우 큰 하락을 경험했다. 2007년에서 2014년까지 주류 개신교 성인의 수는 사천 백만에서 삼천 육백만으로 대략 오백만 정도가 감소했다.

2007-2014년 미국의 종교 소속

그리스도인

2007
78%

2014
71%

종교적 무소속자

2014
23%

2007
16%

로마 가톨릭의 성인 교인은 오천사백만에서 오천백만으로 거의 삼백만이 감소했다.

복음주의 성향을 지닌 교회의 성인뿐만 아니라, (남침례교회, 하나님의 성회, 그리스도의 교회, 루터교회-미조리 시노드, 그리고 미국 장로교회[Presbyterian Church in America]와 같은) 복음주의 교파의 성인 수는 육천만에서 육천이백만으로 성장했다. 이것은 축하할 일처럼 보일 수도 있다. 그러나 숫자가 늘어나긴 했지만, 자신을 복음주의자라고 밝힌 미국인의 비율은 사실상 26% 조금 넘는 수치에서 25% 조금 넘는 수치로 약 1%가 줄었다.

이런 변화는 미국에서 규모가 가장 큰 세 교단의 주요한 감소세를 보여주지만, 모든 교단이 그런 위기를 경험하고 있는 것은 아니다. 미국침례교협의회(National Baptist Convention), 그리스도 안에 있는 하나님의 교회 (Church of God in Christ, 주로 아프리카계 미국인으로 이루어진 오순절 교회), 아프리카 감리교 감독교회(African Methodist Episcopal Church), 그리고 진보적 침례 교회(Progressive Baptist Congregation)와 같은 흑인계 개신 교단들은 상대적으로 안정적인 상태이며, 천 육백만 명의 성인이 소속되어 있다.[2]

요약하자면, 오늘날 미국에서 주요 기독교 교단 중 어느 곳도 성장하고 있지 않다.[3] 일부 교단은 가까스로 안정적인 상태를 유지하고 있지만, 그보다 더 나아지기는 어려운 상황이다.

공동체의 고령화

인구통계학 전문가들은 전반적인 교인 출석률의 감소가 젊은이의 종교 행위와 관련 있거나, 그 결핍과 연결되었다고 본다. 2001년 미국인구조사국(US Census Bureau) 자료에 따르면, 18세에서 29세까지의 성인이 성인 인구의 22%를 차지했다. 그러나, 전국적으로 같은 연령 그룹의 교회 출석률은 10% 이하를 나타낸다.

복음주의 개신 교회들이 14%로 최고로 높은 젊은 층을 차지하고 있으며, 그다음은 가톨릭교회로서 10%, 그리고 주류 개신 교회들이 6%를 차지하고 있다.[4]

지난 몇 년 동안, 미국에서 빠르게 늘어나고 있는 민족 중 하나인 라틴계 젊은이들의 신앙에 큰 변화가 있었다. 2010년에서 2013년까지, 로마 가톨릭이라고 밝힌 18-29세까지의 라틴계 젊은이의 숫자는 60%에서 45%로 곤두박질쳤지만, 반면 "종교적으로 무소속"이라고 밝힌 젊은이는 14%에서 31%로 치솟았다.[5]

미국에서 빠르게 늘어나고 있는 또 하나의 그룹인 아시아계 미국인은 신앙의 갈등을 겪고 있다. "무종교인의 증가"는 모든 민족에 해당하긴 하

지만, 아시아계 미국인은 대중보다 "종교적으로 무소속" 비율이 7%가 높다.[6]

어느 문화에서든, 청소년과 청년 신앙의 주요 전환점은 고등학교 졸업으로 보인다. 많은 연구는 고등학교 3학년 학생(youth group seniors)의 40%~50%가 - 당신 교회의 아이들처럼 - 고등학교를 졸업한 후에 하나님과 신앙 공동체를 떠나게 된다고 강조한다.[7]

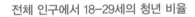

전체 인구에서 18-29세의 청년 비율

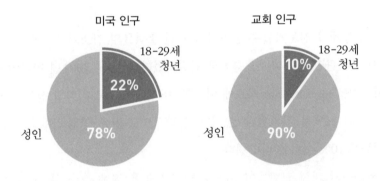

미국 인구

18-29세
청년
22%
성인 78%

교회 인구

18-29세
10% 청년
성인 90%

"지금, 저희에게는 문밖으로 나서는 데 집중하는 청소년 그룹이 있어요. 이들 덕분에 우리 공동체는 교회를 처음 시작하게 되었던 그런 유형의 섬김으로 다시 돌아가고 있죠. 그 아이들은 교회에 신선한 바람을 불어넣고 있고, 우리의 열정에 다시 불을 지피고 있죠. 그 학생들은 장년 세대에게 빛이 되는 것과 하나님을 영화롭게 한다는 의미에 대한 모델이 되고 있어요." -콜렛(Colette),[8] 27세

위에서 제시한 통계를 좀 더 개인적인 영역에 적용해 볼 수 있다. 당신 공동체의 아이들 모습이 담긴 한 장의 사진이 있다. 그리고 빨간 펜으로

거의 절반 정도의 학생 얼굴에 X 표시를 한다고 상상해보는 것이다. 지금, 그 정도로 많은 아이가 청년 시기에 신앙에서 멀어지고 있다.[9]

교회를 떠난 아이 중 일부 – 아마도 절반 이상 – 는, 결혼하거나 아이를 갖게 되면 신앙 공동체에 다시 돌어온다.[10] 하지만 50% 정도는 계속 표류한다. 교회로 돌아왔다고 하더라도 세계관, 관계, 소명에 관한 중요한 결정 앞에서 신앙은 뒷전으로 미뤄둔다. 그 결정이 미치는 영향은 쉽게 바꾸거나 지우기가 어렵다.

예수님을 따르는 사람으로, 부모로, 그리고 다음 세대를 위해서 헌신하는 성인이자 지도자로 살아가는 우리는 공동체의 감소와 고령화에 마음이 불편하다.

우리는 당신도 같은 마음이라고 생각한다.

"빈자리"에서 "빛나는 자리"로

그럼에도 불구하고, 교회에 관한 모든 소식이 우울하고 어두운 것이 아니라는 점에 감사하다. 구름 가득한 하늘 같지만, 가려진 구름 사이 여기저기로 빛이 보인다. 우리 팀은 그 자리를 "빛나는 자리"라고 부른다.[11]

전국적으로, "빛나는 자리"와 같은 수백 개의 교회와 공동체는 청소년과 청년을 사랑하며 정성스럽게 섬기고 있다. 일부는 조용하게 빛도 없이, 또 다른 일부는 큰 매력과 관심을 끌고 있다. 우리는 이 교회들을 다음과 같은 이유로 젊어지는 교회(Growing Young)라고 부른다.

1. 이 교회들은 15-29세의 청소년, 청년과 함께 한다. 그리고

2. 이 교회들은 – 영적으로, 정서적으로, 선교적으로, 때로는 수적으로

- 자라나고 있다.

　이런 공동체 덕분에, 수많은 청소년과 청년이 교회에서 어떻게 "느끼"는지, 그리고 어떤 것을 하더라도 교회를 "집"처럼 느낄 수 있을지에 관해 이야기하기를 멈추지 않고 있다.

　우리는 이런 교회들이 집중하고 있는 것에 관한 연구를 시작했다. 이 연구를 시작한 이유는 사람들에게 실제로 유효한 것을 제공하고 싶었기 때문이다. 그렇게 발견한 것들이 이 안에 담겨 있다. 이 책은 고령화되거나 움츠리지 않고 젊어지고 있는 교회들의 핵심 가치(core commitments)를 이야기한다.

　공동체의 쇠퇴와 "고령화"를 보여주는 데이터는 설득력이 있다. 하지만 그것이 전부는 아니다.

　또한, 그것이 당신 교회의 이야기일 필요도 없다.

하늘이 무너진 것 같은 곳에 피어나는 희망

　우리 연구에 참여한 청소년 중 한 명인 이사벨라(Isabella)가 변화될 수 있었던 이유는 50년 전에 교회가 새로운 이야기를 써 내려가기로 했기 때문이다. 1960년대, 미국 남부에 있는 이 교회는 문을 닫을 위기에 놓였다. 하지만 멈춰서지 않고, 교회 공동체가 젊어질 수 있는 방법을 찾기 시작했다. 교회는 청소년과 청년 그리고 그들의 가족을 소중히 여기는 목회자인 로저(Roger) 목사님을 담임 목사로 모셨다. 그 목사님은 무엇보다 안전을 강조했고, 아이들이 흥미를 느낄 수 있는 시설들을 요청했다. 그뿐만 아니라, 어린이, 청소년, 부모에게 헌신적인 스태프를 모았다. 그리고 세대를 초월해서 모든 교인이 국내 및 해외 선교 여행에 참여하도록 했다. 교회는 청소년과 청년이 교회에 소속감을 갖고 교회를 대표한다고 느낄 수 있도록 도우려고 협력했다. 어려운 일이었지만, 이런 노력은 결국 청소년과 청년을 우선순위에 두겠다는 장기적인 헌신으로 이어졌고, 공동체가 성장하는 결과도 가져왔다.

잠깐 시간을 2014년으로 돌려보려고 한다. 고등학교 2학년이었던 이사벨라는 갈 곳 없이 남겨졌다. 약물에 중독된 엄마가 이사벨라를 집에서 쫓아내면서 그 아이는 안전하게 밤을 보낼 수 있는 장소를 찾아서 떠돌아다니고 있었다.

필사적으로 머물 곳을 찾고 있던 이사벨라의 머릿속에 데일(Dale)과 케이시(Kathy)의 이름이 스쳐갔다. 이들은 이사벨라의 같은 반 친구인 에밀리(Emily)가 지낼 집이 없을 때 보살펴줬던 사람들이었다. 이사벨라는 데일과 케이시가 교회를 다니는지 몰랐다. 또한, 그들이 부모님이 없는 아이들과 청소년 그리고 청년을 돌보라는 말씀을 실천해오던 50년 전통을 가진 교회에 다닌다는 것도 알지 못했다.

이사벨라가 아는 것이라곤 데일과 케이시가 에밀리에게 집에 와서 지내도 좋다고 이야기한 것이 전부였다. 만약 이사벨레도 운이 좋다면, 그들은 그 아이에게도 같은 이야기를 해줄 것이다.

사실, 데일과 케이시는 에밀리를 감당하기도 힘든 상황이었다. 자영업을 하며 겪던 재정적인 어려움이 있었다. 그러나 그들은 이사벨라에게 가족이 필요하다고 생각했고, 자신들이 그 아이에게 가족이 되어줄 수 있다는 것을 강력하게 직감했다.

모든 게 좋은 것은 아니었다. 현실은 행복과 정말 거리가 멀었다. 이사벨라는 우울했고, 분노했고, 버릇없이 굴 때도 있었다. 데일과 케이시는 이런 반응이 일반적인 십대의 반항이라는 것을 알았다. 그들은 이사벨라를 무조건 사랑해주었지만, 문을 세게 닫고 나가버린다거나 토라져서 부루퉁해 있는 모습을 지켜보는 것은 쉬운 일이 아니었다.

이사벨라는 새로운 가족들과 함께 주일 예배를 드리는 것을 못마땅하게 생각했다. 청소년 담당 목사인 행크(Hank)는 이사벨라가 처음 예배를 드렸던 주일을 떠올리며 "정말 시커먼 천둥 번개 구름"과 같았다고 이야기했다. 청소년 담당 지도자 중 한 명인 토리(Tori)는 뒷자리에 서 있던 그 아이를 보고 다가가 대화를 나누었다. 아니, 대화해보려고 애를 썼다. 이사벨라는 토리의 질문에 가능한 짧게 대답했다. (만약 당신이 청소년과 대화를 나눠보았다면, 무슨 말인지 이해할 것이다.)

이날 예배 끝 무렵에, 토리는 이사벨라에게 "다음 주에도 만날 수 있으면 좋겠어"라고 말했다.

팔짱을 낀 채 이사벨라는 중얼거렸다. "아마도 그럴 거예요. 우리 새 부모님이 날 데려올 테니까요."

이사벨라의 심술에 많은 지도자가 힘들어했지만, 토리는 그렇지 않았다. 매주 이사벨라가 교회에 올 때마다 토리는 대화를 나누려고 노력했다. 서서히, 이사벨라의 대답은 몇 단어에서 몇 문장으로 늘어났다. 그리고 마침내 자기 이야기를 꺼내기 시작했다.

토리는 기타 치기를 좋아하는 이사벨라를 예배팀에 들어오게 했다. 이사벨라의 양아버지 데일도 뮤지션이었기 때문에 저녁마다 그는 딸과 함께 연주하곤 했다. 재정적인 어려움에도 불구하고, 데일은 이사벨라가 교회에서 연주하는 모습을 보기 위해 기꺼이 일을 미루기도 했다.

몇 달이 지나 청소년부 수련회를 하고 있을 때, 이사벨라가 토리를 찾아가서 진심을 털어놓았다.

"기분이 찝찝해요. 내 인생에서 뭔가 빠져있는 것 같아요."

이사벨라는 토리에게 성적으로 문란하게 보냈던 생활과 고통을 잊기 위해 자해를 했던 이야기를 진술하게 털어놓았다.

진지한 눈빛으로 토리가 말했다.

"그럼, 예수님을 믿고 그분의 사랑을 느껴보지 않을래?"

이사벨라가 눈물을 흘리며 대답했다.

"제가 바라는 거예요."

자신을 버리지 않았던 새로운 가족과 교회의 사랑 속에서 몇 달을 보낸 후, 이사벨라는 예수님을 따를 준비가 되었다고 고백했다.

행크는 "이사벨라는 검고 어두운 구름에서 벗어나 모든 사람에게 그치지 않는 웃음을 보여주는 사람으로 변했어요."라고 말했다.

이사벨라는 학교 친구들이 (조금 이상한 아이였던) 자신을 "새로운 나"로 보게 되었다는 것을 알았다. 자해도 멈추었고, 남자 친구들과도 건강한 친구 사이로 지내게 되었다. 우리 팀이 교회에 방문해서 이사벨라를 만났을 때, 그 아이는 눈물을 글썽이며 말했다.

"여기 있는 가족 중 한 사람이 저를 이곳으로 데리고 왔고, 저를 입양해주었어요. 당신은 우리 교회가 얼마나 사랑스러운 교회인지 꼭 알아야해요. 이 교회가 저의 삶을 변화시켜주었어요."

17살의 이사벨라는 50년 전에 하나님께서 이 교회의 방향을 바꾸는 데 사용하신 담임목사 로저를 통해 변화되었다고 할 수 있다. 이런 변화는 - 결국 사랑 그리고 안전한 곳이 필요한 한 학생을 외면할 수 없다고 생각했던 두 명의 교우인 데일과 케이시의 마음을 움직여서 - 이사벨라를 행크와 토리에게 연결되도록 하는 결정을 내리도록 했는데, 두 지도자는 이사벨라를 포기하지 않았으며, 이사벨라가 누구도 포기하지 않으시는 하나님의 품을 경험하도록 도와주었다.

당신이 젊은이에게 관심이 있다면,
이 책은 당신을 위한 것이다

이사벨라는 곁에서 그리고 교회에서 한 팀을 이루어 다양한 역할을 했던 어른들로 인해 변화되었다. 청소년에게 한 팀을 이룬 어른들이 필요했던 것처럼, "빛나는 자리"를 만들기 위해서는 불꽃이 되는 한 사람만으로 충분한 것이 아니다.

젊어지는 데는 모두가 필요하다. 언제나.

담임목사, 당신은 교회의 비전을 제시하고 보여주는 대변인이다. 교회를 레프팅에 비유한다면, 당신은 레프트 가이드다. 교회의 방향과 진행에 당신 이상으로 영향을 주는 사람은 없다.

당신은 이미 많은 일과 우선순위를 다루고 있을 것이다. 셀 수 없을 정도로 말이다. 중요하지 않은 일이 없다. 당신에겐 이 책이 다루는 것들을 실천하기 위한 시간은 물론이고, 책 읽을 여유조차 없다.

우리 연구에 따르면, 젊어지는 것은 교회 전체에 에너지를 준다. 젊어지기 위해 가로막힌 강물을 헤치고 나아갈 때, 공동체의 다른 우선순위(효과적인 복음전도, 역동적 예배, 강력한 봉사와 선교, 그리고 진정한 공동체와 같은)도 탄력을 받게 될 것이다. 당신이 활기찬 교회를 소망하며 기도하고 있다면, 청소년과 청년이 내뿜는 열정보다 더 좋은 출발점은 없다.

부목사, 행정담당목사, 구역담당목사, 당신은 담임목회자에게 정보, 격려, 그리고 앞에 놓인 장애물에 대한 경고 등을 제공함으로써 보트를 조종한다. 당신이 없다면, 그 보트는 물에 빠질 것이다.

교회 리더십의 핵심 구성원인 당신은 공동체를 향한 꿈이 있고 그것이 실현되도록 돕는 아이디어를 가지고 있다. 그러나 가끔 당신의 의견과 전문성이 가치 없다고 느낄 때도 있다. 그런 순간, 이 책은 당신이 순조롭게 결정하는 데 도움을 줄 수 있다. 당신이 교회를 밝은 미래에 다가가도록 돕는다면, 우리 연구는 더 큰 신뢰를 주게 될 것이다.

봉사자, 지도자 그룹, 부모님들. 당신은 보트의 맨 앞줄에 앉아서 가장 좋은 물줄기를 따라가도록 돕는 사람들이다. 당신의 주인의식, 헌신, 노력이 없다면 보트는 이곳저곳으로 정신없이 흘러갈지도 모른다.

목회자는 오고 가지만, 당신은 그렇지 않다. 당신은 교회를 사랑하고, 교회의 잠재력이 드러나는 모습을 보기 원한다. 기꺼이 힘을 다해 사역을 감당하고, 오랜 시간 봉사할 마음도 있다. 당신이 이 책을 읽는 이유는 아마도 큰 변화를 이루어내기 위한 시간과 에너지가 필요하기 때문일 것이다.

청소년과 청년. 당신의 창의성과 진정성은 이 여행에 생명력이 돌게 한다. 솔직하게 이야기하면, 당신이 없다면 래프팅은 완전히 지루해지고 의미가 없어질 것이다. 더 중요한 것은, 당신이 노를 잡고 래프팅 보트가 앞으로 나아가도록 하고 있다는 것이다. 당신이 없다면, 래프팅 보트는 뒤집히고 말 것이다.

당신은 엄청난 존재다. 하나님 형상을 따라 지어진, 독특한 열정과 은사, 재능을 가진 존재이다. 그 모든 것들은 공동체를 통해 발견하게 되고 드러나게 될 것이다. 이 책은 당신이 어떻게 그늘에서 벗어날 수 있으며, 교회의 현재와 미래에 어떤 주도적인 역할을 할 수 있을지 이해하는 데 도움을 줄 것이다.

당신은 나이 또는 교회의 직분과 관계없이 공동체가 젊어지도록(grow young) 돕는 일에 꼭 필요한 역할을 맡은 사람이다. 지금 교회는 거친 물살 사이를 지나고 있다. 교회에게 당신이 필요하다. 지금 청소년과 청년 그리고 미래의 세대들에게도 당신이 필요하다.

교회가 젊어지는 데 필요하지 않은 10가지 특징

당신이 담임 목회자든, 스태프든, 봉사자든, 부모든, 청소년이든, 아니면 청년이든 관계없이, 젊어지는 것에 대한 선입견은 걸림돌이 될 수 있다. 성장하는 교회에 대해 가지고 있는 이미지는 시간이 흐르며 선입견에 다른 가지가 하나씩 자라나서 형성되었을 가능성이 크다. 이 가지들은 대부분 한 사람의 경험 - 당신 또는 또 다른 지도자 - 으로부터 돋아난다.

성공적 사역에 대해 가지고 있는 이미지들도 몇 년 - 또는 몇 십 년 - 지난 오래된 것들이다. 이런 점에서, 어떤 가지가 열매를 맺을 가능성이 있으며 어떤 가지가 공동체의 생명을 빼앗게 될 것이라고 말하기는 쉽지 않다. 사역에 대한 당신의 노력은 너무 많은 비현실적인 기대로 인해 시들해지고 있다.

이제 사역을 방해하는 곁가지를 다듬어서 교회가 젊어지게 하는 가지만을 남겨두어야 한다. 감사하게도 연구팀의 설문, 인터뷰, 그리고 현장 방문 덕분에, 우리는 교회가 젊어지는 데 필요한 10가지 특징을 정리할 수 있었다.

1. 정확한 규모. 어떤 교회는 너무 크고, 다른 교회는 너무 작으며, 또 다른 교회는 "아주 적당하다"는 골디락스(Goldilocks, '금발머리'란 뜻의

경제용어로, 호황도 불황도 아닌 이상적 경제 상황을 가리킨다-옮긴이) 환상에 빠지지 않아야 한다. 우리는 교회 규모와 효율성 사이에 통계학적 관계가 전혀 없다는 것을 보았다. 규모는 중요하지 않다.

2. 좋은 위치나 지역. 우리 데이터는 사람이 붐비는 도시 중심가와 역동적인 대학 캠퍼스 근처 교회들이 성장한다고 보여주고 있을까? 물론 그렇다. 그러나 마찬가지로, 신호등이 하나뿐인 시골 마을과 중산층이 모여 사는 교외 지역의 교회도 똑같이 건강한 사역이 이루어지고 있다는 것을 발견했다. 위치나 지역을 한계로 여길 필요는 없다.[12]

3. 특정한 나이. 하나님이 새로운 교회 개척을 통해 역사하시는 방법은 늘 놀랍다. 5년도 안 된 교회들로부터 배운 것들은 참 귀하다. 그러나 100년이 넘은 교회들에서도 역시 다양한 것을 배웠고, 많은 삶의 변화를 남겼다. 젊어지는 교회를 규정하는 특정한 나이는 없다.

4. 인기 있는 교단 또는 교단의 부재. 우리가 연구를 시작했을 때, 특정 교단 교회들이 최상위에 오르게 되지는 않을까 염려했다. 일부 교단이 평균보다 더 빨리 위축되거나 고령화되고 있는 것이 사실이기 때문이다. 그것은 괜한 걱정이었다. 당신이 특정 교단 소속이거나 또는 그렇지 않다는 것이 문제 되지는 않는다. 하나님은 모든 교회를 통해 강력하게 역사하고 계신다.

5. 뒤떨어진 감각. 물론, 우리 연구에서 효과적인 사역을 하는 일부 교회와 지도자에게는 현대적이고 최신 흐름에 맞는 감각이 있다. 그러나 이들은 소수에 불과했다. 요즘 청소년과 청년에게는 관계적 따스함이 진정한 새로움이다.

6. 넓은 건물과 최첨단 시설. 청소년과 청년 사역에 뛰어난 일부 교회

는 넓은 건물과 최첨단 시설을 갖추고 있다. 그러나 모두가 그렇지는 않다. 대부분 교회는 훌륭한 사역을 하고 있지만, 화려한 공간에서 모이는 것은 아니다. 어떤 교회는 자기 공간도 소유하지 못해서 지역 학교, 공동체 센터, 심지어 한 가정의 거실에서 모이고 있다. 청소년과 청년에게 필요한 공간은 집처럼 편안함을 주는 곳이지, 건물의 모양이 아니다.

7. 많은 예산. 젊어지는 교회들이 청소년과 청년에게 쏟는 투자는 일반적으로 재정과 연결된다. 그러나 항상 그렇지만은 않다. 재정이 충분하지 않은 교회들은 각자의 창조적인 방식으로 아이들을 지원한다. 적은 예산이라고 효과도 작은 것은 아니다.

8. "현대적" 예배. 연구에 따르면, 어떤 청소년과 청년은 "자유로운" 현대적 예배를 선호했지만, 어떤 아이들은 "경건하고 전통적인" 의례와 예식이 있는 예배를 좋아했다. 우리가 방문한 교회들의 경우에는 예배의 현대적인 분위기를 선호했지만, 그것만 의존하지는 않았다.

9. 우회적인 교육 방식. 간혹, 청소년과 청년의 마음을 끌기 위해서 성경의 가르침을 우회적으로 가르치고 덜 급진적인 것처럼 보여야 한다고 생각한다. 그러나 우리는 그렇지 않다는 것을 발견했다. 젊어진다는 것은 요즘 청소년과 청년에게 예수님 또는 그분을 따르는 것에 관해 줄이거나 가려서 이야기하는 것을 의미하지 않는다.

10. 재미 위주의 프로그램. 요즘 청소년과 청년이 접할 수 있는 놀이 문화는 끝이 없다. 교회 프로그램은 재미에 완벽을 추구할 필요가 없다. 완벽하게 하려고 할수록 실패할 확률이 높아질지도 모른다. 우리 연구는 신앙 공동체들이 뭔가 다른 것을 제공해야 한다는 것

을 보여주었다. 재미와 흥미 위주의 프로그램으로는 결코 성공하기 어렵다.

연구에 동기부여를 준 비전

젊어지는 것에 대한 열정과 연구 양쪽 모두에 불꽃을 일으키는 에너지는 우리의 사명이다. 풀러 신학교에 소속된 풀러 청소년 연구소의 사명은 청소년과 청년에게 필요한 신앙을 가꾸게 하는 것이다. 그 사명을 이루기 위해서 우리는 풀러와 다른 기관이 실제적인 자료로 실행하고 있는 다양하고 중요한 연구를 지렛대로 사용한다. 우리는 이 연구들이 아이들을 바라보는 세상의 관점을 변화시켜 줄 수 있기를 기대한다.

우리는 2004년부터 부모님들, 지도자들과 함께 청소년이 삶 속에서 어떻게 예수님과 우정을 가꾸어 갈 수 있도록 도울지 꿈꿀 수 있는 대단한 영광을 얻었다. 그 내용은 Sticky Faith에서 확인할 수 있다.

> 풀러 청소년 연구소의 사명 · 전략 · 자원에 대해 더 많이 알고자 한다면, FullerYouthInstitute.org를 방문하기 바란다. 스티키 페이스의 지도자 및 가족을 위한 자료는 StickyFaith.org를 방문하기 바란다. 이 책의 연구에 사용된 방법과 절차를 위해서는 부록을 보거나, ChurchesGrowingYoung.org를 방문하기 바란다. 이 사이트에는 당신의 교회가 이 책을 뛰어넘어 다음 단계로 나아가도록 도와줄 무료 교회 평가 도구도 있다.

우리는 지속적으로 신앙을 건강하게 물려주고 있는 50가정뿐만 아니라, 500명 이상의 청소년과 청년의 대학 생활 시작부터 3년 동안을 살펴봤다. 그 자료와 내용 그리고 결과와 함의를 많은 지도자, 부모, 그리고 조부모에게 Sticky Faith라는 이름으로 나눌 수 있었다.

Sticky Faith 연구와 집필 이후로 12년이 흘러 잠시 정체기에 있을 때, 우리 팀은 새로운 사역 개척을 놓고 기도하였다. 그러던 어느 날 아침, 내가(Kara) 기도하면서 미래에 관한 글을 정리하던 중에 이런 문장을 적었다. "Sticky Faith는 청소년과 청년에 관한 연구이다. 지금, 우리는 그들에게 정말 건강하게 다가가고 있는 공동체에 관한 연구가 필요하다."

우리 집 거실에 있는 감청색 소파에 앉아서 노란 노트에 막연하게 끄적였던 한 문장이 4년 동안 '젊은이의 마음을 사로잡는 교회들'(Churches Engaging Young People, 또는 '킵'[keep]으로 발음되는 CEYP)이라는 초교파적 프로젝트에 힘을 쏟게 했다.

그리고 네 곳의 재단으로부터 상상할 수 없는 후원을 받게 되었다. 그 사역의 목적은 모범이 될만한 교회들이 어떻게 그리고 왜 15-29세 사이의 청소년, 청년과 건강하게 관계를 맺고 있는지를 이해하는 것이었다. 우리의 꿈은 이 공동체들로부터 배운 것을 가지고 교회와 공동체가 새로운 영역으로 나아가도록 돕는 것이다.

우리는 왜 15-29세를 연구했는가?

풀러 청소년 연구소가 진행했던 대부분의 연구는 청소년에게 집중되어 있었다. 우리가 3장에서 더 깊이 다루겠지만, 청소년기의 연장을 고려할 때, 우리는 청소년을 넘어서 "성인 진입기"(emerging adulthood)라고 불리는, 변화무쌍한 초기 성인 단계를 포함하는 것이 중요하다고 믿었다.[13]

청소년기의 연장은 성인기를 나타내는 전통적인 5가지 인구통계학적 지표(가정을 떠남, 학교 졸업, 결혼, 출산, 그리고 재정적 독립)가 지연된 시기를 통해 볼 수 있다. 1960년에, 미국 남성의 66%와 미국 여성의 77%가 30세가 되기까지 이 5가지 지표를 전부 나타냈다. 2010년에는 남성 중 28%와 여성 중 39%만이 해당했다[14]

우리는 연구에 참여한 교회뿐만 아니라 이 책을 읽는 다양한 독자가 신앙 공동체를 묘사하는데 서로 다른 용어를 사용한다는 것을 알고 있다. 어떤 사람들은 "교회"(church)로, 또 다른 사람들은 "교구"(parish)라고 나타낸다. 공동체(congregations, '회중'이란 뜻인데, 가능한 '공동체'로 옮겼다-옮긴이) 중 상당수가 "목사"(pastors)의 지도를 받지만, 일부는 "레버런드"(reverends, 기독교 성직자에 대한 경칭-옮긴이), "교구목사"(rectors), 또는 "신부"(priests)의 지도를 받는다. 우리는 연구와 집필을 하면서 가능한 기독교 전통 전반적으로 널리 사용되는 언어를 사용하려고 했다. 그 의도를 이해해주기를 부탁하며, 용어에 관계없이 당신에게 가장 적합한 리더십과 공동체 언어에 적응하기를 바라는 마음이다.

어떻게 모델 교회들을 선택했는가?

우리는 풀러 신학교의 넓은 네트워크와 연결된 약 35명의 적임자들로부터 역동적인 공동체를 추천받았다. 이들은 다음 세 범주로 나눌 수 있다.

다양한 교단 목회자들. 로마 가톨릭과 그리스 정교회뿐만 아니라, 13개 개신교 교단에 속해 있다.[15]

존경받는 학자들. 7개의 교육 기관에 속해 있다. 풀러 신학교, 프린스턴 신학교, 휘튼 대학, 노스파크 대학교(North Park University), 고든 대학(Gordon College), 트리니티 복음주의 신학교(Trinity Evangelical Divinity School), 그리고 루터 신학교다.

교단 밖에서 청소년과 청년 사역에 헌신하는 전문가 단체들. 여기에는 윌로우크릭협회(Willow Creek Association), 오렌지(Orange), 유스 카르텔 (Youth Cartel), 케터리스트(Catalyst), 그리고 우리 풀러 청소년 연구소 팀이 포함된다.[16]

우리는 이들에게 청소년 그리고 청년과 함께하며 숫자상으로 성장하고 있는 공동체, 공동체 중 청소년과 청년이 많은 인원을 차지하고 있는 공동체, 그들과 함께 "흥미롭고 선교적인" 사역을 하고 있는 공동체를 추천해달라고 요청했다. 이 기준을 바탕으로 363개 공동체를 추천받았다.

연구의 여정

이 연구는 세 단계(stages)로 나누었다. 앞 단계는 이어지는 단계에 좀 더 깊이 있는 내용을 다루기 위한 발판으로 삼았다.

첫 번째 단계는 두 과정으로 진행했다. 첫 번째는 80권이 넘는 책과 논문을 자세하게 개관했다. 건강한 청소년과 청년, 그리고 교회에 관한 이론 연구와 대중적인 글이다. 두 번째는 교인 수 및 목회 자질에 대한 온라인 조사이다. 이 조사는 363개 교회 중 259개 교회에 있는 담임목사와 청소년, 청년 지도자를 대상으로 진행했다.

우리는 이런 과정을 통해서 두 번째 단계 인터뷰에 참여할 가장 주목되는 41개 교회를 선정했다.[17] 그 교회에 속한 535명의 젊은이, 부모, 교회 직원, 그리고 봉사자를 인터뷰하였으며 대부분 전화로 진행했다. 그 결과는 약 10,000페이지의 녹취록으로 정리되었다.

전반적인 주제와 두 번째 단계에서 얻게 된 개별 교회들의 응답을 고려하여, 우리는 세 번째 단계에서 우리는 두세 명씩 팀을 만들어 41개 교회 중 12개 교회를 방문하였다. 각 교회에서 며칠간 머무르며 예배와 또래별 사역을 살펴보고 경험했다. 그뿐만 아니라, 청소년과 청년·부모와 양육자·봉사자·교우·리더십 그룹 등과 직접 인터뷰했다.

연구원들은 474명의 아이와 799명의 성인을 대상으로 진행한 인터뷰와 설문조사를 포함하여 세 번째 단계에 10,000시간 이상을 투자했다.

"저희 또래는 이전 세대와는 다른 스타일의 예배를 선호하는 거 같아요. 하지만 어른들과 같은 공간에서 예배드리면서, 저희는 어른들이 예배에 대해 사랑하는 것이 무엇인지를 알게 되었죠. 제 생각에, 우리 교회는 140년 된 교회를 지속하기 위해서는 청소년과 청년이 교회로부터 소속감을 느껴야 한다는 것을 깨달아 가고 있어요." -코디(Cody), 25세 하나님께서 모든 성장을 만드신다면, 도대체 왜 연구를 하는 것인가?

우리 연구가 현장을 구체적으로 돕는 자료가 될 수 있도록, 하나님께 비전·지혜·힘을 간절히 구했다. 내가[카라가] 좋아하는 성경 구절 중 하나는 요한복음 15장 4절이다. "내 안에 거하라 나도 너희 안에 거하리라 가지가 포도나무에 붙어 있지 아니하면 스스로 열매를 맺을 수 없음같이 너희도 내 안에 있지 아니하면 그러하리라." 나는 이 구절을 삶의 핵심 신조로 생각했다. 그래서 내 남편 데이브(Dave)와 나는 이 구절을 우리의 결혼식에도 사용했다.

성령님께서 기도나 성경 공부, 일기 쓰기 등으로 깨닫게 하시는 것처럼, 그분은 다른 사람들을 통해 우리를 가르치시기도 하신다. 커피에 관해 친구가 들려준 말 한마디, 컨퍼런스 강사의 통찰력 있는 한마디 말은 우리 삶과 사역의 궤적을 바꿀 수 있다. 당신이 시간을 들여서 250개가 넘는 교회를 직접 찾아가는 것 대신, 우리가 당신을 위해 이 일을 했다.

성경은 변하지 않지만, 세계는 변한다. 우리 연구는 변화하는 세계에 주는 의미가 있다.

우리가 연구를 사랑하는 만큼, 다음 사실을 명확히 할 필요가 있다. 젊어지기 위한 공식은 전혀 없다. 우리 연구는 인과관계(causation)가 아니라, 상호관계(correlations)를 보여준다. 우리가 연구한 교회들이 6가지 핵심 가치를 더욱 많이 실천할수록, 그 교회는 청소년과 청년 사역을 더욱 효과적으로 펼치는 경향이 있었다. 그러나 성령께서 우리 각자가 개인적으로 성장하도록 힘을 주시듯이, 교회가 성장하도록 힘을 주시는 분은 궁극적으로 성령이시다.[18]

젊어지는 교회들의 다양성

이 중에 우리 교회와 비슷한 교회가 있지 않을까?

아마 분명 그럴 것이다.

우리는 이 프로젝트를 시작하면서 우리를 환대하고, 온라인 설문에 응답하고, 전화 질문에 답변하고, (문자 그대로!) 우리에게 문을 열어 준 교회

들이 다양하다는 사실이 참 기뻤다. 아래에 첫 번째 단계에 참여하기로
한 259개 교회들이 자신을 어떻게 묘사했는지 정리해보았다.

소속 종파/교단	비율
무소속 교회	17%
장로교회	12%
침례교회	12%
연합 감리교회	10%
복음주의 언약교회	7%
로마 가톨릭	6%
개혁파 교회 또는 기독교 개혁파 교회	4%
나사렛교회	4%
영국성공회 또는 성공회	4%
하나님의 성회 또는 오순절교회	4%
루터교회 미조리 시노드	3%
복음주의 루터교회	3%
그리스도의 교회 또는 그리스도의 제자들	3%
그리스도 안에 있는 하나님의 교회	2%
그리스 정교회	2%
기타	3%

공동체 규모[19]

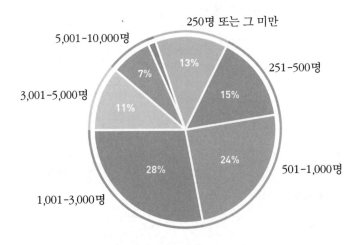

- 250명 또는 그 미만 — 13%
- 251-500명 — 15%
- 501-1,000명 — 24%
- 1,001-3,000명 — 28%
- 3,001-5,000명 — 11%
- 5,001-10,000명 — 7%

공동체가 위치한 지역

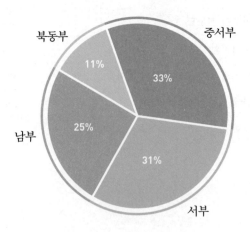

- 북동부 — 11%
- 중서부 — 33%
- 서부 — 31%
- 남부 — 25%

공동체의 연령

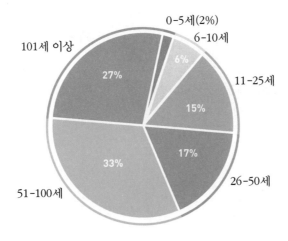

0-5세(2%)
6-10세
6%
101세 이상
27%
11-25세
15%
26-50세
17%
33%
51-100세

공동체가 위치한 지역 공동체의 유형

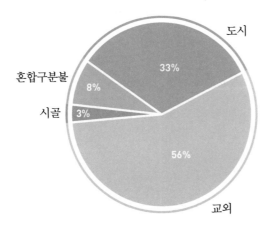

도시
혼합구분불 33%
8%
시골 3%
56%
교외

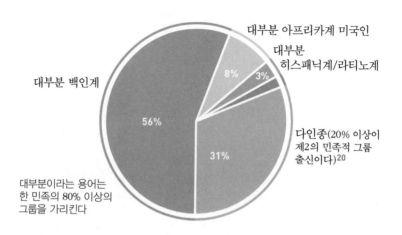

단계1/공동체의 민족적 다양성

대부분 아프리카계 미국인

대부분
히스패닉계/라티노계

대부분 백인계

8%
3%

56%

31%

다인종(20% 이상이
제2의 민족적 그룹
출신이다)[20]

대부분이라는 용어는
한 민족의 80% 이상의
그룹을 가리킨다

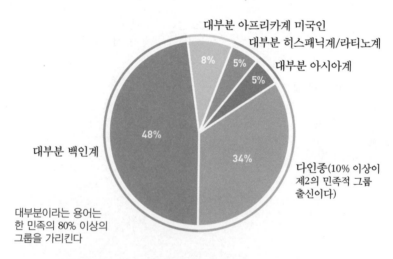

단계2/공동체의 민족적 다양성

대부분 아프리카계 미국인
대부분 히스패닉계/라티노계
대부분 아시아계

8%
5%
5%

대부분 백인계

48%

34%

다인종(10% 이상이
제2의 민족적 그룹
출신이다)

대부분이라는 용어는
한 민족의 80% 이상의
그룹을 가리킨다

우리는 단계1에서 히스패닉계와 아시아계가 지배적인 교회들의 대
표성에 만족하지 못하지만, 단계2와 단계3에 포함된 교회들에서는
민족적 다양성이 늘어났다.[21]

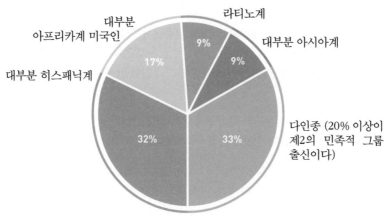

단계3/공동체의 민족적 다양성

라티노계 9%

대부분 아시아계 9%

대부분 아프리카계 미국인 17%

대부분 히스패닉계 32%

다인종 (20% 이상이 제2의 민족적 그룹 출신이다) 33%

대부분이라는 용어는 한 민족의 80% 이상의 그룹을 가리킨다

자문위원

FYI의 목표는 파트너십으로 일을 이루어가는 것이다. 4년 동안 진행한 이 프로젝트도 예외가 아니었다. 사실, 이번 연구가 12년 역사 중에서 가장 뛰어난 모델이었다. 멋진 포틀럭 식사(potluck, 각자 음식을 조금씩 가져와서 함께 나누는 식사)처럼, 모든 교회는 최고 음식을 식탁에 가져왔다.

4명의 핵심 풀러 교수진(챕 클락, 스캇 코모드, 짐 퍼로우, 그리고 캐머런 리)은 수석 연구 자문단으로서, 세 단계의 연구를 타당하고 신뢰할 만한 것으로 만들어 주었다. 그 외 21명의 풀러 교수들과 다양한 부분을 논의했는데, 그분들의 전문분야는 연구 설계에 풍미를 더해 주었다. (당신이 "오늘날의 교회에 대한 4년짜리 연구 프로젝트를 행하는 데는 얼마나 많은 박사가 필요할까?"하고 궁금해한다는 것을 우리는 안다. 분명, 그 답변은 "매우 많이요!"이다.)

우리 파트너들은 이 책에서 사용하게 될 몇 가지 용어를 정의하는 데 중요한 도움을 주었는데, 다음과 같은 용어들이다.

청소년과 청년의 마음을 효과적으로 사로잡기, 이 문장은 "교회가 청소년과 청년에게 예수님을 향한 생기 있는 신앙을 발전시키도록 도울 뿐만 아니라, 그들이 교회 공동체 안에 참여하고 그 안에 머물도록 하는 것"을 가리킨다.

신앙 활력과 성숙, 우리는 이 문장을 흔히 신앙 발전의 표식이라고 하는 개인적 실천과 공동체적 실천 둘 모두로 규정한다.[22]

연구에 사용한 용어들을 더욱 자세히 알고 싶다면, 부록과 홈페이지 (ChurchesGrowingYoung.org)를 확인해 보기 바란다.

또 다른 16명의 연구원과 청소년 사역 및 교회 리더십 분야에서 인정받는 지도자들이 전문가 자문단으로 합류해서 집단 지식을 나눠주었다. 이 팀은 정기적으로 전화와 이메일을 통해 조언해주었을 뿐만 아니라, 3일 동안 직접 우리와 만나서 가장 중요한 질문에 최선의 답변을 얻을 수 있도록 도움을 주었다.

우리 연구가 모든 형태와 규모의 공동체에 적용할 수 있는 가치 있고 실천적 자원이 되도록 10명의 목회자 전문 자문단을 구성했다. 이들은 프로젝트의 두 번째와 세 번째 단계에서 우리와 팀을 이루었다. 그래서 이 책과 훈련 자료, 그리고 온라인 도구가 젊어지기 위해 애쓰는 교회들의 필요를 채우도록 도와주었다.

세계적 수준의 전문 자문단이 우리와 함께 연구 결과를 살펴보고 그것의 함의를 찾아 좋은 이야기를 나눴던 것뿐만 아니라, 설문조사 초안과 인터뷰 질문을 검토하는 데 도움을 준 것에 대해서 감사한 마음을 전한다.

스티브 아규(Steve Argue), 풀러 신학교
앤디 크라우치(Andy Crouch), 크리스처니티 투데이
켄다 크리시 딘(Kenda Creasy Dean), 프린스턴 신학교
마크 드브리스(Mark DeVries), 미니스트리 아키텍츠
레기 조이너(Reggi Joiner), 오렌지 앤 리싱크 그룹(Orange and reThink Group)
파멜라 킹(Pamela King), 풀러 신학교
데이비드 킨나멘(David Kinnaman), 바나 그룹(Barna Group)
테리 린하르트(Terry Linhart), 베델 대학(Bethel College)
브래드 로메닉(Brad Lomenick), BLINC
밥 맥카티(Bab McCarty), 가톨릭 청소년 사역을 위한 전국 연맹
에이미 맥킨티(Amy McEntee), 전국 가톨릭 청년 사역 연합(National Catholic Young Adult Ministry Association)
라 숭찬(Soong-Chan Rah), 노스 파크 신학교(North Park Theological Seminary)
데이브 란(Dave Rahn), 그리스도를 위한 청소년(Youth for Christ)
타일러 레긴(Tyler Reagin), 케터리스트
앤디 루트(Andy Root), 루터 신학교
버지니아 워드(Virginia Ward), 고든-콘웰 신학교

굳이 왜? 청소년과 청년이 교회에 줄 수 있는 것

철저히 진행된 연구 과정을 읽다 보면, 이 모든 노력이 우리 공동체를 젊어지게 하는 데 정말 도움을 줄지 궁금해질 수 있다. 청소년과 청년은 십일조도 잘 하지 않는다. 그들은 좀 괴팍할 수도 있다. 음악도 어른들과

다른 장르를 – 그리고 좀 더 시끄러운 걸 – 좋아한다.

연구를 시작하면서, 우리는 과연 교회가 젊어진다는 것이 노력을 기울일만한 가치가 있는지 질문했다. 그래서 모든 단계마다, 이사벨라와 같은 청소년이 교회가 젊어지게 하는데 도움을 준 것은 무엇인지 찾기 위해 힘을 썼다. 그중에서 가장 많이 들었던 단어는 "활력"(vitality)이었다. 다음 세대는 교회와 공동체에 에너지와 강렬함을 불어넣는다. 우리가 연구를 하면서 분명히 알게 된 것은, 그들이 공동체에 생각보다 더 많은 것을 공급하고 있다는 것이었다.

목회자 자문단은 어른과 공동체로부터 필요한 답변을 받아낼 수 있도록 적절한 질문을 디자인하는 데 도움을 주었다.

유진 조(Eugene Cho), 퀘스트 처치(Quest Church), Q Cafe, One Day's Wages, WA

서기오 드 라 모라(Sergio De La Mora), 코너스토운 처치(Cornerstone Church), CA

어윈 라파엘 맥마누스(Erwin Raphael McManus), Mosaic, CA

브렌다 살터 맥네일(Brenda Salter McNeil), 퀘스트 처치와 시애틀 퍼시픽 대학교(Quest Church and Seattle Pacific University), WA

케리 뉴호프(Carey Nieuwhof), 커넥서스 처치(Connexus Church), Ontario, Canada

페리 노블(Perry Nobble), 이전에 뉴스프링 처치 소속(formerly of NewSpring Church), SC

존 오트벅(John Ortberg), 멘로 처치(Menlo Church), CA

에프렘 스미스(Efrem Smith), 월드 임팩트(World Impact), CA

질 베르스틱(Jill VerSteeg), 개혁파 교회(Reformed Church in America), MI

렌 벵케(Len Wenke), 거룩한 가정 교회(Holy Family Church), 오하이오주 신시내티의 가톨릭 대교구(Catholic Archdiocese of Cincinnati, OH)

"몇 주 전, 저는 우리 교회 새가족인 한 여성을 만났죠. 그분이 교회에 오게 된 것은 아들이 우리 교회 청소년부에 참석하게 됐기 때문이에요. 청소년부에 대한 그 아이의 사랑 때문에, 그분도 이제 우리 교회의 활동적인 구성원이 되었어요. 우리 공동체에 참여한 그분의 신앙 여정은 16세 아들과 함께 시작된 거였어요."

–매기(Maggie), 부모

더 많은 섬김. 청소년과 청년이 교회에 공급하는 것 중에서 지배적인 부분은 공동체의 목표와 사명을 이룰 수 있도록 돕는다는 것이다. 교회 지도자들은 예배와 아웃 리치, 다양한 훈련을 섬기는 청소년과 청년이 얼마나 중요한지 알고 있다. 그러나 그들은 아이들의 봉사를 근시안적인 관점으로만 보지 않는다. 교회에서처럼 교회 밖 지역사회와 세계 속에서 아이들의 역할을 중요하게 생각한다.

더 많은 열정. 어른들이 어떻게 청소년과 청년이 공동체 전체 분위기를 바꿔놓는지 설명할 때, 가장 강조하는 것은 열정을 공급한다는 것이다. 그들은 자기가 하는 일에 온 마음을 쏟는데, 이것은 주위에 에너지를 불어넣으며 일의 가능성을 높여준다는 것이다.

더 많은 혁신. 지도자들은 아이의 영혼과 사역에서 일어나는 신선한 분위기를 감지한다. 왜냐하면, 공동체를 오랫동안 막고 있던 마개 사이로 창조성이 스며들었기 때문이다. 이 마개를 기꺼이 제거하고자 하는 교회는 공동체를 변화시킬 수 있는 혁신적 에너지를 발산하게 된다.

더 많은 재정. 젊어지는 교회의 지도자들에게 청소년과 청년이 재정적으로 교회에 얼마나 기여하는지를 물었을 때, 보통 웃으면서 "별로요"라고 대답했다. 그러나 그 뒤에 바로 이어서 했던 말이 있다. 청소년과 청년의 에너지는 재정을 가진 어른들의 마음을 사로잡고, 그 어른들은 다시 교회 사역을 위해서 더욱 관대하게 재정적 지원을 한다는 것이었다. 그리고 그 아이들은 결국 더 분명하게 소명을 확인하게 되며 미래에 교회 재정에 있어서 중요한 역할을 하게 된다는 말을 덧붙였다.

더 고른 건강. 우리 연구에 관해 자문위원들과 이야기할 때, 많은 분들이 다음 세대는 한 교회의 전반적인 건강 상태를 보여주는 척도가 된다고 말씀하셨다. FYI의 자문위원이자 지도 목사인 어윈 라파엘 맥마누스 목사는 "건강한 교회는 젊은이에게 다가가며, 젊은이는 교회를 더욱 건강하게 한다. 만약 당신의 교회가 20대와 가까워지고 있다면, 60대와도 가까워질 수 있을 것이다."[23]라고 하였다. 또 다른 자문위원이자 담임목사인 존 오트버그 목사는 "형편없는 학생 사역으로 좋은 교회를 세울 수 없다. 마찬가지로, 기울어지고 있는 교회와 함께 좋은 학생 사역을 세울 수 없다."라고 덧붙여 말했다. 젊어지는 교회들은 필연적으로 다른 세대에게는 덜 효과적으로 다가갈 수밖에 없진 않을지 궁금해하는 이들에게, 그 답변은 "아니다"라고 강조해서 말하고 싶다. 양쪽 세대 모두가 승리하는 왕국에서, 청소년과 청년을 향한 더욱 강력한 사역은 교회 전체 사역의 근육을 강화하며, 그 반대도 마찬가지이다.

당신의 교회가 젊어지는 데 필요한 6가지 핵심 가치

미국에서 가장 혁신적으로 변화하고 있는 몇 교회를 깊고 넓게 분석하면서, 우리는 젊어지기 위한 바퀴(a Growing Young Wheel)와 6가지 핵심 가치를 발견하게 되었다. 당신의 교회와 공동체가 이것만 실천하면 아이들과 더 좋은 관계를 맺을 것이라고 단정할 수 없지만, 6개의 가치는 교회의 건강에 보편적으로 효과를 준 가치라고 할 수 있다. 이 책의 나머지 부분에서 자세하고 구체적으로 설명할 것이다.

1. 열쇠꾸러미 리더십. 권위를 집중시키기보다, 골고루 특별히 청소년과 청년에게 나누어 준다.

2. 청소년과 청년에게 공감. 판단하거나 비판하기보다, 다음 세대 관점에서 이해하고 생각한다.

3. 예수님 중심의 메시지. 형식적인 복음을 주장하기보다, 청소년을 예수님 중심의 삶의 자리로 초대한다.

4. 따뜻한 공동체. 세련된 예배나 프로그램에 집중하기보다, 또래와 세대 사이의 따뜻한 우정을 목표로 한다.

5. 청소년과 청년 그리고 그들의 가정 우선순위. 입으로만 다음 세대 중심이라고 말하기보다, 실질적으로 도움을 주려는 창의적인 방법을 찾고 모든 측면에서 청소년들이 참여할 수 있는 공간을 마련한다.

6. 최고의 이웃. 공동체 울타리 너머에 있는 세계를 비난하기보다, 다음 세대가 지역적, 세계적으로 좋은 이웃이 되게 한다.

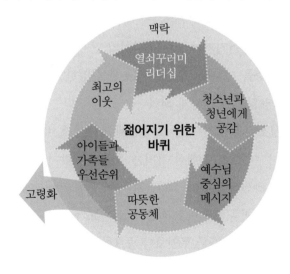

젊어지기 위한 기본 규칙들

다양한 교회와 공동체를 연구하면서 6가지 핵심 가치를 안내하기 위한 기본 원칙을 정의했다. 당신의 교회에도 도움이 되면 좋겠다.

순서는 유연하다. 젊어지기 위한 바퀴는 보통 시간의 흐름에 따른다. 다시 말해서, 많은 공동체는 다른 핵심 가치보다 먼저 열쇠꾸러미 리더십을 세우면서 젊어지기 시작한다. 하지만 어떤 공동체는 다른 지점에서 (특히, 따뜻한 공동체가 되거나 아이에게 우선순위를 두는 것) 시작하기도 한다. 아이들이 레고를 가지고 노는 것처럼, 당신의 교회나 공동체는 몇 개의 가치를 살펴본 뒤에 적절한 순서를 찾아서 시도해 볼 수 있다.

경계는 넘나들 수 있다. 핵심 가치는 명확하게 구분되지는 않는다. 서로 아름답게 번져가기도 하고, 새로운 영향을 주고받기도 한다.

전환점이 우선이다. 다양한 공동체가 남긴 흔적은 많은 가치를 만들어 낼 수 있다. 그 가치들은 좋은 사람들이 했던 아름다운 사역들로 채워진다. 그들은 그저 젊은 세대에게 다가가기만 하지는 않는다. 여러 공동체가 청소년과 청년에게 우선순위를 두기 위해 어울리지 않는 의도적인 결정을 내리는 것은 젊어지기와 고령화 사이의 변곡점이다.

맥락이 중심축을 이룬다. 우리를 비롯한 다양한 단체들의 연구 덕분에, 아이들을 더 많이 이해하게 되었다는 느낌을 받는다. 그러나 우리는 당신 교회의 청소년과 청년 또는 그 공동체 안에서 흐르는 역동성에 관해서는 잘 모른다. 여섯 가지 핵심 가치는 상황과 맥락이라는 껍질에 싸여 있다. 그러므로 당신은 지속해서 가족과 공동체, 지역사회에 있는 청소년과 청년의 소리에 귀를 기울이고 적용해 볼 필요가 있다.

예수를 따르는 것이 다른 무엇보다 중요한 동기부여이다. 젊어지고자 하는 교회의 열정은 예수께서 가신 길을 따르기로 다짐하는 사람들로부터 동기부여 되어야 하며, 그 안으로 다음 세대를 초대해야 한다. 예수 그리스도의 삶과 죽음, 그리고 부활은 지역사회의 여러 공동체와 교회 공동체가 구별되는 부분이다. 젊어지기 위한 바퀴는 예수님 중심의 공동체를 이루어가기 위한 약속이다.

결과와 아이디어: 역동적 듀오

젊어지기 위한 바퀴와 여섯 가지 핵심 가치도 박수를 받을만한 좋은 데이터이지만, 이 데이터가 실용적인 내용으로 해석되었을 때 훨씬 흥분했다. 우리는 이 연구를 적용한다면 당신의 공동체만을 위한 특별한 전략과 가장 적합한 비전 그리고 철학을 만들어 낼 수 있을 거라고 믿는다.

각 장의 첫 부분은 대부분 핵심 가치를 살아내고 있는 교회와 공동체이야기이다. 당신이 직접 실천하는 데 도움이 될만한 연구 결과도 제시하였다. 우리가 연구를 통해 거둔 업적이 청소년과 청년의 신앙 성장을 일으키는 유일한 것이라고 하는 것은 너무 순진하거나 오만한 태도이다. 그래서 저명한 신학자와 연구원에게 조언을 구했다. 당신이 가진 교회와 젊은 세대에 관한 까다롭고 어려운 질문을 해결하는데 이 책이 "원-스탑-숍"이 되길 기대한다.

각 장에 있는 행동을 위한 아이디어 부분은 우리가 연구한 교회나 공동체로부터 발견한 것들을 실천할 수 있도록 돕는 내용이다. 어떤 도시도, 공동체도, 지도자도 똑같을 수는 없다. 그러므로 우리가 젊어지는 교회를 세우기 위한 완벽한 청사진과 단계를 제시하는 것은 불가능하다. 공동체들이 보여 준 인상 깊었던 이야기들과 결론 부분에서 던지는 전략적 질문은 발판과 같은 역할을 할 것이다. 당신이 담임목사든, 부목사든, 봉사자든, 부모든, 아니면 젊은이든 그것은 상관없다. 우리는 사람들이 이 책을 함께 읽고 이야기와 질문을 주고받으며 독특하고 특별한 공동체를 가꿔가기 위한 적절한 계획을 세우게 되기를 바라고 있다.

우리가 이 책에서 250개가 넘는 공동체 이야기를 소개하면서 염려한 것이 있다. 자기 교회와 공동체에 대해 못마땅하고 불편한 감정으로 결론을 내리지 않을까 하는 것이었다. 제발 부탁하지만, 우리가 연구한 교회와 공동체의 장점을 당신이 속한 곳의 단점과 비교하지 않으면 좋겠다. 그 대신, 젊어지는 일은 당신이 현재 있는 곳에서 시작하는 것을 의미한다는 것을 기억하면 좋겠다. 모든 교회는 수년(또는 수 십년) 동안 다양한 부분에서 부흥과 쇠퇴의 복잡한 상호작용을 이루는 과정이 존재한다. 이 책은 긍정적이고 희망적인 내용에 초점을 두고 있지만, 인터뷰를 정리해보면 부정적인 이야기에서부터 지금도 고민하고 싸우고 있는 것, 다양한 시련과 도전만으로도 몇 권의 책을 쓸 수 있을 것이다. 그러니 우리 공동체의 현재 모습과 꿈꾸는 모습의 틈 때문에 낙심하거나 절망하지 않았으면 좋겠다. 세 걸음 앞으로 갔다가 두 걸음 뒤로 갔다면, 적어도 한 걸음 더 목표에 가까워졌으므로 충분히 축하받을만하다.

젊어지는 것은 당신의 교회만이 아니라 그 이상을 변화시킬 수 있다

연구를 진행하면서 사람들과 교회를 마음에 품게 되었다. 하지만 우리에게는 더 큰 꿈이 있다. 당신의 교회만이 아니라 그 이상을 변화시킬 수 있기를 기대한다. 우리는 교회를 사랑한다. 그래서 사회를, 심지어 세상을 변화시키는 최선의 길은 예수의 가르침을 따라 하나님을 사랑하고 이웃을 사랑하는 삶을 살아내는 공동체에 있다고 확신한다. (만약, 당신이 교회를 다닌다면, 우리 말에 고개를 끄덕일 것이다.)

우리는 열정이 있는 청소년과 청년이 예수님의 가르침을 마음에 품을 때, 교회와 공동체는 그 가르침을 따라 살아갈 수 있는 최고의 기회를 얻게 될 것이다.

A가 B와 같고, B가 C와 같다면, 결국 A는 C와 같다. 다시 말해서, 만약 우리가 교회를 변화시켜서 사회의 변화를 이루고, 청소년 그리고 청년과 함께 사역을 변화시켜서 교회의 변화를 이룬다면, 그들과 함께하는 우리의 사역은 사회뿐만 아니라 나아가 세계를 변화시키게 될 것이다.

주목받는 많은 교회 안에서, 공동체와 사회, 그리고 문화의 변화를 이루고자 하는 비전은 현실이 되었다. 그 일은 당신의 삶 속에서도 일어날 수 있다.

이 장의 핵심

- 교인 감소와 고령화는 현재 미국의 주요 교단이나 공동체에 나타나는 보편적인 현상이다.

- 젊어지는 교회를 이해하기 위해서, 우리는 특별히 청소년과 젊은이들에게 효과적인 사역을 하는 250개 이상의 교회와 공동체를 살펴보는 프로젝트를 진행했다. 이런 "빛나는 자리"로부터 다른 교회와 공동체도 사역의 변화를 일으키기 위한 힘을 얻게 되길 바란다.

- 지금 당신은 청소년과 청년을 놓쳐서 빈자리가 생긴 교회에 다닐수도 있고, 아니면 성장하는 분위기라서 앞으로도 지금처럼만 되기를 바라는 공동체에 있을지도 모른다. 그러나 먼저 젊어지기에 관해 가지고 있는 선입견을 가지치기해야 한다. 우리 연구는 다양한 교회와 공동체의 규모, 교단, 지역, 건물, 그리고 예산에 관한 부분을 파헤치게 될 것이다. 좋은 소식이 있다면, 우리 데이터가 어떤 공동체든지 젊어질 수 있다는 가능성을 보여주고 있다는 것이다.

- 우리는 교회와 공동체가 다음 6가지 핵심 가치를 받아들일 때 Growing Young을 가장 잘 실천할 수 있다고 믿는다.
  - 적당한 때 적절한 사람들에게 권한을 공유한다
  - 요즘 청소년과 청년에게 공감한다
  - 예수님의 메시지를 중심에 둔다
  - 따뜻한 공동체로 가꾼다
  - 모든 측면에서 청소년과 청년 그리고 그들의 가족들을 우선순위로 생각한다
  - 좋은 이웃이 된다

• 청소년과 청년들은 봉사, 열정, 변화, 재정적 자원, 전반적인 건강 증진으로 신앙 공동체에 엄청난 활력을 더해준다.

당신이 젊어지도록 돕는 전략적 질문

1. 당신에게 교회가 젊어지도록 도와주는 책을 읽도록 동기 부여한 것은 무엇인가?

2. 당신의 교회나 다른 공동체가 나이 들거나 위축되는 표지들을 본 적이 있는가?

3. 교회가 젊어지는데 필요하지 않은 10가지 특징 중에서, 당신이 동의하는 것은 무엇인가?

4. 교회가 젊어지는데 필요한 6가지 핵심 가치 중에서, 당신의 교회와 공동체가 가장 일반적으로 하고 있는 것은 무엇인가? 놓치고 있는 것은 무엇인가?

5. 청소년과 청년은 당신의 삶과 공동체에 얼마나 활력을 더해주었는가?

6. 공동체가 젊어지도록 돕는 여정에 당신과 함께 해야 할 사람은 누구인가? 교회에 있는 사람들, 소그룹 팀 중에서 당신의 발견과 꿈을 이루도록 도와줄 수 있는 사람은 누구인가?

2장. 열쇠꾸러미 리더십 연습하기

적당한 때 적절한 사람들과 권한 공유하기

예수님은 우리 목사님을 변화시켜 주셨어요. 그분은 정말 진실하신 분이에요. 사실, 제가 알고 있는 사람 중에서 가장 믿을만한 분이시죠. 목사님은 우리를 아이처럼 대하지 않으세요. 마치 저를 어린 친구처럼 생각해주세요. -마크, 23세

당신이 받았던 첫 열쇠 꾸러미를 기억하는가?

스티븐 - 보통 "스트레치"(Stretch)라고 부른다. - 이 차 열쇠를 처음 받은 나이는 16살이었다. 운전면허 시험에서 합격한 후, 부모님은 스트레치에게 차 열쇠를 건네주었다. 그 아이는 흥분을 감추지 못하며 태어나서 처음으로 직접 운전대를 잡고 차를 몰아 거리로 나갔다. 자신에게 주어진 자유와 새로운 책임이 꿈만 같았다. 마치 아동기에서 성인기를 향해 한 발짝 내딛게 된 경험이었다.

도로에 들어서서 천천히 속력을 높이던 때, 스트레치에게 현실적이고 중요한 질문이 찾아왔다. 어디로 가야 하지? 곧, 답을 찾았다.

목적지는 스트레치가 지난 몇 년 동안 집처럼 생각했던 교회였다. 그 아이는 교회가 자신을 인정하고, 받아들여 주고, 가치 있게 여긴다고 느

끼고 있었다. 자연스럽게, 스트레치는 교회로 향했다.

교회 주차장에 들어섰을 때, 어린이집 활동이 끝나가고 있었다. 평소 알고 지내던 스태프 한 명이 스트레치를 발견했다. 마침 어린이집에 사람이 필요했기 때문에, 차를 운전하는 그 아이를 본 스태프는 다가와서 학교를 마친 후에 일을 도와줄 수 있는지 물었다.

질문을 다 듣기도 전에, 스트레치는 어떻게 대답해야 할지 알았다. 교회에서 놀 수 있고, 아이들과 시간을 보낼 수 있고, 그리고 무엇보다 용돈벌이도 된다니. 이보다 더 좋을 수 없다!

몇 분 정도 시간이 흐르고, 교회 사무실에 다녀온 스태프는 스트레치에게 열쇠 하나를 넘겨주었다. 그리고 "우리를 도와주다 보면, 어린이집 문단속을 해야 할 때가 있을 거야"라고 설명했다.

스트레치는 너무 집중해서 열쇠를 바라보느라 그 말을 거의 듣지 못했다. 열쇠 하나는 목사님이 다른 하나는 주일학교 선생님 한 분이 가지고 있었다. 어른들 - 그들에게는 힘이 있었다. - 만 이 열쇠를 가지고 있었다. 스트레치는 치열한 승부가 펼쳐지는 경기장 옆에서 몸만 풀고 있다가, 곧 교체되어 들어갈 준비를 하는 선수와 같은 심정이었다.

정말 행복한 날이었다. 그리고 갈수록 더 좋아졌다.

일주일 정도 지나서 스트레치가 어린이집에서 일하고 있을 때, 청소년부 담당 목사님이 잠시 들르셨다. 그리고 이런 말을 건넸다. "스트레치, 너는 운전도 할 수 있고, 교회에서 이미 봉사도 하고 있잖아. 그러니 자판기에 음료수 채우는 일도 같이해주면 어떨까? 네가 먹고 싶은 음료수를 가득 채워놓는 거야."

자동차 열쇠. 받았고.

교회 열쇠. 받았고.

자판기 열쇠. 받았고.

스트레치는 이제 때가 되었다는 것을 알았다.

그날 밤, 스트레치는 평생의 삶을 변화시킬 "마지막" 열쇠를 받게 되었다. 텅 빈 교회에 홀로 서 있던 그 아이에게 하나님은 – 귀로 들을 순 없지만 또렷하게 – 말씀하셨다.

"넌 여기 있는 게 좋지? 그렇지 않니?" 하나님이 물으셨다.

"네. 그래요." 스트레치가 대답했다.

"그럼, 편안하게 있으렴. 앞으로 더 많은 시간을 이곳에서 보내게 될 거야."

그때, 스트레치는 자신의 미래와 부르심이 교회 사역과 긴밀히 연결되어 있다는 것을 알게 되었다. 그 아이가 신뢰했던 지도자들은 문자 그대로 그리고 비유적으로, 손에 쥐고 있던 열쇠를 넘겨주면서 말과 행동으로 사역과 가까워지도록 도와주었고 그의 권위를 인정해주었다. 시간이 지나면서, 다른 사람들도 계속해서 스트레치에게 리더십 열쇠들을 건네주었다. 그렇게 그는 청소년 목회자가 되어서 지금까지 20년 이상 청소년을 돌보고 있다. 이제 스트레치와 그 교회의 담임목사님, 그리고 나사렛 임마누엘 교회(Immanuel Church of the Nazarene)는 교회와 공동체가 젊어지게 하는 리더십과 문화를 보여주는 좋은 사례가 되었다. 청소년과 청년의 무한한 잠재력을 이끌어내는 리더십, 그리고 공동체 전체에 새로운 생명과 에너지를 불어넣을 수 있는 그것이 바로 젊어지는 것이다.

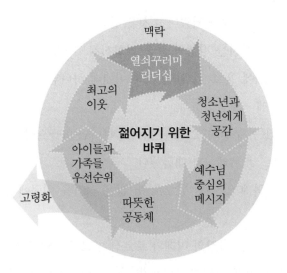

핵심 가치: 열쇠꾸러미 리더십

젊어지는 교회는 스태프, 봉사자, "열쇠꾸러미 리더십"의 모범이 되는 부모님으로 가득하다. 누구나 열쇠를 가지고 있다면 사람들을 모으기도 하고 흩어지게도 하는 힘을 갖게 된다. 열쇠는 물리적 공간뿐만 아니라, 전략 회의, 중요한 결정, 핵심 역할 또는 권한에 대한 과정을 만든다. 더 많은 힘을 가질수록, 더 많은 열쇠를 소유하게 된다.

우리가 말하는 열쇠의 의미는 청소년과 청년에게 권한을 부여할 수 있는 지도자들의 능력·권한·접근이다. 우리가 정의하는 열쇠꾸러미 리더의 목회적 그리고 공동체적 의미는 다음과 같다.

• 자신이 가진 열쇠 꾸러미의 특징을 잘 파악하고 있는 지도자
• 청소년과 청년을 포함한 모든 세대를 신뢰하여 열쇠 꾸러미를 내어주
  고 권한을 나누는 지도자

열쇠 꾸러미 리더십은 단순히 학생 지도자 팀을 조직하는 정도가 아니다. 교회 구석구석에 스며들어 직원과 자원 봉사자 모두를 통해 드러나는 약속이자 정신이라고 할 수 있다.

어떻게 열쇠꾸러미 리더십은 교회가 젊어지도록 도와줄까?

우리가 연구했던 청소년과 청년들처럼, 적당한 시기에 적절한 열쇠를 넘겨 준 열쇠고리 지도자 덕분에 스트레치는 참가자의 자리에서 헌신적인 동역자의 자리로 옮겨가게 되었다.

그러나 우리는 항상 이런 과정이 매끄럽게 흘러가지 않는다는 것을 알고 있다.

만약 여러분이 한 교회의 담임 목회자 또는 수석 목회자(협력, 교구, 또는 청소년 목회자)라면, 지금 엄청난 일을 - 그리고 어려운 일을 - 감당하고 있는 것이다. 우리 세 사람은 각자 캘리포니아, 켄터키, 미시간에 있는 교회에서 목회를 하고 있으므로 잘 알고 있다. 우리도 여러분처럼 누군가로부터 열쇠를 넘겨받기도 했고, 때로는 얻어내야만 하기도 했다.

목회자는 이른 아침 교회 문을 열어놓거나, 해가 지고 난 늦은 밤에 문단속을 하기도 한다. 그 일을 하지 않는다고 하더라도, 아마 매주 모든 세대에게 리더십 열쇠를 나눠주려고 애쓰고 있을 것이다. 하지만 그 열쇠를 기꺼이 받아주는 유일한 사람들은 아마 봉사자들일 것이다.

당신에게 주어지거나 당신이 얻어낸 열쇠들이 있지만, 그것들이 일을 이루어가는 데 도움이 되지는 않는다. 당신을 신뢰하거나 이해하려는 대신, 수많은 내부 목소리가 저마다 최선이라고 생각하는 것을 주장하려고 소리를 높인다. 물론 도움이 되기도 하지만, 어떤 경우는 교회가 나아가고 있는 방향에 대한 비판과 지적처럼 들리기도 한다. 주변 교회만큼 규모가 성장하지도 않고 역동이 일어나지도 않는 것을 따지는 공격처럼 느껴질 때도 있다. 그것은 마치 열쇠를 가지고 있었지만, 아무런 이야기도 없이 누군가 자물쇠를 바꿔버렸을 때 느끼는 감정과 비슷하다.

긍정적인 부분이 있다면, 당신은 스스로 생각하는 것보다 이미 열쇠꾸러미 리더십에 가까워졌다는 것이다. 이 장은 (그리고 사실 이 책 전체는) 추측을 줄이고 죄책감의 무게에서 벗어나, 좋아하는 사역을 행복하게 했던 때의 초심을 회복하도록 도와서 이미 하는 일을 잘할 수 있도록 도와 줄 것이다. 당신은 몇 가지 의도적인 결정으로 열쇠 꾸러미에 새로운 열쇠들을 넣을 수도 있다. 전혀 열리지 않을 것처럼 보이는 문들에 관해 더 잘 이해하게 될 것이며, 다른 사람에게 열쇠를 넘겨주는 역량도 성장하게 될 것이다.

만약 당신이 봉사자, 리더십 팀의 구성원, 또는 부모님이라면, 당신이 가진 교회 리더십 열쇠의 개수는 스태프들보다 적을 수도 있다. 현실적으로, 교회의 지도자들이 중요한 결정을 내리기 때문에 당신은 의견을 어떻게 표현해야 하는지 분명하게 파악하기는 쉽지 않다. 이런 경우, 자신이 교회를 젊게 만들어가도록 돕는 데 별다른 영향을 주지 못한다는 의미로 받아들일 수 있다. 또는, 현재 담임 목회자나 전체 지도자 그룹에 변화가 없다면 교회는 젊어질 수 없다고 생각하게 될 수도 있다.

다시 생각해 보자.

주의 깊게 보아야 할 것이 있다. 스트레치의 이야기에서 제일 처음 그에게 열쇠를 준 사람은 그의 아버지와 어린이집 선생님이었다는 것이다. 우리가 진행한 인터뷰에 따르면, 열쇠꾸러미 지도자들은 교회 어느 곳에

나 – 유치원에서 봉사하는 대학생에서부터 90대 경비원까지 – 있다. 우리 셋과 배우자들은 교회 안에서 봉사자부터 한 부서를 이끌어가는 지도자의 자리까지 다양한 역할을 담당하며 직접 그 사실을 경험했다. 이 책을 읽게 된 이유가 교회가 죽어가는 것을 원하지 않았든지 또는 청소년을 향한 열정으로 삶이 타오르길 원하는 마음을 품었기 때문이라든지 어떤 경우든 관계없이, 당신은 교회의 모든 측면에서 열쇠고리 리더십의 능력이 나타나게 할 수 있다.

지금 맡은 역할이 무엇이든 이것을 기억하면 좋겠다. 당신 손에 있는 열쇠를 청소년과 청년에게 기꺼이 넘겨준다면, 그들은 진심으로, 가진 모든 에너지로, 창의력으로, 심지어 친구들까지 동원해서 당신을 믿고 따를 것이다. 때론 애쓰는 노력에 비해서 그 가치가 작게 보일지도 모른다. 그러나 손에 가지고 있는 권위를 나누게 된다면, 당신은 모든 세대와 소통할 기회를 얻을 수 있다.

연구 결과

"만인 제사장직"은 지도자의 부재를 의미하는 게 아니다

우리는 교우의 제사장 됨을 매우 가치 있게 여긴다. 그래서 이 연구를 시작할 때, 리더십으로 주도되는 해결책이 발견되지 않기를 조금은 바랐다. 먼저, 젊어지는 교회들은 협동적 리도십을 공유해서 확실한 지도자가 누구인지 확인하기가 어려울 것이라는 이론을 제시했다. 그 예상은 빗나갔다.

연구의 모든 측면에서 특정 리더십과 지도자들이 젊어지는 교회의 주요 기여자로 언급되었다. 목회자들에게 청소년과 청년 사역의 성공 비결을 설명해달라고 했을 때, 가장 높은 답변은 교회 리더십이었다. 그 답변이 예배 형식, 사회적 정의의 강조, 최신 기술의 도입이라는 응답보다 더 높은 순위에 있었다.

만인 제사장직은 흔히 16세기 독일 신학자이자 종교 개혁자인 마틴 루터가 한 말로 알려져 있다. 우리가 이 용어를 사용할 때, 모든 그리스도인이 "성직자"이며, 자기답게 하나님을 섬기도록 부름 받았다고 하는 의미를 떠올린다(벧전 2:9). 그 함의를 교회 안에서 자격 있는 한 명의 지도자가 모든 일을 담당하는 것을 그저 수동적으로 지켜만 보아서는 안 된다는 것으로 이해한다. 사실, 만인 제사장직은 지도자들이 없다는 것이 아니다. 그 의미는 교회 안에서 그리고 특히 젊은이들에게 리더십은 많은 사람이 생각하는 것과 차이가 있다는 것이다. 모든 사람이 중요한 목소리와 책임을 갖고 있다. 그리고 누구나 교회를 온전해지도록 돕는 은사를 가지고 있다(고전 12:1-31).

공동체 구성원들은 자기 교회가 청소년과 청년에게 효과적인 이유를 리더십으로 돌리는 경향이 훨씬 더 많았다. 77% 이상이 리더십을 강조했으며, 이렇게 말했다.

제가 이 교회를 선택한 이유는 리더십 때문입니다. (제롬, Jerome, 21세)

가장 큰 부분은 우리 사역자들입니다. 그들은 뛰어난 분들이며, 그것이 다른 무엇보다 가장 큰 도움이 됩니다. (카렌, Karen, 부모)

우리 교회에는 청소년과 젊은이들에 대한 헌신이 있습니다. 그 비결은 바로 청소

년 담당 목사님입니다. (짐, Jim, 장로이자 청소년 사역 봉사자)

열쇠꾸러미 리더십을 특별하게 하는 것은 무엇일까?

왜 열쇠꾸러미 리더십이라고 부를까? 유명한 리더십 명언이나 모델 이름을 붙일 수 있지 않을까? 우리가 열쇠꾸러미 리더십이란 용어를 만든 이유는 대중적인 리더십 패러다임과 다르기 때문이다.[24] 많은 지도자가 열쇠꾸러미를 가지고 있지만, 모두 같은 방법으로 사용하는 것은 아니다. 어떤 지도자는 열쇠를 꼭 붙들고서 잠시도 내어주지 않으려고 한다. 하지만, 열쇠꾸러미 지도자는 권리와 권한을 나눠주려는 태도를 보인다. 이런 부분이 다른 사람에게 힘을 실어줄 뿐만 아니라, 한 공동체의 생명력과 연결된다.

우리는 연구를 바탕으로 열쇠 없는(Key-less) 지도자부터 열쇠꾸러미 지도자까지 네 가지 유형의 열쇠꾸러미 리더십을 정의하게 되었다.

열쇠 없는 지도자(key-less leaders). 보통 젊고 경험이 없으며, 별다른 권한을 가지고 있지 않다. 이런 지도자는 자신이 열쇠를 소유할 만하다는 것을 증명하는 데 대부분 시간을 쓴다. 보통 어린이 사역에 봉사하려고 하는 - 리더십 여행을 시작하면서 잠재력과 열정으로 가득 찬 - 고등학생 정도로 볼 수 있다. 또는, 일이십 년 전에는 큰 목소리를 냈지만 점점 설 자리를 잃어간다고 느끼는 공동체의 나이 든 지도자의 모습에서도 발견할 수 있다.

열쇠를 움켜쥔 지도자(key-hoarding leaders). 항상 열쇠를 쥐고 있으며, 다른 사람의 접근도 거부하면서 공동체를 이끌어간다. 보통 활기차고 화려하게 사역하는 지도자에게서 나타난다. 그들은 열정적이고 순수한 모습으로 공동체를 이끌어가지만, 도움의 손길을 내민 사람들을 떠나고 싶게 만들기도 한다(우리는 이런 지도자의 이름을 물어보지는 않겠지만, 아마 당신 머릿속에 이런 범주에 속한 몇몇 사람의 이름이 재빠르게 지나가고 있을 것이다).

열쇠를 빌려주는 지도자(key-loaning leaders). 꾸러미의 열쇠를 빼서 다른 사람에게 잠시 빌려주지만, 가능한 한 빨리 그 열쇠를 돌려받으려고 한다. 빠르게 성장하는 교회의 목회자를 예로 들 수 있다. 그는 다른 사람들의 도움이 중요하다는 것을 알고 있지만, 그들이 기대만큼 맡겨진 일을 해내지는 못할 것으로 생각한다.

열쇠꾸러미 지도자(keychain leaders). 자신이 가진 열쇠를 매우 잘 알면서도, 그 열쇠를 받을 준비가 된 사람들을 훈련하고 격려한다. 다른 사람들에게 열쇠를 자연스럽게 맡기기도 하고 그것들을 사용할 수 있는 문을 활짝 열어준다. 연륜이 있는 중년 목회자나 지도자, 청소년과 스태프를 비롯한 공동체 구성원들이 조언을 구하거나 그들의 역량이 성장하도록 도와주며 신뢰받는 봉사자들에게서 나타난다. 이런 지도자가 있을 때, 모든 사람은 성장하고 있다고 느끼게 된다. 많은 사람이 지금까지 교회에 남아있는 이유는 이 지도자 덕분이라고 말한다.

열쇠꾸러미 리더십을 대중적인 교회 리더십 모델과 비교해볼 때, 당신은 열쇠꾸러미 리더십이 더 쉬워 보이고 기술도 덜 필요하다고 느낄지 모른다. 우리 생각은 정반대다. 우리가 연구한 지도자들은 다른 사람들보다 재능을 덜 가지고 있거나 다른 사람보다 덜 이상적이어서 열쇠꾸러미를 공유하는 게 아니다. 이런 능력 있는 지도자들은 하나님이 어디로 인도하시는지 예민하게 느끼지만, 교회 전반의 유익을 위해서 자기의 힘(strengths)을 지렛대로 사용한다. 그들은 스트레치와 같은 아이들이 가만히 옆자리에 앉아 있는 것보다 교회와 함께하고 싶어 하는 마음을 이해하며, 그래서 참여하도록 돕는 지도자들이다.

> "어떤 단체가 더욱 건강해지고 있는지 – 또는 그렇지 않은지 – 를 확인하는 가장 중요한 요소가 책임 맡은 사람의 참된 헌신과 적극적인 참여라는 사실을 외면하는 것은 불가능하다."[25] –패트릭 렌시오니(Patrick Lencioni), 경영 전문가

그러나 리더십을 공유하는 것은 혼자 이끄는 것보다 더 많은 도전을(적어도 짧은 일정 기간 동안) 받기도 한다. 나(잭)와 아내 로렌이 걸어 다니기 좋은 도시인 파사데나로 이사를 왔을 때, 우리는 차를 한 대만 사용하기로 했다. 그 결정은 어떤 면에서 삶을 단순하게 만들었지만, 그로 인해 더 복잡해진 부분도 생겼다. 열쇠 하나로 같은 차를 사용하다 보니, 운전할 때마다 자기에게 맞춰 의자, 옆 거울, 여러 가지 부분을 조정해야 했다. 일정도 꼼꼼하게 맞춰야 할 필요가 있었다. 의사소통이 잘 이루어지지 않는다면 둘 중 한 사람은 꼼짝 못 하게 되기 때문이었다. 마찬가지로, 리더십 열쇠를 공유한다는 것은 계속 조정하고, 연락을 주고받고, 오고 가지도 못하는 사람들을 향한 인내심이 요구된다. 운전에 익숙한 우리도 복잡했는데, 겨우 운전을 시작한 청소년과 청년이 함께하는 여정이라면 훨씬 더 생각할 게 많아지게 된다. 열쇠고리 리더십은 친밀한 조화와 고생을 요구하지만, 교회를 젊어지게 한다는 장기적 보상 측면에서 보면 충분히 가치 있다.

이어지는 내용에서, 우리가 연구한 열쇠꾸러미 리더십의 6가지 핵심 요점을 밝히려고 한다. 당신은 이 여정을 시작할 것인지, 아니면 멀리 떨어진 곳에서 바라보기만 할 것인지 고민하고 있을지도 모른다. 그것과 관계없이, 우리는 각 장의 끝부분에 열쇠꾸러미 리더십을 통해 교회에 힘을 불어넣을 수 있도록 돕는 몇 가지 "실천 아이디어"를 제시할 것이다.

열쇠꾸러미 지도자는 성숙하지만, 항상 젊은 것은 아니다

최근에 나(카라)는 효과적인 리더십에 관한 우리의 연구를 반박하는 한 목사와 대화를 나눴다. 그는 이렇게 다그쳤다. "이제 저에게 진짜 사실을 말해주세요. 모든 아이들이 오토바이를 타고 최신 유행하는 패션을 즐기는 25세 목사를 원하지 않나요? 우리 교회를 젊어지게 하고 싶다면, 많은 젊은 지도자들이 필요할 거예요. 그렇죠?"

틀렸다.

대체로 그렇다.

분명 청소년이나 청년과 잘 통하는 젊은 지도자들이 있는 것이 중요하긴 하다. 하지만, 그게 전부는 아니다. 우리가 인터뷰하면서 어떤 면에서 교회가 청소년과 청년 사역에 효과적인지 물었을 때, 10명 중 단지 1명만 젊은 지도자가 있기 때문이라고 답했다. 또한, 아이들이 왜 교회에 남아있는지를 묻는 말에 교회 지도자와 전체 구성원이 젊기 때문이라고 대답한 사람은 거의 없었다. 오히려 인터뷰에 참여한 청소년과 청년은 어른들과 더 깊은 관계를 맺고 싶다고 말했다. 많은 청소년이 운전은 어른보다 면허증 없는 친구에게 배우는 것이 재미있다고 생각할지 모르지만, 우리가 만난 아이들 대부분은 능숙하고 경험 많은 어른에게 운전을 배우는 것이 더 좋은 이유를 이해하는 것처럼 보였다.

열쇠꾸러미 지도자들에게 어떻게 열쇠가 없는 지도자, 열쇠를 움켜쥔 지도자, 열쇠를 빌려주는 지도자에서 열쇠꾸러미 지도자로 성장하게 되었는지 물었다. 그들은 한 개인 그리고 전문가로서 겪었던 힘든 경험, 실패, 그리고 여러 갈등과 문제들 덕분에 성숙해졌다고 대답했다. 하루 만에 열쇠꾸러미를 적절하게 사용하는 법을 알게 된 사람은 없었다. 운전하는 법을 알려줄 사람이 필요했고, 차를 맡겨주는 사람, 그리고 길을 잘못 들어갔을 때도 용서해주고 계속 용기를 불어넣어 줄 사람이 필요했다.

워싱턴 DC에서 빠르게 성장하는 한 교회의 청소년 사역자는 자신이 쿠웨이트와 라이베리아에서 침례교 선교사의 자녀로 자라며 걸프 전쟁 인질이 되었던 경험을 이야기해주었다. 라이베리아에서 가난한 사람을 위해 사역했던 그의 가족들은, 아버지를 따라 미국 교외에 있는 풍족한 교회로 옮겨가게 되었다. 어린아이였던 그는 위험하고 가난한 환경과 안전하고 풍족한 환경 사이에서 혼란을 겪었다. 대학에 입학하고 20살이 되면서 그는 두 명의 열정적인 목회자(한 명은 백인이고 다른 한 명은 아프리카계 미국인이다)를 멘토로 만났고 더 넓은 세계관을 갖게 되었다. 그들은 무너진 환경에서 겪은 경험과 특권을 누리는 생활 사이에서 균형 잡는 법을 가르쳐주었다. 그는 극명하게 대조되는 경험들(5년 동안 보스턴 도심의 아프리카계 미국인 교회를 목회한 것과 함께)이 여러 맥락 속에서 필요한 것을 깨닫고 다양한 배경을 가진 사람들과 이야기 나눌 수 있도록 자신을 빚어주었다고 이야기했다. 분명한 차이 사이에서 일어난 다양한 상호작용은 미국 중심 도시의 지역사회를 변화시키고 있는 한 교회를 젊어지게 하고 교우들을 목양하는데 필요했던 완벽한 준비과정이었다.

열쇠꾸러미 지도자는 진정성이 있는 지도자다. "관련성이 있는" 지도자가 아니다

50-60대 목회자가 요즘 20대 스타일을 흉내 내려고 유행하는 옷을 입었다고 생각해보자. 회중과 가까워지려는 이런 시도는 존경스럽지만, 단지 패션의 변화만으로 공동체가 젊어지게 하는 데 도움을 줄 수 있을까?

그렇지 않다.

유행하는 옷을 구입한 목사님들은 맘 편히 집에 두어도 좋다.

교우들에게 교회에 출석하는 이유를 물었을 때, 많은 사람이 지도자의 자질 때문이라고 대답했다. 그들 중에서, 13%만이 관련성(relevant 아이들의 취향에 맞춘다는 의미에서-옮긴이)에 초점을 두었으며, 나머지 87%는 그것과는 무관한 다른 자질이나 진정성에 관해 말했다. 지도자들을 대상으로 한 설문은 의사결정 부분에서 목회자의 청렴성이 청소년과 청년의 신앙 회복 그리고 건강한 교회의 척도 둘 모두에 긍정적으로 연관되어 있다는 것을 보여줬다. 바꿔 말하면, 지도자는 개인적으로 그리고 교회는 조직적으로 청렴해질수록 교회는 젊어질 수 있는 더 좋은 자리를 잡게 된다는 것이다.

이것이 보여주는 의미가 있다. 스트레치 같은 청소년과 청년은 소통을 위해서 외모와 언어를 파격적으로 바꾸는 지도자를 찾는 게 아니라는 것이다. 그들은 자기다운 모습을 지닌 편안하고 정직한 지도자를 원한다. 열쇠꾸러미 지도자는 요즘 세대가 진정성에 대한 감각을 갖고 있으며, 지도자가 진정성이 있는지 그렇지 않은지를 본능적으로 느낀다는 것을 알고 있다.

약 10년 전, 뉴저지에 세워진 다민족 교회인 메트로 커뮤니티 교회(Metro Community Church)는 그 부분을 잘 이해하고 있다. 그 교회의 대학생 한 명은 담임 목회자에 관해 이렇게 이야기했다. "우리 교회가 가진 매력은 담임 목사님의 투명함이에요. 제가 다닌 교회 중에서 목사님의 마음과 생각을 공유하고, 심지어 잘못까지도 고백하는 교회는 이곳이 처음이었어요. 이런 모습은 누구든지 아픔을 안고 여기에 와도 좋다는 것을 느끼게 해 주었고, 문제를 가진 사람들과도 편견 없이 함께 걸어갈 수 있도록 도와주었어요."

오클라호마 털사(Tulsa, Oklahoma)에 있는 큰 교회인 제일연합감리교회 (First United Methodist Church)는 진정성 있는 지도자에 대한 젊은이들의 기대에 부응해 왔다. 우리는 사람들이 유난히 칭찬하던 그 교회의 한 목회자를 만나서 청소년과 청년 사역을 잘하고 싶어 하는 목회자들에게 들려주고 싶은 이야기는 무엇인지 물어봤다.

통찰력 있는 프로그램 아이디어나 강력한 신학을 바탕으로 한 교육의 필요에 관한 이야기 정도가 나올 것으로 생각했다.

그러나 30년 경력의 베테랑 목회자는 잠시 숨을 고르고, 우리를 뚫어지게 바라보며 낮은 목소리로 말을 이었다. "여러분의 마음을 소홀히 여기지 마세요. 말씀을 읽고 기도하는 시간을 가지세요. 그리고 하나님께서 여러분에게 말씀하시도록 하세요. 이렇게 일상을 빚어가고, 지혜로운 분들의 말씀에 귀기울이고, 멀리 보는 관점을 가지세요." 거기에는 인위적인 영성의 분위기는 전혀 없었다. 연구하는 사람으로서 주어진 일을 거침없이 미뤄두고 먼저 예수님을 중심에 두고 그분과 친밀한 우정을 가꾸려고 마음을 드리는 이 지도자의 모습에 충격을 받았다. 그리고 우리는 그곳에서 만난 거의 모든 청소년과 청년으로부터 그분의 사랑, 영성의 깊이, 그리고 진실함에 관한 이야기를 들을 수 있었다.

열쇠꾸러미 지도자는 따뜻하다. 멀리 있지 않다

사이가 가깝지 않더라도 진실함은 전달되지만, 관계는 쌓이지 않는다. 우리가 만난 청소년과 청년은 함께 무언가를 하거나 혼자 어떤 계획을 세울 때 자기를 이해해주고, 좋은 길로 이끌어주고, 멘토가 되어주고, 필요한 열쇠를 넘겨주는 열쇠꾸러미 지도자를 원한다고 했다. 그들에게 교회와 친밀해지게 한 것이 무엇인지 물었을 때, 43%가 자기를 돌봐주고, 수용해주고, 즐겁게 지냈던 지도자들과의 관계라고 대답했다. 관계를 가꾼다는 것은 경계를 무너뜨리고 누구에게나 "친한 친구"가 되려고 애쓰는 것이 아니다. 좋은 우정은 지도자들이 (서로에게) 다가가서 진실하게 돌봐주고 마음을 나누며 연결되어 가는 것이다.

우리는 5장에서 따뜻함이라는 가치를 좀 더 알아볼 것이다. 따뜻함은 모든 교회 공동체에 필요한 핵심가치라고 할 수 있지만, 열쇠꾸러미 지도자의 특징이 되기도 한다.

따뜻한 지도자란 만만한 사람을 의미하는 게 아니다. 시카고 하이드 파크(Chicago's Hyde Park) 인근에 있는 아프리카계 미국인 공동체와 첫 교류에서, 목사님이 농구를 하면서 청소년 아이들을 거칠게 대하는 것을 보고 놀랐다. 목사님은 아이 중 한 명이 몇 분 늦게 도착했다는 이유로 게임에 참여시키지 않으려고 했다. 그리고 파울 때문에 사소한 말다툼이 생기자, 그분은 게임을 일찍 끝내버리겠다고 윽박질렀다. 그러나 청소년 아이들 - 일부는 가정에 문제가 있고, 갱단에 들어간 적도 있었다. - 이 목사님과 친밀하게 대화하며 스스럼이 농담하는 것을 보았을 때, 우리는 그 목사님이 아이들을 대하는 태도를 확고하게 결심하게 된 배경을 이해하게 되었다.

인터뷰했던 아이들은 바지를 너무 내려 입는다거나, 예배 시간에 휴대폰을 놓지 못할 때마다 목사님이 큰 소리로 자기 이름을 부른다고 말해주었다. 하지만 이런 행동들이 아이들의 기분을 상하게 하지는 않았다. 왜냐하면, 이미 좋은 관계가 쌓였기 때문이다. 목사님은 꾸준하게 아이들의 교회 밖 삶의 자리에 함께하고, 존중하는 마음으로 대하고, 모두에게 관심 두고 있다는 것을 보여주었다.

따뜻한 리더십은 특정한 규모로 제한되지 않는다. 우리는 큰 교회도 작은 교회도 따뜻함으로 인해 살아나고 잘 될 수 있다는 것을 발견했다.

5000명 정도 모이는 마이애미의 트리니티 교회를 방문했을 때, 거의 모든 사람이 교회의 따뜻한 분위기는 목회자들 덕분이라고 했다. 우리는 이렇게 많은 교우와 어떻게 관계를 맺고 있는지 질문했다. 그 시작은 사무실에 틀어박혀 있기보다 만나고 함께하겠다는 약속과 헌신이었다고 대답했다.

"저는 지도자들이 다른 어떤 결과보다, 그저 우리 아이들의 존재를 알고 배우기 위해 투자하고 있다고 굳게 믿습니다. 바로 이 부분을 아이들이 공감하는 것 같고요. 진정으로 관심을 받고 있다는 것을 알고 있는 아이들은 마음을 열고 복음에 귀 기울이죠. 거드름을 피우는 듯한 자세로 설교를 한다거나 규율들을 제시하는 일은 없습니다. 그들은 그저 계속 사랑을 받을 뿐이죠." -안드레아(Andrea), 부모

조금 더 깊이 들여다보면, 이 교회는 목회자의 관계적 부담을 덜어 줄 다른 지도자들을 전략적으로 세우기도 한다. 한 예로, 매주 월요일마다 거의 100명 정도의 봉사자와 스태프가 예배, 간증, 봉헌, 생일 축하, 기도 순서를 돕기 위해 모인다. 열쇠꾸러미 지도자들은 수천 명의 사람을 직접 연락하려고 애쓰는 대신, 작은 그룹과 맺는 따뜻한 관계가 나머지 공동체 전체에 스며들도록 돕는다.

많은 청소년과 청년은 인터넷에서 들을 수 있는 좋은 설교 이상의 것을 원한다고 말했다. 아이들은 이름을 기억하고, 불러주고, 신앙생활의 모델이 되어주는 지도자와 관계 맺고 싶어 한다. 그래서 공동체 지도자들을

향해 "당신은 진짜 지도자인가요?"라는 질문을 품고 그들이 어떻게 대답할지 지켜본다.

따뜻한 관계의 모습은 청소년과 청년으로 가득한 한 아시아계 교회에서도 확인할 수 있었다. 교우들은 자기 교회가 성경을 진지하게 받아들이며 담임 목회자는 그 부분을 강조하는 핵심 인물이라고 이야기했다. 우리는 그 말을 듣고, 목사님이 설교와 소그룹을 완벽하게 준비하기 위해 대부분 시간을 사무실에서 보낼 것이라고 예상했다.

먼저, 이 공동체와 시간을 보내면서 설교와 프로그램이 중요한 부분이라는 것이 명백해졌다. 그러나 목회자는 사무실에 갇혀있는 것이 아니라, 거의 한 주 전체를 25명의 리더와 집중적인 제자훈련을 하는데 보냈다. 리더 대부분은 30세 이하였다. 이 훈련은 일 년에 두세 번 정도 진행되며, 목회자가 리더들에게 중요하게 여기는 가치와 생각을 나누고 공감하는 기회였다. 그 시간은 교회 일정이나 행사에 관한 논의가 아니라, 각자 신앙생활의 여정 연약한 부분을 정직하게 드러내고 나누는 시간이었다. 목회자는 많은 말을 하는 것보다 따뜻한 관계 속에서 신앙생활의 본보기가 되어주었다. 그렇게 그 교회는 계속해서 젊어지고 있다.

열쇠꾸러미 지도자는 목회자 사이에서가 아니라, 교우들에게 중요한 것이 무엇인지 안다

대부분 목회자는 좋은 경청자이지만, 보통 동료 그룹 – 다른 목회자들 – 에게서 가장 큰 영향을 받는다. 신학교 안에서 가까운 관계를 목회자나 신학자들이 저술한 책을 읽고, 다른 목회자들이 진행하는 훈련에 참여한다. 그래서 목회자는 교우들에게 가장 중요한 문제로부터 단절될 수 있다는 점에 주의해야 한다.

프린스턴 대학교 출신의 사회학자 로버트 우드나우(Robert Wuthnow)는 목회자가 교우들의 삶에서 가장 중요하게 여기는 문제들에 관심을 두지 않고 문화 전쟁이나 사소한 교리적 차이에 관해서만 이야기한다고 말했다.[26]

열쇠꾸러미 지도자들은 이런 "불통"을 피할 수 있도록 교우들이 중요하게 여기는 문제에 귀 기울이는 연습을 한다. 이런 노력은 열어야 할 문을 선택하고 적절한 열쇠를 나눌 시기를 능숙하게 파악하는 능력을 성장시켜준다. 이미 충분히 바쁜 일정에 또 다른 활동을 덧붙이는 대신에, 모든 세대를 아울러 공동체 구성원의 목소리를 듣는 것을 가장 중요하게 여긴다.

한 지도자가 열쇠를 빌려주는 지도자에서 열쇠꾸러미 지도자로 성장하기 위한 가장 중요한 경험은 누군가에게 권한을 나누고 맡기는 일이다. 소위 슈퍼스타라고 불리는 인기 있고 영웅 같은 목회자들은 주의 깊게 갈고 닦아야 할 그 경험이 성장하는 것을 방해한다.

당신이 목회자라면, 어떤 사람이 슈퍼스타인지 알고 있을 것이다. 정말 많은 교회가 자기 공동체의 목회자에게 거는 기대이다(청소년과 어린이 담당 목회자, 그리고 양육과 자원봉사로 섬기는 사람들을 생각해보자.).

"저희는 복음을 설교하는 한 세대의 지도자를 배출했습니다만, 그들은 자신이 사람들을 대하고 있다는 것을 잊고 있습니다. 이것은 복음에 해가 되는데, 지도력이 부족한 사람들이 생겨나기 때문입니다." -타일러 레긴(Tyler Reagin), 케터리스트 원장 슈퍼스타는 다른 사람을 신뢰하지 않기 때문에 결코 다른 사람과 열쇠를 공유하지 않는 "열쇠를 움켜쥔 지도자"이다. 그들은 근처에 있는 교회보다 더 빨라야 하며, 다른 팀보다 강력해야 하며, 단번에 강대상도 뛰어넘을 수 있어야 한다는 압박을 받는다.

당신도 슈퍼스타 목회자여야 한다고 압박받던 때가 있을 것이다. 아니면, 지금 심한 부담을 받고 있을지 모른다.

슈퍼스타 증후군은 대부분 교회에서 보편적이지만, 젊어지고 있는 교회는 다른 이야기를 한다. 우리가 수백 명의 지도자에게 청소년과 청년에게 가장 잘 먹히는(?) 것이 무엇인지 물었을 때, 30% 이상이 이끌고 헌신할 기회를 주는 것이라고 대답했다. 그것보다 많았던 응답은 관계 맺기, 청소년과 청년 우선순위, 그리고 전반적인 교회 문화에 관한 것이었다(각각의 내용은 이어지는 장에서 분석할 것이다.).

1,000명이 넘는 교인이 모이는 미국 북동부의 한 교회는 스트레치 같은 아이들이 단순히 공간을 채우는 존재로 남고 싶어 하지 않는다는 것을 알고 있다. 그들은 변화를 책임질 수 있는 열쇠를 넘겨받고 싶어 하는 것이다. 그 교회는 가을마다 임명 예배로 소그룹 봉사자들을 격려한다. 수료증이나 선물 쿠폰을 건네며 생색내는 대신, 담임 목사님이 온 마음을 다해 이분들이 교회의 진정한 목회자인 이유를 설명한다. 작년에는 목사님께서 이 교회는 자신 없이도 잘 지낼 수 있지만, 봉사하시는 분들이 떠난다면 문을 닫게 될 것이라고까지 말씀하셨다. 그 교회의 소그룹 지도자들은 우리에게 지금 스스로 의미 있는 경험을 하고 있으며, 봉사하기 위해서라면 자기 시간과 에너지를 기쁘게 희생할 수 있다고 이야기해주었다.

"우리 목사님의 리더십 스타일은, 저뿐만 아니라 교회를 떠난 젊은 세대에게 큰 영향을 미쳤어요. 모두 '다신 교회에 나가지 않을 거야'라고 말한 부류에 속했죠. 하지만 목사님의 인내와 사랑, 신뢰 덕분에 저희는 하나의 교회(a sanctuary)가 되었어요." -피터(Peter), 26세

젊어지고 있는 또 다른 교회의 교우들과 인터뷰 했을 때, 목회자 대부분이 맡은 책임에는 유능하다고 했다. 어떤 사람들은 "만족스럽다"고 묘사했다. 그러나 목회자들이 모든 영역에서 늘 홈런을 치는 것은 아니다. 한두 영역에서는 뛰어나지만, 나머지 부분은 그저 버틸 수 있을 정도의 능력을 가지고 있다. 그렇다고 해서 안주한다는 의미는 아니다. 오히려 이 지도자들은 자기에게 없는 역량을 가진 유능한 지도자를 세우는 데 집중한다. 결과적으로, 한 지도자의 열쇠꾸러미에 있던 열쇠들은 역할과 책임에 따라 가장 필요하고 적합한 지도자에게 나눠진다.

또한, 지금 왜 그 교회에 다니는지 묻는 질문에 20명 중 한 명만 특별한 지도자 때문이라고 대답했다. 이 대답의 의미는 지도자가 교회의 일부 영역에서 중요하긴 하지만, 항상 얼굴을 보인다거나, 모든 초대에 응한다거나, 또는 소셜 미디어에 끊임없이 등장하는 슈퍼스타일 필요가 없다는 것이다.

교회들은 어떻게 슈퍼스타 증후군을 버리고 열쇠를 공유하고 있는가?

목회자 대부분은 교회에서 슈퍼스타가 되길 바라지는 않지만, 많은 사람이 그 길만이 성장할 수 있는 유일한 길이라고 말한다. 우리는 이 난제를 고민하면서, 열쇠를 어떻게 누구와 나눠야 할지에 관한 이해를 돕는

리볼만과 터렌스 딜의 리더십 프레임을 발견하게 되었다.

리볼만과 딜은 당신이 "특정한 '영역'을 이해하고 극복하도록 돕기 위해서 머릿속에 가지고 있는 정신 모델-아이디어와 가정"이 프레임이라고 규정한다.[27] 독특한 경험으로부터 형성된 프레임들은 교회 안에서 보이는 것과 보이지 않는 것에 영향을 준다.

어느 분야나 지도자들은 가장 자연스럽다고 느끼는 하나의 구조를 기본적으로 가지고 있다. 그래서 다른 사람들이 "이해"하지 못하거나 자기 멋대로 할 때 당황하거나 불만을 느낀다. 이런 경험은 열쇠를 나누어 주는 것을 어려워하거나 자기 스스로 이끌어야만 한다는 결론에 이르기 쉽다.

아래에서 제시하는 프레임 중에서 당신은 어떤 것을 선택하여 리더십 열쇠를 이해하며 사용하고 있는지 생각해보자.[28]

구조적 프레임은 교회를 역할과 책임으로 본다. 이 프레임을 사용하는 목회자들은 자기를 교회 CEO라고 생각한다. 이들은 사람 중심이라기보다 일 중심적이며, 계획을 확장하고 역할을 배치하는 데 힘을 쏟는다. 우리가 방문한 멀티사이트 교회에서, 소그룹 담당 목회자는 소그룹 사역을 잘 운영하기 위한 리더십 구조, 봉사자 훈련, 그리고 커리큘럼 디자인 과정을 약 10분간 설명했다. 이 목회자는 구조적 프레임을 상당히 지향하고 있다.

관계적 또는 사람 중심 프레임은 교회를 일차적으로 인격적 관계, 즉 독특한 기술·감정·필요를 지닌 개인으로 구성된 가정처럼 이해한다. 이런 프레임을 가진 목회자들은 자기를 엄마나 아빠 또는 최고의 친구라고 여긴다. 이들은 사람을 알아가고 삶에 동행하기를 원한다. 우리가 방문했던 한 교회는 다양한 세대가 모여있었는데, 거의 모든 청소년과 청년이 아더(Arthur)라는 이름을 말했다. 아더는 아이들의 농구 경기, 댄스 발표회,

그리고 여러 활동이 있을 때마다 찾아갔다. 70대 할아버지인 아더는 인터뷰를 하면서도 아이들이 소중히 여김을 받고 있다는 것을 알게 했을 때 느끼는 기쁨을 표현했다. 아더는 관계적 프레임을 사용하고 있다.

상징적 프레임은 교회를 이야기·의례·설교·영적 실천을 통해 바라본다. 이 프레임 안에 있는 목회자들은 자신을 현인, 예언자, 영적 안내자라고 묘사할지 모른다. 그들은 신학적인 토론을 하거나, 교회 사역의 깊은 의미에 초점을 맞추는 데 시간을 쓴다. 약 150년 정도 된 한 교회의 담임목회자와 인터뷰를 했을 때, 그는 모든 질문에 대한 대답을 하나의 이야기 – 대부분은 성경에 있는 이야기 – 로 마무리했다. 이 목회자는 강력한 상징적 프레임을 가진 사람이다.

위에 언급한 구조들은 분명한 강점과 약점을 가지고 있다. 우리 교회의 당회 또는 리더십팀이 공동체의 미래를 논의하거나 젊어지기 위한 계획을 세운다고 생각해보자. 구조적 프레임을 가진 사람이라면 차근차근 절차에 따라 기획하거나, 예산에 미치는 영향을 검토할 것이다. 관계적 프레임을 지향하는 사람이라면 교우들이 어떻게 느낄지, 서로의 관계가 얼마나 깊어질지 고려할 것이다. 상징적 프레임으로 일하는 목회자는 그 결정이 신학적으로 적합한지, 교회가 젊어질 것이라는 비전을 얼마나 강력하게 전달할 수 있을지 고민할 것이다.

이 세 가지 관점들은 아름다운 다양성이 드러나는 만남과 사역으로 진화할 수도 있고, 아니면 모임을 엉망진창으로 끝나버리게 만들 수도 있다. 다수가 너무 지나치게 특정한 한 가지 프레임을 지향하는 경향이 있다면 다른 두 가지 프레임은 무시될 수 있으며, 교회는 결국 불균형해질 수 있다(아마, 당신은 지금도 매우 불균형하다고 생각할지 모른다.). 최고의 팀은 의도적으로 각 프레임을 가진 지도자들이 함께하며, 최고의 지도자들은 덜 자연스러운 프레임 안에서 자기답게 해낼 수 있는 법을 배운다.

이런 프레임들을 이해하고 적절하게 적용할 수 있는 능력은 교회가 슈퍼목사 증후군을 떨쳐버리도록 돕는다. 그리고 스트레치와 같은 청소년과 청년에게 리더십 열쇠를 효과적으로 나누어 줄 수 있게 만든다. 이부분을 구체적으로 이해하도록 돕기 위해 89~90페이지에 몇 가지 질문을 준비했다.

열쇠꾸러미 지도자는 장기적 안목을 갖는다. 근시안적인 관점이 아니다

우리는 설문, 인터뷰, 교회 탐방을 통해 전반적으로 청소년과 청년 사역과 교회 목회 모두 일관성 있고 장기적인 리더십의 중요성을 발견했다. 특별히, 한 교회를 오랫동안 섬긴 목회자와 교회 전체적인 건강과 균형 사이의 긍정적인 관계가 나타났다.

열쇠 없는 지도자나 열쇠를 움켜쥔 지도자, 또는 열쇠를 빌려주는 지도자에서 열쇠꾸러미 지도자로 성장하기 위해서는 시간이 필요하다. 청소년과 청년 사역에서는 더 그렇다. 그들은 친구, 학교, 신체적인 부분에 있어서 상당한 발달 변화를 겪는다. 반면, 교회에서 만난 관계는 지속하기 어려운 부분이 있다. 한 교회 선생님은 이렇게 말했다. "우리는 사는 곳과 다니는 학교를 고려해서 학생과 선생님을 짝지어줬어요. 그리고 그 그룹이 고등학교까지 함께할 수 있게 했어요. 오랜 기간 돌볼 수 있도록 한 거예요."

장기적 안목의 영향력은 청소년과 청년 사역에만 국한되지 않는다. 시골에 있는 작은 교회를 다니는 노년 여성 보니(Bonnie)는 2년을 채 머물지 못하고 떠난 목회자들로부터 비롯된 격동의 목회 전환기가 어떻게 흘러

갔는지를 이야기해주었다. 지금 목사님께서 막 교회에 오셨을 때, 보니는 목사님 집 앞을 지나다가 아스파라거스를 가꾸고 계신 모습을 보았다. 그리고 "아스파라거스는 재배까지 3년 정도 걸릴 수 있어요!"라고 설명했다. "목사님이 그 일을 하시는 것을 보았을 때, 저희는 목사님이 여기 머물 것이라는 사실을 알았죠."

나중에 인터뷰하면서, 우리는 목사님께 아스카라거스에 관해 물었다. 그분은 웃으면서 그 일이 공동체 안에서 하나의 상징적 순간이 되었다고 말해주었다. 원래 그런 의도를 가진 것은 아니었지만, 공동체의 신뢰에 미묘한 차이가 생겼다는 것을 느꼈다고 했다.

인터넷과 소셜 미디어에서 설교를 접할 수 있는 시대에 여전히 설교가 중요한가?

전반적으로, 설교는 교회가 젊어지는 이유와 방식에 관한 질문의 응답에서 우리의 예상만큼 자주 언급되지는 않았다. 사람들에게 왜 그 교회를 다니는지 물었을 때, 설교는 불과 여섯 번째 순위(약 12% 언급)를 차지했다. 이것은 높은 순위에 있는 답변인 인격적 관계, 공동체 의식, 소그룹과 수련회 등의 활동, 그리고 소명 의식 훨씬 아래에 있었다.

이 데이터에 근거해서 설교가 중요하지 않다는 결론을 내려서는 안 된다. 우리가 하나님 말씀에 최고의 가치와 존중을 부여하지만, 입으로의 선포는 한 가지(매우 중요한 한 가지이기는 하지만) 표현 형식이다. 청소년과 청년이 특히 관계에 관심을 둔다는 것을 고려할 때, 당신이 복음 중심적인 공동체를 만드는 데 시간을 쓰는 것은 설교에 집중하는 것만큼이나 가치가 있지 않을까? 강대상을 공유하고 선생님들과 지도자들을 훈련하면서 열쇠꾸러미 리더십을 발휘할 수 있지 않을까? 바꿔 말하자면, 아이들은 인터넷과 소셜 미디어로 뛰어난 목회자의 설교를 접할 수 있다. 그러나 그곳에서 생기 있는 공동체를 접할 수는 없다.

보통 장기적 목회 리더십이 선호되긴 하지만, 젊어지는 교회들은 목회자가 바뀌는 상황에서도 성장할 수 있다. 그런 건강함은 목회자가 교회를 떠났을 때도 안정을 유지할 수 있도록 리더십 팀을 만들어서 공동체 그리고 다양한 구성원과 함께 열쇠를 공유하려고 스스로 노력했기 때문이라고 볼 수 있다.

실천 아이디어

아래 내용은 당신이 리더십 열쇠를 나누려고 실천할 때 도움이 되는 조언들이다. 모든 내용을 적용하려고 하지 않아도 된다는 것을 마음에 새기면 좋겠다. 다시 한번 말하지만, 우리는 어떤 교회에도 이 모든 조언을 시도해보라고 권하지 않는다. 엄청나게 많은 목록 때문에 당신이 부담받는 것을 절대로 원하지 않는다. 모든 교회는 다르므로, 실천 아이디어를 가지고 지도자들이 팀을 이루어 교회가 젊어지도록 돕는 일을 자기답게 해볼 수 있기를 바란다. 젊어지는 데는 지도자팀이 필요하다.

각 장마다 이 부분을 읽으면서, 아래 내용을 여백에 메모하면 도움이 될 것이다.

- 결정한 아이디어가 우리 교회에 적합한지
- 이 아이디어를 지금 실천해야 하는지, 아니면 나중에 해야 하는지
- 이 아이디어가 나에게 가장 도움이 되는지, 아니면 다른 지도자에게 가장 도움이 되는지(후자라면, 그 사람의 이름을 적어두자. 기억했다가 그 사람과 아이디어를 공유할 수 있도록 말이다.).

당신이 지금 실천하고 싶은 두세 개의 아이디어를 정해보자. 이 장의 마지막 부분에서, 당신의 교회가 열쇠꾸러미 리더십을 갖도록 구체적인 계획을 세우기 위한 전략적 질문들에 대한 대답이 될 수 있다.

자신의 열쇠꾸러미 리더십을 평가해본다

리더십 열쇠를 공유하기 위한 첫 번째 단계는, 자신이 가진 열쇠를 파악하는 것이다. 당신이 사례를 받는 목회자로 섬기든, 아니면 봉사자로 섬기든, 담당 업무와 역할, 책임을 정리하는 것으로 시작해야 한다. 만약에 확실하지 않다면, 직무기술을 정리하는 것이 첫 단계일 수 있다.

당신이 맡은 주요한 책임 목록을 한 줄로 작성해 보는 것도 중요하다. 두 번째 줄에는 그 책임에 대한 열쇠를 자신이 가지고 있는지, 공유하고 있는지, 또는 이미 나눠줬는지 써 보는 것이다. 지금 당신이 가지고 있거나 공유하고 있는 책임은 누군가를 훈련해서 열쇠를 내어주는 것이 가능한지, 아니면 분명히 당신이 가지고 있어야만 하는 것인지 정리해 볼 수 있다. 신뢰할만한 지도자 중에서 한두 명에게 리더십 열쇠를 얼마나 잘 공유하고 있는지 이야기를 듣는 것만으로도 한 걸음 나아갈 수 있을 것이다.

처음에 왜 그 열쇠를 가지게 되었는지 질문하는 것도 의미가 있다. 묵상 하거나, 관련 있는 성경 말씀을 읽고 나누면서 당신의 리더십 신학을 살펴보는 것이다(가능한 리더십 팀과 함께). 출 18:1-27, 여호수아 1:1-18, 사무엘상 8:1-22, 예레미야 1:4-19, 요한복음 13:1-17, 15:1-17, 고린도전서 12:1-31, 에베소서 4:11-16, 빌립보서 2:1-18을 포함해서 강력한 영향력을 주는 본문을 가지고 반추하는 시간을 가져보는 것도 큰 도움이 된다.

아이들과 함께 시작한다

두 번째 전략은 당신이 가진 열쇠에서 시작하는 대신, 아이들과 함께 시작하는 것이다. 교회가 젊어지도록 돕겠다는 마음으로, 공동체 안에서 리더십 열쇠를 이미 가지고 있거나, 가질 수 있는 청소년 또는 청년을 찾아보는 것이다. 많은 아이는 스트레치처럼 열쇠를 가져 본 적이 없거나 그저 언젠가 받게 되길 기다리고 있을 것이다.

아이들 각각의 재능, 은사, 열정에 기초해서 적절한 열쇠의 종류를(적절하게 맡을 수 있는 책임) 써 볼 수 있다. 그리고 그들이 열쇠를 받을 준비가 되도록 돕기 위해서 당신이 내디뎌야 하는 두 번째 걸음은 무엇인지 생각해보는 것이다. 이 과정이 자신에게 어느 정도 익숙해졌다면, 주일학교 선생님, 스태프, 또는 리더십 그룹을 초청해서 우리 공동체 아이들이 가진 잠재력을 기대하는 자리를 마련할 수도 있다.

슈퍼목사를 버리고 자기다운 프레임을 가꾼다

슈퍼스타 증후군에서 벗어나서 청소년과 청년에게 열쇠를 나눠줄 방법을 고민하고 있다면, 81~83페이지에서 프레임을 설명하며 이야기했던 세 가지 질문을 자신에게 던져볼 수 있다.

나는 어떤 프레임이 편한가? 당신은 편안한 프레임 안에서, 적절한 때에 적합한 사람에게 열쇠를 나눠줄 수 있을 것이다. 관계적 프레임 안에서 일하고 지도하는 것을 편안해하는 한 목회자는 아이들이 자신과 함께 배울 수 있는 시간을 마련한다. 그는 조금씩 더 높은 단계의 책임을 아이들에게 맡기는데, 그들이 그룹을 지도할 준비가 될 때까지 그렇게 한다.

상징적 프레임을 가장 편안해하는 한 목회자는 의도적으로 매달 세 번만 설교하는데, 젊은 목회자에게 설교할 기회를 주기 위해서다.

어떤 프레임이 나와 맞지 않는가? 열쇠를 나눌 지도자를 찾아봐야 할 영역이 바로 이 부분이다. 특정한 사역이나 교회 전반에 명확한 프레임이 없다면, 더 나은 균형을 위해 어떻게 한 명 또는 다양한 스태프에게 지도자 역할을 해달라고 부탁할 수 있을지(나아가 누군가를 고용할 수 있을지) 고민해야 한다. 다른 프레임을 가진 사람들과 열쇠를 공유하는 것은 불편하기도 하고, 크고 작은 결단과 경청을 요구할 것이다. 당신이 파트너십을 세울 때, 그들이 자연스러워하는 프레임 안에서 좋은 사람들을 발견할 수 있도록 돕는 격려가 필요하다.

제일 어울리지 않는 프레임 속에서 나는 어떻게 성장할 수 있는가? 당신이 편안하지 않은 프레임을 무시해서는 안 된다. 대부분 교회 지도자는 다양한 영역에서 기본 역량을 발전시킬 필요가 있다. 아직 필요한 기본 역량에 이르지 못한 영역들의 목록을 만드는 것은 도움이 된다. 그 부분을 지도해 줄 수 있는 사람에게 도움을 요청할 수도 있다(그는 당신의 교회 안에 있을 수도, 아니면 밖에 있을 수도 있다.). 우리가 열쇠꾸러미 지도자에게 필요한 기본 역량과 탁월함이 요구되는 영역의 목록을 기꺼이 제안할 수 있다. 그러나 각자의 상황과 독특한 역할에 따라 다양하다는 것을 알고 있다. 그러므로 이 부분은 당신 공동체의 목소리를 듣고 이해하는 것이 매우 중요하다.

열쇠를 주기 전에 반드시 준비하도록 돕는다

당신이 휴가를 떠나는 동안에 청소년에게 집을 봐달라는 부탁을 했던 경험이 있다면, 그 아이가 정원에 물을 주거나, 반려견에게 먹이를 주고 산책시켜 줄 준비가 되어있다는 것을 확인하기 전까지는 모든 것을 맡기지는 않았을 것이다. 함께 집 안을 둘러보면서 잘 모르거나 궁금해하는 부분을 명확히 알려줬을 것이다. 그 아이가 완전하게 준비가 되기 전까지 당신은 어떤 열쇠도 주지 않았을 것이다.

교회도 마찬가지다. 그보다 더할 수도 있다.

일단 당신이 가진 리더십을 파악한 뒤에는, 당신과 교회가 젊은 지도자를 세우기 위해 무엇을 투자할 수 있을지를 그려보아야 한다. 그 비전이 이루어지기 위한 계획이 있는가? 그 일을 가능하게 하는 예산이 편성되어 있는가? 아래의 몇 가지 방법은 당신 공동체의 어린 지도자를 훈련하는 방법으로 실천해볼 수 있다.

- 함께 책을 읽는다. 적절한 주제를 선택하고 매달 한 시간씩 논의한다.
- 설교를 하거나 소그룹을 진행하는 기회를 주고, 설교와 강의 원고를 다듬는 것을 도와준다.
- 마음을 품은 지도자들은 신학교에 보내준다. 굳이 공동체를 떠나야만 하는 것은 아니다. 다양한 온라인 교육 과정은 지금처럼 공동체에서 역할을 하며 날카로운 역량을 키우도록 도와줄 수 있다.
- 어린 지도자들에게 훈련받고 싶은 분야가 있는지 물어본다. 그리고 그 훈련을 담당할 수 있는 그 분야의 전문가(아마도 당신 교회에 출석하고 있는 교우 중에서)를 초청한다. 예를 들어서, 소통에 관해 더 훈련받고 싶어 한다면, 교회에서 관련된 분야에 종사하는 비즈니스 전문가나 전공 분야의 교수를 소개해 줄 수 있다.
- 주변에 있는 여러 교회 중에서 함께할 수 있는 파트너를 찾아본다. 어

떤 분야에서는 누구나 인정하는 전문가를 모실 수도 있고, 지역사회에
의 단체나 교회를 더 많이 초청할 수도 있다.

• 인턴십 프로그램을 운영한다. 우리 연구에 참여한 많은 교회는 젊은
사람들에게 봉사자, 파트 타임 또는 풀타임 인턴십을 제안하고 있다.

시간 목록을 관리한다

시간 사용에 관한 정확한 이해를 얻기 위해, FYI 팀은 시간 목록을 관
리하면서 큰 유익을 얻었다.

먼저 당신의 책임을 합리적으로 나누어 카테고리를 만든다(예를 들어,
기도와 성경공부, 설교 준비, 우정 쌓기, 회의, 행사 계획, 그리고 메일에 답장을 하는 것과 비
슷한 행정 업무 등).

두 번째로, 적어도 한 주 동안 카테고리를 나누어 한 시간 단위로 사용
하는 시간을 정리해본다.

세 번째는 카테고리마다 사용한 시간을 살펴보면서 이상적인 시간 분
배 방법을 찾아보는 것이다. 사람을 위해 사용하는 시간뿐만 아니라 행정
적인 일에 필요한 시간도 특별히 주의 깊게 살펴보아야 한다.

어떤 변화가 당신을 열쇠꾸러미 지도자답게 시간을 사용하는 데 도움
을 줄 것으로 생각하는가?

약점이 있다면, 먼저 움직이자!

"제가 소그룹 지도자들에게 말하는 것 중 하나는 공동체를 세우기 원한다면, 연
약함을 받아들이라는 것입니다. 지도자로서 연약함의 모델이 된다면, 그때 사람

들은 더욱 편안하게 자기의 삶을 서로 나눌 테니까요. 그래서 저는 제가 설교하거나, 상담하거나, 뭔가를 나눌 때는 언제든지 하나님이 깨끗하게 해 주셔야만 하는 삶의 더러운 부분을 공유합니다." – 제이미(Jayme), 소그룹 목사

우리가 열쇠꾸러미 지도자들을 관찰한 결과, 가장 중요한 것은 그들의 말이 아니라 행동에 달려 있었다. 앞으로 직원 모임이나 봉사자 모임에서, 열쇠꾸러미 리더십의 중요한 요소 중 하나인 "연약함"에 있어서 어떤 모범이 될 수 있을지 고민해보면 좋겠다. 진정성 있는 리더십에 대한 청소년의 기대를 생각해 볼 때, 연약함을 마주하는 당신의 모습이 훨씬 진정성 있는 지도자로 다가갈 수 있게 해준다. 다음은 당신과 공동체가 좀 더 깊이 있는 이야기를 나눌 수 있도록 돕는 질문들이다.

- 당신이 받았던 기도 응답 중에서 가장 기억에 남는 것은 무엇입니까? 하나님께서 응답하지 않으셨음에도 불구하고 계속 이어갔던 기도 제목은 무엇입니까?
- 지금까지 당신이 겪었던 가장 큰 실패는 무엇입니까? 하나님은 그 실패를 사용하셔서 여러분을 어떤 모습으로 빚어가셨습니까?
- 하나님께 실망했을 때는 언제였습니까? 하나님께 실망했을 때, 당신은 주로 어떤 말과 행동을 보입니까?
- 교회의 미래를 상상해 볼 때, 가장 신나고 기대되는 면은 무엇입니까? 스트레스를 받거나 두렵게 느껴지는 부분은 무엇입니까?

리더를 당황하게 만들지 않는다

젊어지는 교회의 담임목사 그리고 청소년과 청년 담당 목회자 사이의 관계를 연구하면서, 우리는 신뢰가 핵심이라는 것을 알게 됐다. 청소년 담당 목회자는 담임목사의 마음과 의도를 신뢰했으며, 담임목사는 청소년 담당 목회자의 판단을 신뢰했다. 이런 신뢰가 더 쉽게 열쇠를 공유하게 해주었다.

교회의 리더들에게 청소년과 청년 담당 목회자에게 필요한 조언을 요청했을 때, 한결같이 "당신의 리더를 당황하게 만들지 마세요."라고 강조했다.

이 말은 몰래 준비하는 생일파티를 이야기하는 것이 아니다. 청소년 그리고 청년 목회자가 어떤 문제를 예상하거나, 이미 경험했거나, 또는 사역의 중요한 판단이나 결정을 내리려고 할 때, 가능한 한 빨리 리더에게 말하는 것이 현명한 방법이라는 것이다. 상식이라고 생각할 수도 있지만, 우리는 젊어지고 있는 교회를 포함해서 목회자들이 좀 더 일찍 리더에게 알리지 않아서 벌어지게 된 부정적인 일들을 마주하게 될 때마다 마음이 어려웠다. 이런 일들은 리더가 신뢰하는 마음을 가지고 나누어 주었던 열쇠를 다시 빼앗아 가게 만드는 결과를 낳는다.

당신이 목회자, 교회 직원, 또는 봉사자라는 것과 관계없이, 우리는 당신이 리더를 잘 이해하기 위해서 충분한 대화를 나누길 기대한다. 그들이 나 때문에 당황하거나 놀랐던 경험이 있는지, 아니면 주어진 일을 수월하게 처리하도록 조언해줄 수 있는지, 또는 앞으로 좀 더 원활한 의사소통을 하기 위해 많은 대화를 나눌 수 있을지 물어보는 것이 필요하다.

스스로 뭔가를 할 수 있다는 생각을 버린다

한 교회의 목회자는 건강하게 자신의 감정을 다스릴 수 없다는 사실을 깨달았을 때, 열쇠꾸러미 리더십으로의 변화를 맞이한 전환점이 되었다고 고백했다.[29] 그는 전문적인 도움이 필요했기 때문에 정기적으로 전문 치료사를 만나기 시작했다.

그 목회자는 치료가 얼마나 도움이 되었는지 알게 되면서, 다른 직원들에게도 단기 상담을 받아보도록 권하고 있다. 그 교회의 목회자 중 한 명이 이렇게 말했다. "이 목사님은 제가 지금까지 함께 일해 본 사람 중 가장 건강한 교회 직원이세요!"

몇몇 목회자는 사역의 목적이 청소년과 청년을 직접 만나는 일에 있다기보다, 건강한 교회를 세워나가길 원하는 마음에 기반을 두게 되었다고 이야기한다. 이런 새로운 개념의 건강함 때문에, 수백 명의 사람이 이 공동체로 모이기 시작한 것이다.

자신의 관계적 능력을 고려한다

당신은 교회 안에서 가깝게 지내는 친구가 몇 명이나 되는가?

연구에 참여한 사람들에게 이 질문을 했을 때, 일부는 친구라는 단어의 뜻을 명확히 해달라고 요구했다. 그들은 페이스북 친구를 말하는 것이라면 한 가지 답밖에 없지만, 가까운 친구들을 의미한다면 다르게 답할 것이라고 했다.

목회자들은 높은 관계적 능력이 있을 것으로 기대를 받는다(그리고 그래야 한다는 압박을 받기도 한다). 풀러 신학교는 목회자들의 관계적 능력이 극한 피로, 트라우마, 그리고 목회의 효과 등과 어떤 관계가 있는지 이해하기 위한 연구를 진행했다.[30] 이 연구에 따르면, 목회자들은 어떤 독특한 친구 역학을 가지고 있다고 나타났다. 보편적인 사람들보다 친구 범위가 좁았고, 이 결과는 지지받을 수 있는 사람이 적다는 결과로 이어졌다.

신뢰할만한 데이터에 따르면, 이상적인 관계 네트워크는 가까우면서도 지원을 아끼지 않는 네다섯 명과의 우정, 그리고 좋은 친구들이라고 생각하는 적어도 열두 명의(그러나 15명 이하의) 사람들과 나누는 관계라고 본다. 목회자들이 얇고 넓은 관계를 맺고 있다는 점을 고려하면, 몸과 마음의 건강을 위해서라도 깊은 관계를 유지하는 것이 무엇보다 중요하다는 것을 알 수 있다.

가까우며 지지해주는 관계 그리고 좋은 친구라고 생각하는 사람들의 목록을 만들어서 스스로 관계 네트워크의 넓이와 깊이를 확인해 보면 좋겠다. 만약, 데이터가 제시한 것보다 숫자가 적다면, "가까우며 지지해주는" 목록에 있는 사람 한 명과 약속을 잡아도 좋다. 그리고 당신이 관계의 끈을 두텁게 하는 데 필요한 도움을 요청해보는 것이다.

사회적 거리의 간격을 좁힌다

가깝고 지지해주는 관계에 초점을 맞춘다고 해서 잘 모르는 공동체 구성원과 거리를 두어야 한다는 것은 아니다. 열쇠꾸러미 지도자들은 사회적 거리를 가깝게 하기 위한 것이라면 무엇이든지 하였다. 예를 들어서, 시카고의 제일침례교회(First Baptist Church)의 목사는 농구를 하거나 교인의 집에서 시간을 보내면서 기회를 만들었다. 어떤 목회자는 예배 후에 의도적으로 교회 출입문에 서서 사람들과 인사를 나눈다. 또 다른 목회자는 정기적으로 교우들을 초대해서 저녁 식사를 하기도 한다.

우리 말의 의미를 분명히 이해하면 좋겠다. 당신이 "모든 것을, 한 번에" 해야 한다거나, 개인적인 관계 정리가 필요하다는 것이 아니다. 당신의 친밀한 관계가 모두 교회 안에서 만들어져야 한다고 이야기하는 것도 아니다.

우리가 말하는 것은 우리 삶과 리더십의 모범이 되시는 예수님의 모습이다. 그분은 시간을 내서 사람들과 함께하기 위한 자리를 마련하셨다. 우리도 그분이 가신 길을 따르도록 초대받았다.

앞으로 두 주 동안 당신의 일정에 채워진 내용을 자세히 살펴보면 좋겠다. 사무실에 얼마나 머무를 예정이며, 사람들과 어울리며 보내는 시간은 얼마나 되는가? 사람들과 어울리기(업무를 대신할 수 있는) 위해서 한두 가지 활동을 추가한다면 어떤 것이 있겠는가? 이웃들과 만나고, 교우들과 함께 정원을 관리하고, 점심 식사 약속을 잡고, 학교에서 자원봉사활동을 하고, 운동 클럽에 가입할 수도 있다. 당신의 삶과 상황에 맞는 것이라면 무엇이든지 일정에 넣어 보면 좋겠다.

한 개인과의 연결을 유지한다

열쇠꾸러미 지도자들은 서로를 신뢰하고 의지할 때 열쇠를 가장 잘 공유한다는 것을 알고 있다. 젊어지는 한 교회에서, 목회자들은 매월 정기 모임을 하면서 이 분위기를 만들었다. 유일한 안건은 함께 점심을 먹는 것이다. 다른 일은 전혀 없다. 샌드위치와 샐러드를 먹으며 삶을 나누는 것이다.

규모가 있는 한 교회는 담임 목사님과 전체 직원이 정기적으로 15분

모임을 했다. 목사님이 모든 직원과 개인적인 이야기를 나누지는 않았다. 그리고 15분이라는 시간이 중요한 일을 해결하기에 충분하지도 않았다. 하지만 모든 직원이 담임 목사님께 관심받고 있다고 느끼기에는 충분한 시간이었다. 이 교회에서 열쇠들은 버려지거나 보관되는 것이 아니라, 자유롭게 공유되고 있었다.

열쇠들이 예전과 다르다는 것을 인식한다

예전에는 열쇠는 그냥 열쇠에 불과했다. 호텔에서는 열쇠로 문을 열고 들어가야 했다. 요즘은 열쇠, 키패드, 카드 열쇠, 나아가 스마트폰 어플로 문을 열고 들어가게 되어있다! 우리는 젊어지는 교회들이 직원과 봉사자를 모집하는 전략에서 비슷한 변화의 흐름을 발견했다.

과거에는 교회 직원과 봉사자 모집에 정해진 절차가 있었다. 대부분 젊어지는 교회도 전통적인 절차를 따르긴 했지만, 몇몇 교회에는 창의적인 모집 구조가 있었다. 우리가 만난 가장 훌륭하고 사랑받는 청소년 사역자는 도심지역 교회의 은퇴한 75세 할아버지였다. 사실, 많은 공동체가 은퇴한 어른들을 교회 봉사자로 모시고 있다. 어떤 분들은 교회에서 20대 청년의 열정이 일어나도록 돕는 봉사를 하며 상당한 시간을 보낸다.

젊어지는 교회의 또 다른 차이는 청소년과 청년 담당 목회자가 배타적으로 청소년 사역이나 청년 사역에만 몰두하지 않는다는 것이다. 그 목회자들은(단지 더 많은 일을 하는 것이 아니라) 교회의 다른 영역에서 들리는 목소리를 듣는다. 예를 들면, 주일학교 사역, 남선교회나 여전도회 사역, 노인 사역, 그리고 교회 위원회 모임 등이다. 다면적 참여는 사역과 공동체를 나이를 기준으로 쉽게 나눈 사일로(silos, 사일로는 본래 커다란 곡식 저장고를 가리키는 말이다-옮긴이) 사이의 벽을 자연스럽게 허물어뜨려 준다.

젊어지는 교회들은 무작정 전통을 따르거나 미리 특정 역할을 담당하는 직원을 구분하기보다 지속 가능한 직원 모집에 상당한 창조성과 민감성을 보여준다. 핵심은 각 모델 또는 책임의 구분이 교회의 독특한 문화를 존중하고 잘 어울리기 때문에 건강하게 작동한다는 것이다. 앞으로 교회 직원과 봉사자를 모집해야 할 일이 생긴다면, 잠시 멈춰서 아직 고려하지 않았던 열쇠를 나누어야 할 부분은 없는지 스스로에게(또는 팀에게) 질문해보면 좋겠다.

감사 인사를 한다

1장에서 지도자의 첫 번째 일은 현실을 규정하는 것이라고 했던 막스 드 프리의 말을 언급했다. 드 프리는 지도자의 마지막 일은 "감사합니다"라는 인사라고 정리한다.[31] 감사 인사는 다른 사람들의 수고와 헌신을 알고 있다는 표현일 뿐만 아니라, 지도자다운 모습을 가꿔주기도 한다.

당신은 나를 믿어주고 리더십 열쇠를 나눠줘서 고맙다는 인사를 누구에게 전하고 싶은가? 시간을 내서 하나님께서 당신을 위해 보내셨던 사람들에게 글도 쓰고, 전화도 하고, 문자도 보내면 좋겠다.

만약, 청소년기를 보내던 나의 잠재력을 발견해 준 많은 지도자가 없었다면, 그분들이 내가 준비되었을 때 열쇠를 나눠주지 않았다면, 나는 이 책을 쓸 수 없었을 것이다. 그 열쇠들이 없었다면, 나는 교회를 섬기고 연구하기보다 금융회사에서 돈을 벌고 있었을지도 모른다. 정작 본인들은 내 인생과 리더십에 자신이 얼마나 영향을 주었는지 잘 모를 수도 있지만, 나는 적어도 6명 정도는 기억하고 있다. 나이와 상황에 상관없이 우리는 당신도 같은 일을 경험하게 될 것이라고 믿는다.

이 책을 내려놓고, 지금 당장 생각나는 사람들에게 감사 인사하는 시간을 가져보자.

이 장의 핵심

- 젊어지는 교회들은 열쇠꾸러미 리더십을 보여주는 목회자, 직원, 봉사자, 부모로 넘쳐난다. 열쇠의 의미는 청소년과 청년에게 권한을 부여할 수 있는 지도자들의 능력·권한·접근이다. 열쇠꾸러미 지도자는 자기가 가진 열쇠들을 정확히 알고 있으며, 의도적으로 맡기고 나누며 권한을 부여하는 목회자들과 교회 리더들이다.

- 열쇠꾸러미 지도자는 봉사자, 담임목회자, 부모, 청소년 담당 목사, 부목사, 주일학교 교사, 또는 다른 누구일 수도 있다. 특정한 역할을 넘어서, 열쇠꾸러미 리더십이란 직원과 봉사자 모두가 보여주는 하나의 정신이요 헌신으로서 교회의 모든 영역에 스며들어 있다.

- 우리가 발견한 네 가지 유형의 열쇠꾸러미 리더십은 다음과 같다.
  열쇠 없는 지도자. 젊고 경험이 부족해서 별다른 권한이 없으므로 자신이 열쇠를 소유할 자격이 있다는 것을 입증하는 데 시간을 쓴다.
  열쇠를 움켜쥔 지도자. 항상 열쇠를 움켜쥐고 다른 이들의 접근을 허용하지 않으면서 자기 일을 해나간다.
  열쇠를 빌려주는 지도자. 열쇠를 꾸러미에서 빼내 다른 사람들에게 잠시 맡기지만, 반드시 그 열쇠들을 재빨리 돌려받는다.

열쇠꾸러미 지도자. 자신이 가지고 있는 열쇠를 잘 알기 때문에 다른 사람을 향해 문을 항상 열어 두며, 열쇠를 받을 준비가 되도록 사람들을 훈련하고 그들에게 열쇠를 맡긴다.

- 이 연구를 통해 열쇠꾸러미 리더십의 6가지 핵심이 정리됐다.

열쇠꾸러미 지도자는

성숙한 지도자이지, 항상 젊은 지도자인 것은 아니다.

진정성이 있는 지도자이지, "관련성이 있는" 지도자가 아니다.

따뜻한 지도자이지, 멀리 있는 지도자가 아니다.

목회자 사이에서가 아니라, 교우들에게 무엇이 중요한지 아는 지도자다.

장기적 안목을 가진 지도자이지, "슈퍼스타"가 되려고 하거나 근시안적인 관점을 가진 지도자가 아니다.

당신의 교회가 열쇠꾸러미 리더십을 갖도록 돕는 전략적 질문

연구 결과

1에서 5까지의 눈금으로(1은 "우리가 여기에서 어려움을 겪고 있다"는 것이고, 5는 "우리가 잘하고 있다"는 것이다), 이 장에서 제시한 연구 결과에 근거하여 당신의 공동체를 평가해보자.

1. 리더십에 대한 나와 우리 교회의 전반적인 문화는 우리가 가진 열쇠를 파악하고 청소년과 청년에게 기꺼이 열쇠를 맡기고 권한을 나

누는 열쇠꾸러미 리더십을 반영하고 있다.

1 ············· 2 ············· 3 ············· 4 ············· 5

2. 우리 교회는 성숙한 리더십과 젊은 리더십 사이에서 적절한 균형을
이루고 있다.

1 ············· 2 ············· 3 ············· 4 ············· 5

3. 우리 교회 리더십의 특징은 "관련성" 보다는 진정성에 초점을 맞추
고 있다.

1 ············· 2 ············· 3 ············· 4 ············· 5

4. 우리 교회 리더십의 특징은 거리 두기보다 따뜻함이다.

1 ············· 2 ············· 3 ············· 4 ············· 5

5. 우리 교회 리더십의 특징은 단순히 목회자가 아니라, 우리 공동체
에 속한 사람들에게 정기적으로 그리고 주의 깊게 귀를 기울이며,
그들에게 무엇이 중요한지 알고 있다.

1 ············· 2 ············· 3 ············· 4 ············· 5

6 우리 교회 리더십의 특징은 근시안적 단계보다 장기적 안목을 갖고
있다.

1 ············· 2 ············· 3 ············· 4 ············· 5

행동을 위한 아이디어

1. 당신은 자신이 가진 열쇠꾸러미를 파악하고 효과적으로 사용할 수 있는 방법을 알기 위해서 개인적으로 이미 하고 있는 것은 무엇인가?

2. 당신이 이미 공유하고 있거나 다른 사람들, 특히 청소년과 청년에게 나누어 준 열쇠(능력, 권한 등)에는 무엇이 있는가?

3. 우리가 69~71페이지에서 논한 네 가지 유형의 열쇠 리더십을 살펴보자. 어느 유형이 당신과 교회의 리더십 특징을 가장 잘 묘사하고 있는가? 다음 단계로 넘어가거나 수준의 향상을 위해서 당신과 교회가 행동해야 할 한두 가지 단계는 무엇인가?

4. 이 대화에 참여할 필요가 있는 또 다른 사람은 누구인가?

5. 이런 변화를 이뤄가기 위해서 앞으로 몇 주 또는 몇 달 동안 당신이 할 수 있는 일은 무엇인가?

3장. 청소년과 청년에게 공감하기

25살이 새로운 15살이고,
15살이 새로운 25살인 이유

나에게 가장 큰 영향을 준 어른은 브렌트예요. 제가 자살을 시도했던 어느 해 가을, 그분은 매우 화가 난 모습이었어요. 그리고 저에게 이렇게 이야기했어요. "그렇게… 하지 마. 우리는 네가 필요해." 그리고 저를 끌어 안고 눈물을 흘렸어요. 그분은 누구보다 저를 믿어주었어요. 그렇게 저를 구해줬어요. -알렌(Allen), 21세

"목사님, 하나님은 제가 손가락을 펴기 전에 어떤 손가락을 펼지 아실까요?"

13세설 소년 스티브(Steve)는 매주 부모님과 함께 교회에 나왔다. 오늘 그 아이는 예배가 끝난 뒤에 남아서 목사님께 진지하게 질문을 던졌다. 목사님은 대답했다. "그럼, 하나님은 모든 것을 알고 계신단다."

심각한 기근으로 고통받는 아프리카 아이들이 처한 곤경에 마음을 사로잡힌 스티브는 기아로 고통받는 두 아이의 모습이 표지에 담긴 〈라이프〉(Life) 잡지를 꺼냈다. 이어서 스티브는 논리적인 질문을 던졌다. "그렇다면, 하나님은 이런 일이 일어나고 있다는 것도 또 이 아이들에게 어떤 일이 일어나게 될지도 알고 계시겠네요?" 목사님은 비슷하게 대답했다.

"스티브, 아직 넌 잘 이해하지 못하겠지만, 네 말이 맞단다. 그래, 하나님은 그것도 알고 계신단다."[32]

당신이라면 목사님의 대답이 만족스러울까?

스티브는 그렇지 않았다.

즉시 자리를 떠났고, 두 번 다시 돌아오지 않았다.

좋은 소식이 있다면, 스티브가 자신을 가장 괴롭히던 딜레마에 대한 답을 얻기 위해서 공동체로 - 정확히는 목사님께로 - 자석처럼 이끌려 왔다는 것이다.

나쁜 소식은 목사님의 근시안적인 대답이 그 아이를 신앙 공동체에서 쫓아버렸다는 것이다. 영원히.

더 안타까운 것은 목사님이 질문 뒤에 숨겨진 의미를 적절하게 파악하지 못했다는 데 있다. 당신의 공동체에 있는 청소년 아이들처럼, 스티브는 단지 고통의 본질에 관한 존재론적인 질문을 한 것이 아니다. 아프리카 아이들을 향한 다소 난해한 질문 속에는 삶과 믿음에 관한 구체적이고 개인적인 고민이 담겨 있었다. 아마 스티브는 자신이 13년 동안 경험하고 있는 일, 예를 들면 학교 폭력, 가정의 재정 문제, 그리고 무엇보다 고통스러웠던 자신을 낳아 준 부모에 의해 버림받고 입양된 일 등 자신을 괴롭히는 문제를 왜 하나님이 내버려 두는가에 관한 고민이었을 것이다. 스티브는 세계가 겪고 있는 아픔을 이해하는 동시에, 목사님이 자신의 문제를 받아들일 수 있도록 도와주고 가르쳐주길 원했던 것이다.

당신은 스티브라는 이름이 익숙할지도 모른다. 그 아이의 성은 잡스(Jobs)다. 애플 창립자이자 CEO였던 스티브 잡스는 복잡한 질문과 싸움하며 교회를 다니던 청소년이었다. 그 아이는 교회가 자신의 문제 해결을 위해 명확히 대답해 주길 바랐지만, 그 공동체는 이 아이의 속내를 이해하지 못했다.

만약 목사님이 스티브가 받아들일 수 있도록 대답해 주었다고 생각해보자. 그랬다면 일상적인 대화로 끝나기보다 신앙에 대한 좀 더 깊은 이야기를 나누게 되었을 것이다. 아프리카의 고통에 공감하는 스티브의 질문뿐만 아니라, 인생의 목적과 하나님 사랑 그리고 삶의 자리에 대한 깊은 생각을 이해하게 되었을 것이다.

만약, 목사님이 13세 소년인 스티브에게 "아주 좋은 질문이야. 이번 주에 한번 너랑 나랑 그리고 너희 아빠랑 같이 식사하면서 이 이야기를 해보면 어떨까?"라고 대답해 주었다면 어땠을까. 스티브의 부모님이 먼저 이런 이야기를 건넬 수 있을 만큼 자녀에게 관심을 가지고 계셨던 분들이었다면. 아니면, 어떤 어른이라도 스티브가 혼자 버둥대지 않도록 이야기를 해주었다면 어땠을지 생각해보자.

스티브 잡스가 신앙 공동체 안에서 질문을 진지하게 고민했다면, 그리고 그가 기업적 탁월함을 하이-테크 인터페이스의 향상뿐만 아니라 복음을 전하는 것과 사람들이 궁핍에 대해 전세계가 반응하도록 움직이는데 쏟아부었다면 어땠을지 상상해보자.

안타깝게도, 어떤 어른도 스티브의 질문에 설득력 있는 대답을 주지 않았다. 어떤 사람도 그를 깊은 딜레마에 빠지게 했던 내적 외침을 이해하기 위해 말의 속뜻을 들여다보지 않았다. 그 결과, 오늘날의 매우 많은 젊은이처럼 스티브는 신앙과 신앙 공동체 모두에게서 떠났다.

도전적인 문화와 발전적인 질문이라는 깊은 물에서 헤엄치는 스티브 같은 아이들은 때론 교회를 얕은 물 주변에서 물장구나 치는 곳으로 본다. 더 안타까운 것은, 그들은 우리를 수영장 주위에 서서 손가락을 흔들고 휘슬을 불어대며 사람들의 됨됨이와 행동을 정죄하는 집단으로 보고 있다는 것이다.

젊어지는 교회와 공동체는 주변에 머무는 대신, 기꺼이 청소년과 청년의 삶이라는 깊은 곳까지 뛰어들어 함께 한다.

우리가 청소년과 청년의 교회에 대한 정의를 조사하고, 현장 방문을 통해 그들과 함께하면서 다음 세대에게 공감이라는 부분이 젊어지는 교회의 핵심 가치라는 것을 알게 됐다.

공감(empathy)이란, 젊은이들을 후원하는 것을 의미하지 않는다. 또한 피상적이거나 잘못된 동정(sympathy)을 의미하는 것도 아니다. 판단주의(judgmentalism)를 말하는 것도 아니다. 물론 이런 의미들이 유익한 제안(예를 들어, "온종일 비디오에 게임만 하는 대신에, 온라인에서 일자리를 찾아보는 건 어떻겠니?") 속에 숨어있긴 하지만 말이다.

핵심 가치: 요즘 아이들에게 공감하기

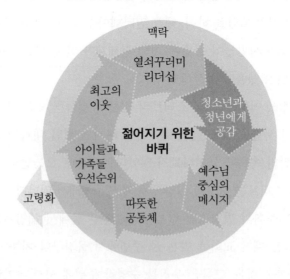

우리가 말하는 공감이란, 다음 세대를 느끼는 것이다. 스탠포드 대학

교의 "D"(디자인) 스쿨이 정의했듯이, 공감이란 "사람을 이해하기 위해서 당신이 하는 일이다… 그것은 사람들이 일하는 방법, 신체적 그리고 감정적 필요, 어떻게 세상을 생각하는지, 의미가 있는 것은 무엇인지 이해하기 위해서 애쓰는 노력이 바로 공감이다."[33] 바꿔 말하면, 다음 세대가 걸어가는 삶의 여정이라는 길 곁에서, 그들의 꿈을 축복하고 절망에 함께 마음 아파하는 것이다.

> "공감은 목사가 된다는 의미의 본질(essence)입니다. 공감이란 사람들과 함께 힘든 곳에 기꺼이 가는 것이죠. 우리 교우들이 저와 다른 의견을 갖고 있다 하더라도, 제가 모든 교우에게 관심 있다는 것을 알기를 바랍니다." -유진 조(Eugene Cho), 퀘스트 처지(Quest Church)의 담임목사

연구 결과

공감은 요즘 아이들을 이해하는 것이다

이번 핵심 가치의 의미는 다음 세대를 향한 막연한 공감이 아니다. 젊어진다는 것은 요즘 청소년과 청년을 이해하는 지점에서 시작한다. 이미 당신은 교회나 공동체의 많은 아이를 알고 있을 것이다(또는 아직 당신이 그 중 한 명일 수 있다!). 그러나 그들의 숨겨진 내면과 인생의 방향에 영향을 미치는 문화적인 힘을 이해할 필요가 있다. 우리는 당신이 이 일을 하도록 돕고 싶다. 당신 혼자서 지난 두 세기 동안 이루어진 뛰어난 연구를 조사하라고 하는 대신에, 우리가 그 일을 해주고 싶다. 당신이 청소년 그리고

청년과 함께 행복한 여정을 보낼 수 있도록 돕는 최신 사회 과학, 행동 과학, 실천 신학 분야를 조사할 것이다.

청소년과 청년을 이해하는데 두 가지 주의할 점이 있다. 첫째, 이 여정은 치열하다. 그 이유는 요즘 다음 세대가 경험하는 이슈들이 치열하기 때문이다. 다음 세대를 이해한다는 것은 매우 거친 땅을 묵묵히 걸어가는 일과 같다. 한 마디로, 이 장의 연구 결과 대부분은 다른 부분보다 더 당황스러울 수 있다. 우리는 당신이 아이들의 삶의 좋은 면뿐만 아니라, 부정적이고 어두운 부분까지도 이해하려고 애쓸 정도로 관심 가지고 있다는 것을 잘 알고 있다. 그럼에도 불구하고, 우리는 당신을 불편하게 하는 데이터 뿐만 아니라 마음이 따뜻해지는 이야기와 곁에서 함께 하는 교회에게 아이들이 표현했던 감사를 내용에 담아서 균형을 맞추려고 했다.

둘째, 이 장에는 데이터와 통계가 상당히 많이 담겨 있지만, 모든 내용을 외울 필요는 없다. 우리는 당신의 이해를 돕고, 그리고 예외 없이 여러 흐름에 영향을 받는 아이들과 더 좋은 관계를 가꿔가도록 정보를 전달하는 것이다.

공감은 전염성이 있다

자신이 받은 선행을 다른 이에게 베풀어라(*Pay It Forward*). 극찬을 받았던 영화의 제목(우리말 제목은 〈아름다운 세상을 위하여〉다-옮긴이, 공교롭게도, 이 영화는 2000년에 개봉되었는데, 이때는 우리가 연구한 고등학생들이 태어나던 해 였다.)으로 울림을 준 이 문장은 사전에도 등재될 만큼 잘 알려진 문장이다. 영화와 두 문장의 본질은 모두 선행의 수혜자가 되었을 때, 그에 상응하는(또는 심지어 더 큰) 친절을 다른 사람에게 베풂으로써 "선행을 이어갈 수 있다."라는 것이다.

우리는 공감하는 어른들 곁에서 자란 아이들이 자신에게 더 공감할 수 있다는 부분에 집중했다. 청소년과 성인 진입기 청년들이 인정받고, 이해받고, 소중히 여김을 받을 때, 그들은 공감을 흘려보낼 수 있는 통로로 자라나게 된다.

베넷의 이야기는 아이들이 자기가 경험했던 공감을 얼마나 잘 따라 하는지 분명히 보여주는 사례다. 약 6년 전, 교회를 찾고 있던 한부모 어머니 베라와 9세 아이 베넷에겐 분명한 기준 하나가 있었다. 공동체가 특별한 돌봄이 필요한 아들에게 안전한 공간이 되어주어야 한다는 것이었다. 그녀가 사우스웨스트에 있는 한 대형 교회의 다음세대 담당 목회자에게 "당신이 저의 특별한(unusual) 아이를 돌봐줄 수 있을까요?"라고 물었을 때, 그 목회자는 이렇게 대답했다. "그럼요. 우리가 알아야 할 것과 해야 할 일을 말씀해주세요. 그리고 저희가 적절하게 돕고 있는지 피드백도 부탁드립니다." 베라와 베넷은 그 공동체를 좋아하게 되었고, 누구보다 활동적인 구성원으로 참여했다.

> "교회에서 이 여자분은 저에게 계속 다가왔어요. 그분은 저에게 메모를 - 손으로 쓴 것 같은 메모를 - 줬는데, 이렇게 적혀 있었죠. '안녕하세요, 우리가 서로를 알게 돼서 기뻐요. 당신이 제 삶 속에 있어서 행복하고요. 그래서 저는 사역 속에서 당신을 더 많이 알아가고 싶어서 견딜 수가 없답니다. 친구로서 말이에요.' 이런 건 정말 불필요하고 과한 일이었죠. 그렇지만 반가웠어요." -에이미(Aimee), 24세

베라는 6년 전쯤 어린이 예배가 마칠 무렵 베넷을 데리러 갔을 때 보았던 장면을 떠올렸다. "저와 베넷에게 이 교회가 어떤 의미인지 보여주

는 이야기를 들려드릴게요. 제 마음에 늘 남아있는 한 장면이 있어요. 제가 아들을 데리러 갔을 때, 어떤 어른 한 분이 베넷 앞에서 무릎을 꿇고 아이의 말을 귀기울여 듣고 있었어요. 그분은 아이의 어깨에 손을 얹고 고개를 끄덕이며 제가 들을 수 없는 크기의 소리로 무언가를 이야기했어요. 둘은 서로 미소를 지었고, 제 아들은 다시 고개를 끄덕였죠. 베넷은 학교에서 자기가 이렇게 이해받고 있다거나 안전하다고 느끼지 못했거든요."

베넷에게 말할 시간을 내주지 않았던 세상과 다르게, 이런 공감은 베넷과 엄마를 끌어당기는 자석과 같은 역할을 했다. 베라는 계속해서 이야기했다. "지금 베넷은 15살입니다. 이 교회는 아이에게 집과 같아요. 베넷은 어린이들을 섬겨달라는 부탁을 받았어요. 전혀 생각해보지 못한 일이죠. 몇 달 전에 예배를 마치고 베넷을 데리러 갔을 때, 그 아이는 7살짜리 아이 앞에 무릎 꿇고 앉아서 대화를 나누고 있었어요. 고개를 끄덕이며, 베넷은 그 아이에게 '이해해. 나도 전에 그런 적이 있었거든.'이라고 했어요. 베넷은 교회가 자신을 이해하고 있다고 느끼지 못했다면 결코 그런 말을 해 줄 수 없었을 거예요. 그 아이는 자신의 경험으로부터 그 행동을 따라 할 수 있었던 거지요."

모든 청소년과 청년이 가지고 있는 세 가지 궁극적인 질문

우리는 수백 명의 청소년, 청년과 함께한 시간 그리고 신학적 내용을 바탕으로 사람답다는 의미의 핵심에는 세 가지 궁극적인 질문이 있다고 본다. 우리가 아이들에게 공감한다고 할 때, 반드시 세 가지 질문을 고민해야 한다. 이 질문은 청소년과 청년의 밤잠을 설치게 하는 질문이기도 하다.
  - 나는 누구인가?

- 나에게 어울리는 곳은 어디인가?
- 나는 어떤 변화를 만들어야 하는가?

첫 번째 질문은 정체성에 관한 것으로, 자기 존재의 표현과 이해라고 할 수 있다. 이 질문은 거울을 집어 들고 나를 세심히 살핀다.

두 번째는 소속감에 관한 질문이며, 아이들을 살아있게 하는 관계의 질과 양이라고 할 수 있다. 이 질문은 방을 둘러보면서 우리를 탐색한다.

세 번째 질문은 목적에 관한 것으로, 다른 사람에게 영향을 미치는 의미 있는 활동에 대한 헌신과 참여 능력이라고 할 수 있다. 이 질문은 창밖을 내다보며 우리가 사는 세계에 대한 궁금증을 표현한다.

세 가지 궁극적인 질문

나는…이(가) 궁금하다	나의 궁극적인 질문은 나의…에 대한 것이다	초점은…에 대한 것이다
나는 누구인가?	정체성	나
나에게 어울리는 곳은 어디인가?	소속	우리
어떤 변화를 만들어야 하는가?	목적	우리의 세계

세 가지 질문은 요즘 세대에게만 해당하는 것이 아니다

경험이 풍부한 학술위원, 지도자들로 이루어진 연구 고문들과 FYI가 한자리에 모였을 때, 청소년과 청년에 관해 어른들이 속고 있는 거짓말은 무엇인지 확인해달라고 부탁했다. 목록의 가장 윗부분에 등장한 내용은 완전히 "다르다"는 거짓말이었다. 전형적인 담임 목회자나 공동체 지도자들은 청소년과 청년이 골칫거리일 뿐만 아니라, 공감하거나 받아들일 수 없는 문제를 가지고 있다는 오해가 있었다. 세 가지 질문이 없었다면, 그들의 말이 옳았을지도 모른다.

하지만, 우리가 부모님, 공동체 지도자, 그리고 다른 연구원들과 이야기하면서 정체성, 소속감, 삶의 목적에 관한 질문은 전 생애 주기에 걸쳐 일어난다는 것이 분명해졌다.

지난 24시간 동안, 나(카라)는 내가 누구이고 아내, 부모, 지도자로서 나에게 동기를 부여하는 것이 무엇인지 평가하면서 자부심과 불안함 사이를 오갔다. 지난 밤, 내게 이웃과 더 깊은 우정을 가꿀 수 있는 용기와 에너지가 있는지 질문이 생겼다. 오늘 아침에는 이 나라의 청소년과 청년을 위해 간절히 기도했다. 아이들의 마음과 생각에 하나님만이 하실 수 있는 일을 해달라고 눈물 흘리며 간구했다.

이 세 가지 질문은 어떤 한 세대 안에 갇힌 것이 아니다. 세대를 갈라놓은 협곡 사이를 배회하며 돌아다닌다. 30대 미만과 30대 이상 그룹 사이의 틈이 커지는 것처럼 보일 때, 세 가지 질문은 특정한 출생연도를 초월하여 마음의 중심으로부터 청소년과 청년을 공감할 수 있게 해준다.

당신이 알고 있는 아이들은 이 질문을 강력하게 경험한다

나이와 상관없이, 우리 모두는 정체성, 소속감, 삶의 목적에 대한 보편적인 불안과 싸우고 있다. 그렇다면, 왜 30대 이상은 15-29세가 느끼는 감정과 다르게 느끼는 걸까? 첫 번째는 일단 청소년기나 성인 진입기를 지나게 되면 세 가지 질문과 마주하더라도 덜 강렬하게 반응하기 때문이다. 우리는 30세 이후에도 세 가지 궁극적인 질문을 해결하기 위한 긴장을 주기적으로 느끼지만, 청소년과 청년은 이런 압박을 강하고 지속적으로 느낀다. 30세가 넘으면 이런 중요한 질문을 잠시 제쳐두어야 할 것으로 생각한다. 30살 미만에게는 관계와 자아 갈등 사이에서 정체성, 소속감, 삶의 목적에 대한 딜레마가 끊임없이 소용돌이치며 끓어오른다.

늦어진 결승선

나이 외에도, 요즘 세대가 다른 속도로 발전하기 때문에 세대 차이를 느끼기도 한다. 이제는 청소년과 청년이 성숙해지는 데 필요한 시간이 달라졌다. 어떤 면에서, 성인기로 향하는 여정에 속도를 높이고 있다. 또 다른 면에서는 속도가 느려지고 있다. 훨씬 속도가 떨어졌다. 내리막길을 달리고 있다.

이전 세대와 비교해서, 요즘 세대의 성숙을 향한 여정은 느리게 움직이는 것처럼 보인다. 보통 완전한 성인기에 접어들었다고 할 수 있는 정체성, 소속감, 삶의 목적의 고비를 넘는 나이가 늦어졌다.

현재, 처음 결혼을 하는 나이는 여성은 26.5세이며 남성은 28.7세인데, 두 경우 모두 50년 전보다 5년 이상 늦어졌다.[34]

여성의 첫 임신 평균 연령은 26세인데, 이것은 1970년대 여성보다 약 5년이 늦다.[35]

오늘날 불안한 경제 상황과 보편적으로 필수가 된 대학 학위를 고려하면, 더 많은 젊은이가 더 높은 학력을 추구하고 있다. 고등학교 졸업생의 약 3분의 2가 대학에 입학하는데, 이것은 미국 역사에서 그 어느 때보다 높은 비율이다. 대학 졸업생 가운데서, 대략 3분의 1이 곧바로 대학원에 들어간다.[36] 이전 시대의 청년은 고등학교 졸업 후에 곧장 또는 20대 초에 일터로 뛰어들었지만, 요즘 청년 다수는 20대 후반이나 30대 초까지 경력을 쌓으며 기다리고 있다.

실제로 일터에 뛰어들 때, 미국 사람들은 18세와 26세 사이에 평균 6개의 다른 직업을 가지며, 이 중 3분의 2는 18세에서 22세 사이에 경험한다.[37]

일부는 성인 초기의 경력과 교육 때문에, 경제적인 독립도 더 늦어진다. 1970년대와 비교하여, 요즘 부모들은 11% 넘게 청년 자녀에게 재정적인 도움을 준다.[38] 20대 청년 중 40%는 적어도 한 번 부모가 사는 집으로 다시 돌아간 경험이 있다.[39]

이 데이터는 청년의 "성인 진입기"가 무엇인지 선명하고 강력하게 보여준다.[40] 한 아이가 성인기에 들어섰다고 하는 전통적 표지 – 배우자, 가정, 교육의 완료, 정규직, 그리고 재정적 독립 – 는 이제 5년 이상, 아니 그이상 늦어졌다. 안정적으로 자리 잡는데 서두르지 않으며 전통적 성인기의 표지 중 한두 가지를 완전히 거부한다는 측면에서, 현재 성인 진입기의 청년 아이들은 탐험가들이다.

탐험가라는 역할은 의식적, 의도적으로 선택한 것이 아니다. 아이들이 마주하는 세계는 더 복잡하고, 경쟁적이며, 그리고 다양하다. 청년이 선택할 수 있는 길은 기하급수적으로 증가했다. 결과적으로, 탐색하고 다뤄야할 것들이 훨씬 더 많아졌다. 그들이 원하든, 원하지 않든 말이다.

바로 이것이 25세의 청년이 15세의 청소년처럼 보이는 이유다.

늦어진 결승선

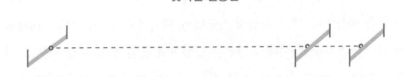

빨라진 출발선

하지만, 정반대 역시 사실이다. 가끔, 25세처럼 행동하는 15세의 성숙함이 감동을 주기도 한다. 요즘 청년이 성인기로 접어드는 결승선이 늦춰진 것처럼, 정체성, 소속감, 삶의 목적을 향한 여정은 더 **빠르게** 시작하게 되었다.

생물학적으로, 사춘기는 여자아이의 평균 초경 시작 나이로 보는 16세에서 12~13세 사이로 빨라졌다.[41]

문화적으로, 이전에는 어른들에게만 밀려왔던 물살이 이제는 청소년과 청년에게 밀려오면서, 그들은 압박에 휩쓸려 충격을 받고 있다. 유치원 아이들이 경험하는 과열 경쟁적인 스포츠 활동과 과외 수업에서부터 수험생들의 대학 입시 준비과정에 이르기까지, 아이들은 과거 어느 세대보다 더 많이 보고, 듣고, 많은 것을 하고 있다는 데 의문의 여지가 없다.

빨라진 출발선

15세가 되면, 아이들은 주머니에 있는 모바일 기기들을 가지고 부모님이 청소년 시절에 접했던 것보다 더 큰 세상에 접근한다. 그리고 25세가 되어서도, 여전히 아이들은 자신을 모바일 세상에 데려다줄 요금제를 내려고 부모님에게 의존한다.

15세는 새로운 25세이다. 25세는 새로운 15세이다. 그렇다. 이렇게 복잡해졌다.

변덕스러운 정체성 탐험

빨라진 출발 + 늦어진 결승선 = 더욱 길어진 경주

더욱 길어진 경주는 위험한 구덩이, 혼란스러운 길, 그리고 매서운 역풍으로 가득하다. 이런 장애물 대부분은 성인 초기에 마주하는 도전이다. 나머지는 새로운 도전으로서, 이전 세대가 선택한 속도와 경로의 결과다. 그 시작과 관계없이, 이런 장애물들은 아이들의 정체성, 소속, 삶의 목적을 향한 탐험을 복잡하게 한다.

그 걸음에 동행하기 위해서, 우리는 먼저 만연한 스트레스와 지엽적 신앙이라는 장애물이 아이들로부터 자기를 파악하는 능력을 어떻게 빼앗아 가는지 연구할 필요가 있다.

만연한 스트레스

요즘 아이들이 정체성에 좀 더 논리적인 의미를 추구하면서, 과거에는 보통 대학 또는 대학 졸업 후에 받았던 스트레스를 이제는 중학생 아이들이(또는 더 어린 아이들) 받고 있다. 고등학교 2학년, 3학년 중 다수는 아침 6시부터 저녁 10시까지 과외 활동, 방과 후 활동, 수행 평가, 입시 학원, 그리고 스포츠 활동으로 빡빡한 일정을 소화한다.[42] 그리고 매일 두세 시간 정도 숙제할 시간도 필요하다.[43]

과거에 운동선수는 고등학교에서 자기 종목을 선택했다. 지금은 초등학교에서부터 시작된다. 음악이나 미술 분야도 고등학교까지는 다양한 미디어와 악기를 자유롭게 다루어볼 수 있었다. 그러나 요즘 청소년은 중학생 때 전공 분야를 선택해야 한다. 이제 아이들은 좋아하는 것을 선택하기 전에 취미로 가볍게 즐기면서 자기 기질이나 다양한 관심사를 살펴볼 수 없게 됐다. 고등학교까지 신중하고 사려 깊게 알아볼 수 있는 시간이 거의 없으므로, 결국 20대까지 계속해서 관심 분야를 탐색한다.

최근 연구에 따르면, 13-17세 아이들이 성인보다 "극심한 스트레스"를 훨씬 많이 받는다고 한다.[44] 더 위험한 것은 가까운 어른들이 오히려 아이들의 높아진 스트레스에 둔감하다는 것이다. 청소년 중에서 약 20%가 현재와 미래에 대해 "엄청나게" 걱정하고 있다고 밝혔다. 하지만 그 아이들의 부모님 중에서 단 8%만 자녀가 심한 스트레스를 경험하고 있다고 대답했다.[45] 부모님은 청소년 시기의 끊임없는 부담과 스트레스를 알아채지 못하는데, 이것은 아이들에게 혼자 힘으로 나는 누구이며, 무엇이 중요한지 알아내야 한다는 압박을 증가시킨다.

청소년기를 지난 성인 초기는 마치 스트레스로 점화된 불 속으로 달려 들어가는 것과 같다.[46] 1985년에 처음 이 문제가 제기된 이래로, 소수의 대학생만이 "평균 이상"의 건강 상태를 보이고 있다.[47]

사회학자인 팀 클리데즈데일(Tim Clydesdale)에 따르면, 이런 스트레스 대부분은 "일상을 다루는" 번거로운 일에서 파생된다고 한다. 학업·직업·관계 속에서 겪는 딜레마로 인한 지속적인 혼란은 아이들의 종교적·정치적·인종적·성적·계급적 정체성을 비롯한 중요한 이슈들을 "정체성 상자" 속에 넣고 자물쇠를 걸어두게 만든다.[48] 이 상자는 날마다 다뤄야 하는 스트레스로부터 아이들을 보호하면서 종교와 근본 가치들을 "안전하게" 보관한다. 그러나 이런 긍정적인 면은 부정적인 면보다 작다. 아이들이 정체성 탐험을 하는 동안, 신앙과 핵심 가치는 상자 속에 갇혀 있는 것이다. 아이들이 삶을 정의하는 대화를 나눌 때도 신앙은 침묵하게 된다.

"저는 주중에 많은 시간을 예배드리고, 소그룹 모임과 활동을 하면서 보냈어요. 그건 일주일 중에 제가 가장 좋아하는 시간이었죠. 그 시간은 제 믿음을 정말 깊어지게 했어요." -카를로스(Carlos), 19세

보편적인 아이들이 과중한 스트레스를 받고 있지만, 교회가 반길만한 몇 가지 사실이 있다. 다행스럽게도, 젊어지는 교회와 공동체에게 스트레스는 덜 문제가 되는 것 같다. 우리가 연구한 청소년과 청년 중 80% 이상이 교회와 함께하는 것이 스트레스를 줄여준다는 데 동의했다. 여기에 상당히 긍정적인 면이 있다. 교회의 활동과 역할은 바쁘게 만들기도 하지만 아이들에게 무엇이 중요한지를 고민하게 하고, 혼란스러운 삶에서 물러나 하나님과 이웃 사랑에 집중하게 하면서 불안을 줄여준다는 것이다.[49]

지엽적인 신앙

젊어지는 교회에서 아이들이 스트레스를 덜 받는다는 사실에 박수를 보내지만, 우리 바람처럼 그들이 정체성의 뿌리를 신앙에 두고 있는 건 아니다.

미국의 13-17세 2,000명 이상을 대상으로 신앙의 포괄적인 사회학적 연구를 진행했던 청소년과 종교에 관한 연구(The National Study of Youth Religion)는 반가운 소식을 찾아냈다. 미국 청소년은 종교에 적대적이지 않다는 것이다.

그러나 이 소식을 기뻐하기 전에, 이면에 숨겨진 어두운 부분에 집중해야 한다. 즉, 미국 청소년이 종교에 적대적이지 않은 것은, 그들이 종교에 별로 관심이 없기 때문이다. 구체적으로 말해서, 4명의 미국 청소년 중 3명이 그리스도인이라고 주장하지만, 그중에서 약 절반만이 자기 신앙을

"매우 중요한" 것으로 여긴다. 규칙적인 신앙생활을 하는 숫자는 절반에 미치지도 않았다.[50] 청소년과 종교에 관한 2차 연구는 같은 대상 청소년이 18세에서 23세가 되었을 때 진행됐다. 그 결과, 오히려 종교의 영향이 줄어든 것으로 나타났다. 성인 진입기에 있는 그들 중 45%만이 신앙의 겉모습만 유지하고 있었다.

신앙은 정체성 형성에 있어서 중심이 되는 힘이지만, 교회 안에서 이루어지는 전형적인 신앙생활에는 강력한 중력이 빠져 있었다. 청소년과 청년은 신앙으로 존재의 의미를 발견하기보다, 다른 길들을 기웃거리며 무의미하게 방황하고 있는 경우가 더 많았다.

사례 연구: 젊어지는 교회는 청소년의 정체성 탐험에 공감한다

도시에 있는 한 침례교회를 여러 차례 방문하던 중, 고등학교 2학년인 사라(Sarah)의 이야기를 듣게 되었다. 그 아이는 우리가 언급한 정체성 도전의 경험이 있었다. 사라의 가정은 재정적인 어려움을 겪었고, 덩달아 그 아이의 성적도 떨어지고 있었다. 재능이 많은 오빠와 비교당하는 일은 사라에게 지우기 힘든 스트레스로 남았다. 그 아이가 경험한 혼란은 하나님과의 관계에 숨 막히는 그림자를 만들었다. 사라는 무거운 짐에 짓눌린 자신을 누군가 구조해 주길 간절히 바라면서 마약에 손을 댔다. 그 일은 자살 시도로까지 이어졌다.

감사하게도, 사라의 자살 시도는 실패했다. 교회 사람들은 그 아이의 입원 소식을 들었고 이유도 알게 되었다. 그러나 교우들은 사라를 판단하거나, 고통을 가볍게 여기지 않았다. 대신, 즉시 사라를 찾아가 기도해주며 위로를 건넸다.

사람들의 보살핌은 잠깐 지나가듯 끝나지 않았다. 사라가 집, 학교, 교회로 돌아왔을 때, 공동체는 끝나지 않는 스트레스와 슬픔을 나눌 수 있는 공간을 만들어 주었다. 그리고 정체성을 탐험하는 여정은 천천히 걸어도 괜찮다고, 때로는 뒷걸음을 쳐도 된다고 말해주었다. 연약하기만 했던 사라의 신앙은 응원을 보내고 "사망의 음침한 골짜기"[51]를 함께 걸었던 공동체 덕분에 더욱 강해졌다.

젊어지는 교회들은 완벽하지 않다. 그 교회의 청소년과 청년 역시 완벽하지 않다. 우리는 정체성을 가꿔가는 사라의 여정이 더 수월해지기를 바란다. 하지만 장애물들을 피할 수는 없다. 젊어지는 교회를 구별해 주는 특징은 갈등하는 청소년과 청년이 없다는 것이 아니다. 중요한 특징은 그들이 실패할 때 딛고 일어설 발판을 발견하도록 돕고, 나의 정체성을 탐험하는 과정에서 신앙 공동체가 함께 버텨준다는 것이다.

소속에 대한 불확실한 탐구

사라의 이야기가 보여주듯이, 청소년과 청년은 자기가 속한 공동체에서 정체성과 소속감을 발견한다. 그러나 그들의 불규칙한 정체성 형성은 공동체를 혼란스럽게 할 수도 있다. 마찬가지로, 정체성을 탐험하는 시기에 한 공동체를 발전시키기란 더욱더 어렵다. 교회에 있는 청소년과 청년은 사회적 관계를 가꾸기 위해 주기적으로 에너지를 표출시키는데, 두 가지 통로가 바로 디지털 기술과 성적 경험이다.

디지털 기술

요즘 디지털 기술은 청소년과 청년을 전 세계와 – 다른 도시에 사는 가까운 친구, 건너편 나라에 있는 좋아하는 음악가, 그리고 바다 건너에 있는 만난 적 없는 팬들과 – 연결해준다. 아이들은 온라인에서 누구와도 연결될 수 있고 무엇이든 배울 수 있다. 그리고 실제로 그렇게 하고 있다.

청소년이 다른 사람과 접촉하기 위해서 어떻게 디지털 기술을 사용하는지 이해하도록 도와줄 몇 가지 정보가 있다.[52]

한 보고에 따르면, 청소년의 92%가 적어도 하루에 한 번 온라인에 접속한다고 한다. 24%는 "거의 끊임없이" 온라인에 접속한다고 말한다.

대부분 청소년 - 약 71% - 은 친구들과 계속 만나려고 하나 이상의 소셜 미디어 플랫폼을 사용한다.

청소년이 매일 주고받는 문자는 평균 30개지만, 이 숫자는 15-17살 소녀에게서 50개까지 늘어난다.

부모는 매일같이 아이들의 디지털 기기 사용과 관련된 질문을 한다. 청소년이 디지털 기기를 사용하는 데 새롭고 긍정적인 방법에 관한 더 많은 정보는 StickyFaith.org/family를 방문하기 바란다.

청소년은 소셜 미디어로 소통한다. 어른들은 그 모습을 보며 "그거 내려 놔"라고 소리치고 싶은 유혹을 받는다. 그러나 좀 더 성숙한 반응은 왜 아이들이 소셜 미디어에 굶주려 있는지를 이해하는 것이다. 과학기술학자이자 연구원인 다나 보이드는 이렇게 제안한다. "무섭게 하는 것이 해결책이 아니다. 공감해야 한다."[53]

청소년과 청년이 소셜 미디어를 사용하는 한 가지 주요한 이유는 연결(connection) 때문이다. 소셜 미디어는 공동체를 갈망하는 사람들이 친구, 가족, 그리고 전 세계 사람들에게 전례가 없을 정도로 자유롭게 접근하도록 해준다.

그러나 젊어지는 교회들은 이 기술이 소속감에 굶주린 젊은이들에게 어떻게 양날의 칼이 되는지를 인식하고 있다. 소셜 미디어는 사회적 지지 구조에 존재하는 틈과 구멍을 커지게 한다. 화요일 오후 스터디 모임과 금요일 밤 파티 사진, 소셜 미디어 포스트는 아이들에게 "나 빼고 모든 사람이" 더 많은 친구가 있다는 느낌을 받게 만든다.[54] 소셜 미디어는 소속감을 갈망하는 청소년과 청년에게 불행하게도 결국에는 사라져버릴 탄력을 제공하는 것이다.

성적 경험

많은 청소년이 – 자기 종교를 매우 중요하게 생각하는 청소년을 포함해서 – 스크린 너머의 사람들과 연결되기를 바라면서 성(sex)으로 고개를 돌린다. 앞서 말했듯이, 현재 결혼 평균 연령이 20대 후반이지만, 생물학적으로 사춘기 평균 연령은 약 13세다. 생물학적 사춘기와 결혼 사이의 12~14년이라는 기간은 성숙한 남녀가 성관계(sex)를 참아내기에 긴 시간이다.[55]

따라서 그들은 기다리지 않는다. 미국의 18세 청소년 중에서 교회에 다니지 않는 75%가, 그리고 매주 교회에 나오는 아이 중에서 53% 이상이 성관계 경험이 있는 학생들이다.[56] 15-19세 사이에 성관계를 경험한 55% 이상의 학생들은 더 이상 성관계를 참지 않는다. 12-14세의 경우 그 수치가 81%까지 올라간다. "원하면 해도 된다"는 성적 문화 속에서, 젊은이들은 섹스팅(sexting, 성적으로 문란한 내용의 문자나 사진, 영상을 휴대폰, 컴퓨터, 디지털 기기 등으로 다른 사람과 주고받는 것-옮긴이), 오럴 섹스, 그리고 항문 섹스

등을 찾아다니고 있다.

이성과 만남 외에, 미디어와 교회 둘 모두에서 논쟁이 되는 하나의 공통된 주제는 동성 간의 끌림과 정체성이다. 대학생의 LGBTQ 관련 내용을 보면, 젊은 남성의 5.2%와 젊은 여성의 14%가 동성 파트너와 성관계를 가진 경험이 있다고 밝힌다.[57]

소속감 외에도, 여러 이유로 청소년과 청년은 성적 문제에 빠진다. 몇 가지를 언급하자면, 쾌락, 또래 압박(또래 친구들처럼 행동하고 비슷한 사고와 가치관을 공유해야 한다고 강제하는 보이지 않는 힘-옮긴이), 그리고 호기심이다. 청소년과 청년이 성적 탐구를 만족에 이르는 빠른 길로 여기든 아니면 공동체에 소속되는 지름길로 여기든 관계없이, 성과 관련된 선택들은 궁극적으로 그들이 추구하는 소속감으로부터 멀어지게 한다. 성적 경험이 있는 15-19세의 55% 이상은 좀 더 기다렸다가 성관계를 했어야한다고 생각한다. 12-14세의 경우, 이 수치는 81%로 늘어난다.[58] 사람들과 연결되는 지름길이라고 여겼던 것이 고통과 후회의 막다른 길이 되어버리는 것이다.

어른들로부터 버림받음

요즘 아이들에게 공감한다는 것은 부분적으로 디지털 기술와 성적 호기심의 유혹이 어른들로부터 받는 지지 결핍에서 기인한다는 사실을 인정하는 것이다. 우리 친구이자 동료인 챕 클락은 이 시대 청소년에게 결정적인 경험은 전적인 버림받음(systemic abandonment)이라고 했다. 그는 이웃 · 친척 · 교사 · 코치 · 목회자 · 사제 · 부모가 너무 바쁘거나 자기에게 몰두한 나머지 문제가 생기지 않고서는 자신에게 관심 갖지 않는다고 느끼는 청소년들을 만났다. 과거에는 아이의 소속감 형성의 중심이었던 가정이 이제 압박과 외로움을 증가시키고 있다. 클락은 이렇게 주장한다.

"우리는 차를 태워주는 것이 지지이고, 활동적으로 되는 것이 사랑이며, 모든 기회를 제공하는 것이 이타적인 양육이라고 믿는 지점까지 이르렀다."[59]

> "우리 교회 남성 한 분은 부모님이 결국 갈라서게 된 바로 그때 제 멘토가 되었어요. 그는 제가 대화하고, 조언을 구하며, 함께 어울릴 수 있는 또 한 명의 아버지가 되었죠. 분명 그분은 교회 안에서 제 삶의 가장 중요한 사람이 되었어요. 8년이 지난 지금도 저는 여전히 지지와 조언을 얻기 위해 정기적으로 그와 대화하고 있죠." -마르쿠스(Marcus), 26세

어른의 돌봄에 대한 청소년의 갈망은 청소년기가 끝난 뒤에도 사라지지 않는다. 성인 진입기 청년이 새로운 결정을 내릴 수 있도록 관심을 가지고 도와줄 사람들이 필요할 때, 그 안전망은 종종 찢어진다. 우드나우는 이렇게 주장한다.

> 우리는 젊은이들이 21세가 될 때까지 일종의 제도적 울타리로써 주간 돌봄 센터, 학교, 복지 프로그램, 가정 상담, 대학, 직업 훈련 프로그램, 그리고 심지어 구치소(detention center)까지 제공한다. 그 후에는 아무것도 제공하지 않는다…그러나, 혼인·육아·노동 문제에 대해 내려야 하는 주요한 결정은 이런 지원 시스템의 기능이 멈춘 후에 일어난다. 이것은 사회를 운영하는 좋은 방식이 아니다.[60]

젊어지는 교회들은 애정을 가진 어른과 건강한 가정의 부재가 청소년과 청년의 공동체 탐구를 방해하는 아킬레스건이라는 것을 인정한다.

공감에 전적으로 찬성하지만, 청소년과 청년이 분명하게 현명하지 못한 선택을 할 때 우리는 어떻게 해야 할까? 공감하고 지지한다면 그냥 침묵해야 하는 걸까?

물론 우리가 취해야 할 최선의 행동은 조용히 기도하는 것이다. 하지만, 진심으로 지지를 표현하는 행동이 목소리를 내는 것일 수도 있다. 당신이 젊어지는 교회들이 보여준 공감에 관심이 생겨서 그것을 나누고 싶다면, 다음과 같은 원리를 제안한다. 곧, 먼저 연결하고(first connect), 그다음에 바로 잡는다(then correct). 청소년과 청년에게 공감한다는 것은 다음과 같은 의미일 수 있다.

- 청소년과 청년을 긍정적으로 인정하면서 대화를 시작한다.
- 강의처럼 장황한 이야기를 늘어놓는 대신, 당신이 다루려고 하는 특별한 이슈를 아이들이 어떻게 느끼는지 부드러운 시선으로 살펴본다.
- 그 이슈에 답할 수 있도록 아이들이 가진 생각이나 방법을 물어본다.
- 아이들 답변의 장점과 단점을 깊이 살펴볼 수 있도록 도와준다.
- 당신의 생각을 나누고, 그 의견에 대해 아이들 관점에서 옳다고 생각하는 것과 잘못됐다고 느끼는 것은 무엇인지 물어본다.
- 아이들이 기대하는 변화가 일어나도록 당신이 도울 수 있는 방법은 무엇인지 물어본다.
- 그들이 변화를 원하지 않아도, 변하고 싶지만 실패한다고 해도, 또는 변화에 성공해도, 같은 반응으로, 즉 무조건적인 사랑으로 그들을 대해야 한다. 심지어 - 또는 아마도 특별히 - 당신을 실망하게 할 때조차, 제발 그들이 버림을 받았다고 느끼도록 만드는 또 한 명의 어른이 되지 않길 바란다.
- 아이들을 위해 기도한다. 그리고 그들과 함께 기도한다.

17살인 아리아나(Ariana)는 자기가 갈망하는 소속감을 가족이 줄 수 있을 것이라는 희망을 포기했었다. 이혼한 아빠와 엄마 사이의 오랜 갈등은 서로의 감정 에너지를 매우 고갈시켜서 아리아나를 위해 남겨 둔 것이 없었다. 그 아이는 친구들과 문자를 주고받거나, 남자 아이들과 데이트 하면서 이런 빈 자리의 일부를 채웠지만, 충분하지 않았다.

아리아나가 느낀 감정적 버림받음은 곧 육체적 버림받음이 되었다. 이민자라는 이유로 아리아나의 엄마는 코스타리카로 추방되었다. 두 부모님 사이를 오가던 아리아나는 결국 아빠와 같이 살게 됐다. 곧 아빠가 엄마에게 쏟아부었던 모든 화는 아리아나에게 향하게 되었다. 사춘기를 지나던 아리아나의 건방진 태도는 아빠를 더 사납게 만들었다.

그러나 아리아나는 교회 안에서 인간미 넘치는 따뜻한 공감을 경험하게 되었다. 한부모 어머니인 데니스(Denise)는 아리아나의 고통과 소외감을 공감할 수 있다고 느꼈다. 왜냐하면, 데니스의 부모님도 그녀가 초등학생이었을 때 이혼했기 때문이었다.

데니스는 치어리더 대회에 아리아나가 참가한다는 말을 듣고 그곳으로 찾아갔다. 아리아나는 큰 감동을 받았고, 그 후로 데니스에게 기도 부탁 메시지를 보내기 시작했다. 두 사람은 같이 밥을 먹기도 했고, 데니스는 최선을 다해서 아리아나의 모든 치어리더 대회에 찾아갔다.

대부분 미국 고등학생은 졸업 파티를 기대한다. 그러나 아리아나에게 그날은 두려운 자리였다. 입을 옷을 골라준다거나 메이크업을 도와줄 엄마의 빈자리를 채워 줄 사람이 아무도 없었기 때문이다. 당신에게 17살 소녀였던 경험이 없다면, 이런 문제는 별것도 아닌 것처럼 들릴지도 모른다. 우리가 분명히 말할 수 있는데, 이건 정말 큰 문제다.

아리아나는 데니스와 충분히 가까워졌다고 생각했기 때문에 지금이 마음의 문을 활짝 열어야 할 때라는 것을 알았다. 그래서 데니스에게 쇼핑과 졸업파티 준비를 함께 도와달라고 부탁했다. 그 자리가 아리아나에게 얼마나 큰 의미인지를 알았던 데니스는 일정을 모두 비웠고, 자기 딸을 돌봐 줄 베이비시터를 구했다. 그래서 두 사람은 옷가게를 다니며 마음에 드는 드레스를 찾을 때까지 쇼핑을 할 수 있었다.

아리아나에게 절망의 순간이 될 수도 있었던 졸업파티가 기쁨의 자리로 바뀌었다. 그날 밤, 데니스는 메이크업을 도와주려고 아리아나 집으로 찾아갔다. 코스타리카에 사는 아리아나의 엄마도 영상으로 만날 수 있었다. 그때 처음 데니스는 아리아나 엄마를 "만났다." 그 아이의 엄마는 눈물 흘리며 데니스가 졸업파티를 위해 "엄마"가 되어준 것에 감사한 마음을 표현했다. 데니스는 이렇게 말했다. "저는 아리아나처럼 지지해 줄 사람이 곁에 없는 아이들에게 내가 관심 가지고 있다는 것을 알려주려고 해요. 그래서 제가 해줄 수 있는 한 가지라도 찾으려고 노력하죠. 치어리더 대회에 참석했던 일은 아리아나를 변화시켰을 뿐만 아니라, 저를 빚어 준 우정의 문이 되어주었어요."

목적을 향한 굽이진 여정

의미 있는 공동체 안에서 소속감을 갈망하는 청소년이 자신을 소중한 존재로 느끼도록 돕는 일은 쉽지 않다. 변화를 위한 열망이 목적을 향한 여정에 불을 붙이기는 하지만, 지긋지긋한 현실주의(jaded realism)와 문화적 다원주의의 강력한 힘이 발목을 잡기도 한다.

지긋지긋한 현실주의

1990년대 초반 그려진 한 만화는 90년대 젊은이들을 덮쳤던 혼란스러운 메시지를 담고 있다. 20대 청년이 침실에 서서 침대를 응시하고 있다. 청년은 침대 위에 있는 티셔츠 두 개 중에서 하나를 고르려고 한다. 그중 하나는 "그냥 해!"(Just Do It, 나이키의 광고식으로)라고 외친다. 다른 티셔츠는 "그냥 '아니'라고 말해"(Just Say No, 1980년대 마약 반대 슬로건)라고 반박한다. 청년은 어느 메시지를 말해야 할지 어쩔 줄을 몰라 하며 머리를 긁적거린다.

우리는 요즘 젊은이의 열정에 대한 모순된 메시지들을 접한다. 한쪽에서 그들은 가난하고 소외된 자들을 돕는 데 헌신하는 정의의 십자군으로 칭송을 받는다. 1달러와 소셜 미디어 포스트로 단번에 세상을 바꿀 준비가 되어있는 이타적인 혁명가들로 묘사된다. 반면, 똑같은 젊은이가 자기중심적으로 묘사되고 그런 사람들로 불리고 있다. 왜냐하면, 주로 자기 행복 추구에 가장 도움이 되는 쪽으로 움직이기 때문이라는 것이다.

어느 것이 맞을까? 요즘 청소년과 청년은 이기적일까 아니면 이타적일까?

그렇다.

둘 다 맞다.(우리 모두처럼 말이다.)

FYI의 앞선 연구에서, 500명의 고등학생에게 또래 그룹과 더 많이 하고 싶은 게 무엇인지 물었다. 우리가 제시한 13가지 선택지 중에서 가장 많았던 대답은 "깊은 대화를 위한 시간"이었다.

두 번째는 선교여행이었다.

세 번째는 봉사 프로젝트였다.

마지막은 게임이었다.

아마도 중학교 1학년이었다면 다른 순서가 나왔을 것이다. 그래도 교회에 다니는 청소년은 자신이 예수님 안에서 변화되어서 주변 세상의 변화를 가꾸고 싶어 하는 것 같다.

그러나 이 세상과 그 안에 사는 사람을 "구하고자" 하는 걸음은 자주 발목을 잡힌다. 청소년이 신앙 공동체 밖에서 성인 진입기에 들어설 때쯤, 여전히 세상의 변화를 일으키는데 관심 있는 사람들은 소수처럼 보인다. 많은 교회 지도자가 봉사와 정의에 관심갖고 참여하는 청소년과 청년을 자랑하지만, 자신있게 큰소리 칠 수 있게 해주는 연구는 별로 없다.

청소년과 청년은 "꿈의 직업"을 가질 수 없다. 원하던 직업을 만나더라도 완전히 녹초가 되고 만다. 이상적이라고 생각했던 그 직업은 막다른 길이 되어버린다. 젊은이 5명 중에 약 1명은 혼자 새로운 일을 시작하거나 운영하려고 시도하지만,[61] 도전적으로 들어섰던 그 길은 쉽게 환멸과 무기력에 이르게 한다. 젊어지는 교회의 경우는 덜 하지만, 미국 청년 다수는 마구잡이식 직업 여행 때문에 녹초가 되거나 실망에 빠진다. 결과적으로, 그들은 자기의 노력이 다른 이들을 도울 수 있다고 믿지 않는 지긋지긋한 현실주의자가 된다.[62]

"제가 최근에 시내로 이사를 했는데, 우리 교회 목사님 중 한 분이 저와 가까워지려고 굉장히 노력하셨어요. 그분은 제가 교회에 있을 때마다 찾아오셨어요. 리더십 위치에 있는 분이 대학도 졸업한 성인인 저에게 관심 갖는다는 것은 많은 것을 의미했죠. 그것은 매우 유기적이고 비공식적이어서, 어떤 일이 일어나고 있는

지 깨닫는 데에는 시간이 좀 걸렸어요." -수연(Soo Yeon), 23세

문화적 다원주의

이민의 영향으로, 보편적인 미국 거주자들은 어느 때보다 다양한 문화에 노출되고 있다.

미국 인구처럼, 미국 그리스도인들 역시 점점 다양해지고 있다. 비히스패닉계 백인은 복음주의 개신교, 주류 개신교, 그리고 로마 가톨릭에서 10년 전보다 적은 수를 차지한다. 현재 소수 인종과 민족은 로마 가톨릭의 41%를(2007년의 35%에서 올랐다), 복음주의 개신교의 24%를(19%에서 올랐다), 그리고 주류 개신교의 14%를(9%에서 올랐다) 차지한다.[63] 미국 교회에서 인종적·민족적 다양성의 증가는 축하해야 할 일이다.

최근에는 젊은 이민자들이 늘어났기 때문에, 청소년과 청년은 다른 문화권의 사람들과 우정을 가꾸기가 훨씬 쉬워졌다.[64] 사실, 이 세대가 태어나는 순간부터 문화적 다양성의 가치라는 공기를 마시게 되었다는 것은 우연이 아닐 것이다.[65]

그러나 다양성에 대한 이런 인식 - 이것은 다른 타인들에 대한 인식을 의미한다 - 은 다원주의로 발전할 수 있다. 다원주의란, 다른 종교 그리고 가치 시스템을 똑같이 타당한 것으로 받아들이는 것을 의미한다.[66] 하나의 믿음 체계에 헌신하는 동시에 다른 믿음 체계의 가치를 인정하는 데는 지성적·사회적·세계관적 성숙이 필요하다. 모든 젊은이가 (또는 성인이) 이 정도로 성숙한 것은 아니다.

따라서 서로 다른 문화간의 관계에서 겪는 최초의 경험은 청소년과 청년의 발전을 방해하는 사회적, 종교적 포용성으로 전락한다. 모든 믿음 체계가 똑같이 타당하다는 것을 함의하거나 명시적으로 진술하는 다원주

의 문화를 열심히 탐험하는 많은 청소년과 청년에게는 자기 신앙을 다른 사람들에게 나누고자 하는 동기가 결핍되어 있다. 그리고 자기가 주장하는 미묘하며 때로는 모순적인 믿음과 자기가 관심 두는 믿음을 포괄할 수 있는 거대한 세계관이나 신앙이 결핍되어 있다. 다원주의는 그들의 에너지를 천천히 고갈시켜서 세상에 영향을 줄 수 있는 열정을 천천히 사그라지게 할 수 있다.

긍정적으로 보면, 젊어지는 교회의 청소년과 청년이 민권 활동 – 요즘 젊은이의 주요한 정의 표현 중 하나 – 에 참여하게 되는 직접적인 에너지는 다양한 우정에서 흘러나온다. 다른 사람과 관계의 성장은 소외된 사람들을 위해 행진하고, 나누어 주고, 대변하도록 동기부여를 해준다. 소외된 그룹을 위한 사회 활동은 이 땅에 하나님 나라를 가꿔간다고 하는 성경에 깊이 뿌리를 둔 확신에 근거하고 있다.

> **사례 연구: 젊어지는 교회는 다원주의 세계 속에서 진정한 목적의 필요를 전해준다.**

발티모어에 있는 시티 처치(City Church)에서 민족적 다양성은 공동체 에너지를 빼앗는 것이 아니다. 오히려 중요한 불꽃 중 하나다.

3년 전, 채플게이트장로교회(Chapelgate Presbyterian Church)는 새로운 교회를 개척했다. 핵심 질문 – 우리 공동체에게 제일 중요한 목적이 할 수 있는 한 큰 교회를 이루는 것인가? – 에 직면했던 채플게이트장로교회는 규모 있는 교회가 되는 것도 중요하지만, 다양한 민족이 있는 도심 지역에 새로운 공동체를 세우는 것이 젊어지는 교회가 될 수 있는 최선이라는 데 의견을 모았다.

75명의 교우가 함께 자라나고 있는 시티처치 교회는 젊음을 추구하는 정신에 동의하는 어른뿐만 아니라, 이웃 지역에서 온 대학생과 젊은 전문가들로 가득하다. 이 교회의 심장은 모든 지체를 - 20대와 30대 기업가들이든, 아니면 40대와 50대 중년 부모들이든 - 목적이 있는 사역에 참여시키고자 하는 공유된 헌신으로 힘차게 뛰고 있다.

이 사역의 목적은 교회 공동체가 기꺼이 도시의 고통에 참여하고 공감하려는 마음에 기초를 두고 있다. 이 교회는 공동체 상담 센터를 설립해서 도시의 사회적, 감정적인 갈등을 다루며 돕고 있다. 젊은이들은 프로그램과 예배뿐만 아니라 지역 공동체를 위해 봉사하면서 목적을 향한 탐구를 저해할 수 있는 지긋지긋한 현실주의자를 극복한다. 젊은이들은 시티 처치의 강력한 호소력에 끌려 도심에 사는 이웃 주변으로 이사를 하거나 그 근처에서 일자리를 구한다. 그렇기 때문에 그들은 교회 공동체를 집이라고 부르기도 한다.

전문 상담사 키아나(Keyanna)는 직업적 역량을 활용해서 자원봉사 팀을 이끌고 있다. 그 팀은 문제에 빠진 이웃을 구조하고 지원한다. 그녀의 리더십 안에서 교회는 비참한 환경에 처한 이웃들에게 재정적인 부분과 감정적인 부분 양쪽으로 지원하는 데 힘쓰고 있다.

가정 전문가인 캔디스(Candice)는 어린이 사역에 참여하면서 직업적 열정을 적절하게 분출한다. 프랭크(Frank)는 지역 대학에서 행정을 담당하고 있다. 그러므로 그는 예배 인도를 자신의 기타 연주와 음악적 역량으로 헌신할 수 있는 최선의 기회로 생각하며 소중히 여긴다.

시티 처치의 목회자인 패트릭(Patrick)은 이렇게 설명한다. "이 모든 젊은이들은 과거에 사역 주변에서 물장구를 쳤지만, 지금은 완전히 그 속으로 뛰어들고 있죠. 이들은 공동체의 일원이 된다는 의미를 알게 되었고, 하나님이 하시는 일에 풀뿌리처럼 기여하고 있어요. 우리 교회를 섬기면서 그들의 영적 성장은 최고의 속도를 내게 된 것이었죠."

실천 아이디어

다음 아이디어를 살펴보면서, 양쪽 여백에 메모하면 좋겠다. 그 아이디어가 우리 교회에 적합한지, 누가 실행해야 하는지(당신인가 아니면 또 다른 지도자인가), 그리고 지금 당장 할 수 있는지 아니면 나중에 해야 하는지 적어보는 것이다. 모두 하지 않아도 괜찮다. 대신, 당신이 지금 할 수 있는 두세 개의 아이디어가 목표이다. 그 후에 마지막 부분에 있는 전략적 질문을 사용해서 당신의 교회가 요즘 젊은이와 공감할 수 있는 구체적인 계획을 세워보는 것이다.

은혜와 사랑, 선교로 반응한다

우리는 학자로서 연구하는 동안 편견을 갖지 않으려고 애쓰지만, 정체성, 소속감, 삶의 목적에 관해서 청소년과 청년에게 가지고 있는 몇 가지 편견을 소개하려고 한다. 그들은 강한 사람들이다. 우리는 복음이, 즉 말씀의 좋은 소식이 청소년과 청년에게 던지는 중요하고 궁극적인 세 질문에 가장 깊이 있는 답을 제공한다고 믿는다.

우리는 하나님의 은혜가 정체성에 관한 심오한 질문에 가장 잘 답할 수 있다고 생각한다.

공동체의 무조건적인 사랑이 소속감의 필요를 궁극적으로 충족시킨다고 확신한다.

우리는 하나님의 선교에 대한 참여가 삶의 목적을 향한 그들의 갈망을 만족시킨다고 믿는다.

따라서 우리가 113페이지에 제시한 표에 칸을 추가해야 한다.

은혜. 사랑. 선교. 이것들은 다양한 부분에서 우리가 - 보다 중요하게는 예수님께서 - 청소년과 청년에게 제시하고 싶은 핵심을 나타낸다. 이 책의 나머지 부분에서도 세 주제를 다룰 것이다. 그래서 이 장의 행동 단계는 적절한 답변을 찾고 있는 - 또는 안타깝게도, 답변에서 멀어지고 있는 - 이 세대에게 공감하는 데 초점을 맞추고 있다. 청소년 그리고 청년과 참고 견디며 함께하는 여정 속에서, 하나님께서 고통스러운 딜레마를 다루시는 최고의 방법이 바로 은혜·사랑·선교라는 것을 가르쳐 주는 것을 두려워하지 않길 바란다.

세 가지 궁극적인 질문

나는…이(가) 궁금하다	나의 궁극적인 질문은 나의…에 대한 것이다	초점은…에 대한 것이다	나의 질문은 하나님의…에 의해서 가장 잘 답변된다
나는 누구인가?	정체성	나	은혜
나에게 어울리는 곳은 어디인가?	소속	우리	사랑
어떤 변화를 만들어야 하는가?	목적	우리의 세계	선교

자신의 여정을 되돌아본다

우리는 오래전 일이라서 기억하기 어렵겠지만, 한때 각자 청소년과 청년 시기를 경험했다. 추억이 담긴 교과서나 사진, 비디오, 일기 등이 있다면, 잠시 그것들을 살펴봐도 좋겠다.

그 시기에 정체성, 소속감, 삶의 목적을 탐구하는 모습은 어땠나? 당신을 앞으로 나아가도록 도와준 것은 무엇인가? 성장을 방해한 장애물들은 무엇인가? 이런 기억들이 요즘 청소년과 청년을 공감하는 능력을 어떻게 성장시켜 줄 수 있을까?

> "저는 고등학생 때 제가 원했던 것을 생각해봐요. 누군가 제 이름을 알거나 잘 지내고 있는지 물어봐 주는 것은 멋진 일이었을 거예요." -도냐(Donya), 청소년 사역 봉사자

교회가 젊어지는 것을 돕고 싶어 하는 한 목회자는 청소년 때의 사진을 자기 사무실 눈에 잘 띄는 곳에 두었다. 거북한 시절을 계속 기억하기 위해서 말이다. 자기 과거를 돌아본다는 것은 쉬운 일이 아니다. 그러나 이 목회자의 헌신과 창조성이 자극이 되어서 당신의 평탄치 않았던 젊은 시절의 여정을 떠올려 볼 수 있기를 기대한다.

고정 관념은 이제 안 된다

당신의 공동체와 그 안에 있는 사람들이 청소년과 청년에게 가진 고정 관념이 있을 것이다. 아마도…

직장을 잃은 24세 = 나태하다

대학에 들어가기 전 "휴식의 해"를 갖는 19세 = 생각이나 태도 등이 분명치 않다

미혼의 26세 = 패배자

부모님과 함께 사는 28세 = 과도한 애정으로 자녀에 집착하는 부모(옮긴이)

십대 = 반항적

더욱 길어진 탐험을 하는 요즘 청소년과 청년에게 이런 고정 관념을 가지고 있다면, 그들은 공동체를 떠나기 시작한다. 교회에서 이런 식으로 판단하는 목소리를 듣게 되면 사람들의 이해의 폭이 넓어지도록 도와줘야 한다. 만약, 당신이 그런 편견을 가지고 있다는 것을 깨닫게 된다면, 딱딱해진 마음을 잠시 내려놓고 그들이 직면한 독특한 장애물을 파악해야 한다. 당신에게는 낯선 그들의 선택과 행동을 더욱 친절히 이해하기 위한 대화도 필요하다.

문화의 새롭고, 혼란스럽고, 심지어 거슬리는 면을 보게 되면, 이유를 물어본다

해시태그, 셀카, 앱

메트로섹슈얼 의류.

음악 소리가 너무 커서 가사를 이해할 수가 없다.(하지만 괜찮다. 만약 가사를 이해한다면, 당신 기분이 상할 거라고 확신하기 때문이다.)

이런 청소년 문화는 30세가 넘은 우리 대부분을 혼란스럽게 한다. 최

악의 경우, 정말 화나게 만든다. 그러나 이런 조각 중 하나를 당신이 젊은 이의 정체성, 소속감, 삶의 목적 추구라는 직소 퍼즐(jigsaw puzzle)에 맞춰 본다면, 다른 그림이 생겨난다. 의상은 자신을 탐구하고 표현하는 그들의 방식 중 일부다. 끊임없이 주고받는 문자는 자기가 속한 공동체와 연결되도록 도와주는 것이다. 음악은 젊음의 기쁨과 슬픔을 포착한다.

자신, 공동체, 그리고 세상과 의미 있는 관계를 맺기 위한 탐험은 보통 혼란스러운 문화의 흐름과 긴밀히 연결되어 있다. 당신이 그 연결을 해석할 수 없다면, 젊은이에게 자연스럽게 도움을 요청해도 좋다. 이 흐름이 왜 대중적인지 질문하는 것이다. 저런 유행이 정체성, 소속감, 삶의 목적과 어떻게 연결되는지 함께 생각해보는 것이다. 한 마디 대화는 청소년과 청년 그리고 당신 사이의 관계를 열어주는 실마리가 될 것이며, 깊이 있는 공감이 일어나도록 도와줄 것이다. 한번 해보자.

청소년과 청년의 시선으로 교회의 시설과 예배를 둘러보자

"시간은 우리의 인식을 갉아먹는다."(Time in erodes awareness of).[67]

앤디 스탠리(Andy Stanley) 목사가 했던 이 말은 우리가 공동체의 손님들에게 얼마나 오랫동안 눈멀어 있었는지 지적하고 있다. 특별히, 세대가 다른 손님들이라면 더 심할 것이다.

당신 교회의 예배실은 청년들이 가는 곳 중에서 커피를 가지고 들어가는 것이 허용되지 않는 유일한 장소일 수 있다.

예배는 어른들 때문에, 가운을 입고, 고등학생들이 노래를 부르는 유일한 시간일 것이다.

우리는 예의 없이 예배실에서 커피 마시는 사람들을 환영해야 한다고 말하는 게 아니다. 그리고 성가대를 없애야 한다는 의미로 이야기하는 것도 아니다.

우리는 당신이 사랑하는 교회 문화가 첫 방문자에게, 특히 청소년과 청년에게 어떻게 느껴지는지 공감하기를 바란다고 말하는 것이다. 젊어졌으면 하는 우리의 바람을 담아, 예배와 예배드리는 장소에서 젊은이들이 훨씬 더 환대받는 느낌을 받을 수 있도록 몇 가지 제안을 하려고 한다.

콜로라도에 있는 한 교회는 아침에 중학생에게는 시리얼 바를 그리고 고등학생들에게는 샌드위치를 제공한다.

불편한 의자를 아늑한 소파와 빈백(beanbags)으로 바꿀 수도 있다.

신선한 커피를 준비해서 카페인을 갈망하는 지친 젊은이들을 응원한다는 메시지를 보낼 수도 있다.

어떤 변화가 가장 적절한 의미를 담을 수 있을지 찾으려면 교회에 처음 온 청소년과 청년의 순수한 시선으로 교회를 둘러봐야 한다. 어디에서 그들이 받아들여지고 있다고 느끼고, 어디에서 오해를 받고 있다고 느낄지 상상하면서 교회를 걸어보는 것이다.

홈페이지는 교회를 찾는 젊은이들에게 첫인상이 되므로, 그들과 함께 살펴보는 것도 좋다. 홈페이지에서 거리감을 주는 부분과 친밀함이 느껴지는 부분은 무엇인지 의견을 듣는 것도 중요하다.

교회는 청소년과 청년이 환대받는 공간이라고 느끼게 하는 당신의 통찰 덕분에 모든 세대가 편안함을 경험하게 될 가능성이 크다.

한 명, 아니 두 명, 아니 세 명의 이름을 외운다

청소년과 청년은 자신이 알려지고 싶어 한다. 더 깊이 공감하는 방법으로 이름을 외우는 것은 아주 간단한 일이다. 앞으로 한 달 동안 교회에 올 때마다 새로운 아이 한 명의 이름을 외우려고 힘써보자. 다음 주에 그 아이 이름을 불러주겠다는 목표를 세워보자. 당신이 지금부터 두세 달 후에도 그 이름을 기억한다면 보상이 있을 것이다.

한 아이와 더 깊이 다이빙한다

당신은 정체성, 소속감, 삶의 목적을 이해하면서 청소년과 청년이 마주하는 물살과 파도에 공감할 수 있다. 그러나 한 아이와 특별한 관계를 맺기 전까지, 당신이 보는 것은 겉껍질에 불과하다.

당신 조카나 이웃, 자주 가는 카페의 바리스타도 좋다.

활동적이지 않아서 떠오르는 사람이 없다면, 목회자에게 비슷한 관심사(컴퓨터, 정원꾸미기, 요리하기)를 바탕으로 추천해줄 수 있는 사람이 있는지 부탁해도 괜찮다.

만나는 청소년이나 청년이 그들의 세계를 이해하고 싶어 하는 당신 마음을 느끼게 해주는 것이 좋다. 그러나 당신을 그들의 문화와 동떨어져 있다고 느낀다고 해도, 인정해야 한다. 도와달라고 도움을 요청하면 되기 때문이다. 그리고 반복적으로 감사의 마음을 표현하는 것이다.

"저는 아버지가 계시지 않는 가정에서 자랐어요. 그래서 성경에서 말하는 아버지가 어떤 분인지 생각해본 적이 없어요. 하지만 우리 교회의 한 남자분께서 저를 집으로 초대해주셨어요. 그곳에서 그분이 사랑으로 아내와 아이들을 대하는 모습을 볼 수 있었죠. 이제 저는 그분에게 고민을 나눌 수 있을 것 같아요. 그분이 지금 있는 그대로 저를 사랑해주시는 모습은 하나님이 어떤 분이신지를 그려볼

수 있게 해주거든요" -케이스(Keith), 24세

몇 명의 아이들과 정기적으로 모인다

우리 자문단 중 한 분은 한 달에 한 번 정기적으로 고등학생들을 만난다. 그 모임은 청소년 문화를 이해할 기회이며, 교회에서 일어나는 일과 그분의 설교에 대한 아이들의 반응을 들을 수 있는 시간이기도 하다. 이런 지도자는 아이들이 자기에게 배우는 것보다 자기가 아이들에게 훨씬 많은 것을 배운다는 것을 인정한다.

싱글들이 외로움을 느끼게 하지 않는다

그동안 교회는 15-29세의 발달 단계를 다루기 위해 청소년, 청년, 그리고 결혼한 젊은 부부를 대상으로 하는 프로그램을 제공했다. 그러나 세 범주에만 초점을 맞추다 보니 사역에 구멍이 생기게 되었다. 청소년기가 늘어났다는 것은 대학과 결혼 사이에 새로운 간극이 생겼다는 의미이다. 교회는 20대에게 교회에 참여하지 않는다고 비난하지만, 사실은 교회가 이 또래 싱글 청년들에게 많은 것을(또는 아무것도) 제공하지 않고 그들은 교회의 관심과 환대를 경험하기보다, 무시당하고 소외 받고 있다고 느끼고 있다.

늘어난 청소년기에 대한 공감이 싱글 청년을 위한 프로그램 기획이라는 의미는 아니다. 차라리 몇몇 청년을(싱글과 결혼한 청년 모두) 초대해서 식사하거나, 아니면 가까운 레스토랑에서 식사를 대접하는 것이 낫다. 그들이 다양한 연령층의 사람들과 관계 맺을 수 있도록 도와주는 것도 좋다.

서로 친밀한 관계를 맺으면서 자연스럽게 만나는 자리를 마련하는 것이다. 어린 청년들이나 싱글 청년 사역은 보통 느리지만, 유기적인 것이 최고다.

결혼 준비를 도와준다. 구체적으로

교회가 결혼 준비를 돕는 방법은 예비 부부학교, 세미나(보통 불필요한 커플들이 참석한다), 그리고 능력 있는 웨딩플래너 소개 정도이다. 우리 연구에 따르면, 젊어지는 교회들은 보편적인 방법을 넘어서는 몇 가지 소소한 단계를 - 때로는 몇 가지 큰 걸음을 - 마련해 주었다.

그들은 약혼 커플과 결혼 커플에게 멘토가 될만한 어른 부부를 연결해 주었다.

그들은 커플에게 장기적으로 훈련과 지원 둘 모두를 제공하는 결혼 준비 공동체를 만들어주었다.

심지어 커플들이 지역 전문 상담 센터의 상담에 참여하도록 장학금을 제공하기도 했다.

젊은이들의 결혼 평균 나이가 분명 늦어지고 있지만, 그들을 공감하는 공동체는 결혼 준비와 모든 과정에 효과적인 지원을 제공할 마음과 준비가 되어있다.

이 장의 핵심

• 교회는 요즘 청소년과 청년을 공감하면서, 즉 함께 느끼면서 젊어

진다.

- 청소년과 청년은 세 가지 궁극적인 질문과 씨름한다. 나는 누구인가?(정체성에 대한 물음), 나에게 어울리는 곳은 어디인가?(소속에 대한 물음), 어떤 변화를 만들어야 하는가?(목적에 대한 물음)

- 어른들도 이 질문을 갖고 살지만, 청소년과 청년은 다른 세대보다 더 강하게 반응한다.

- 청소년기가 늘어나면서 더욱 긴 탐험의 여정을 지나야 하므로, 25세는 새로운 15세처럼, 15세는 새로운 25세처럼 느껴지기도 한다. 이 여정은 빨라진 출발선과 느려진 결승선 둘 모두를 갖고 있다.

- 정체성 탐험은 만연한 스트레스와 지엽적인 신앙에 의해서 불규칙해졌다.

- 소속감 탐험은 디지털 기술, 성적 경험, 그리고 어른에게 버림받은 소외감에 의해 방해를 받는다.

- 이 세대의 삶의 목적에 대한 갈망은 지긋지긋한 현실주의와 문화적 다원주의의 영향으로 만족하지 못한 채 머물러 있다.

당신이 요즘 청소년과 청년에게 공감하도록 돕기 위한 전략적 질문

연구 결과

1에서 5까지의 눈금으로(1은 "우리가 여기에서 어려움을 겪고 있다"는 것이고, 5는 "우리가 잘하고 있다"는 것이다), 이 장에서 제시한 연구 결과에 근거하여 당신의 공동체를 평가해보자.

1. 우리 공동체는 늘어난 청소년기를 경험하는 청소년과 청년에게 인내심을 가지고 함께 한다.

    1·········· 2 ·········· 3 ·········· 4 ·········· 5

2. 우리 공동체는 정체성 탐험을 멈추게 하는 만연한 스트레스와 지엽적인 신앙(peripheral religion)을 이해한다.

    1·········· 2 ·········· 3 ·········· 4 ·········· 5

3. 우리 공동체는 소속감 탐험을 저해하는 디지털 기술, 성적 경험, 그리고 어른으로부터 느끼는 소외감을 알고 있다.

    1·········· 2 ·········· 3 ·········· 4 ·········· 5

4. 우리 공동체는 삶의 목적을 탐험하는 길을 방해하는 지긋지긋한 현실주의와 문화적 다원주의를 알고 있다.

    1·········· 2 ·········· 3 ·········· 4 ·········· 5

5. 우리 공동체는 요즘 청소년과 청년에게 공감하는 방법을 알고 있다.

    1·········· 2 ·········· 3 ·········· 4 ·········· 5

행동을 위한 아이디어

1. 당신이 요즘 청소년과 청년에게 공감하기 위해 이미 개인적으로 하는 것은 무엇인가?
2. 당신의 공동체가 요즘 청소년과 청년을 공감하는 특별한 방법이 있는가? 당신이 이들을 공감하는 데 있어서 방해가 되는 것은 무엇인가?
3. 이 장에서 읽은 아이디어뿐만 아니라 앞부분에 있는 연구 결과의 평가를 고려할 때, 당신과 당신의 교회가 만들고 싶은 한두 가지 변화는 무엇인가?
4. 이 대화에 참여할 필요가 있는 또 다른 사람은 누구인가?
5. 이런 변화를 이뤄가기 위해서 앞으로 몇 주 또는 몇 달 동안 당신이 할 수 있는 일은 무엇인가?

4장. 예수님의 메시지를 중심에 두기

복음에 있어서 젊어진다는 것

"맞아요. 저는 우리 교회의 목표가 사실 젊은이에게 효과적인 것이 아니라, 예수
님을 섬기며 따르는 것이라고 생각해요. 저 같은 청년들은 그런 교회에 마음이
가죠." –아담(Adam), 26세

다렌(Darren) 목사는 야콥슨(Jacobsen) 가족이 왜 자기를 만나고 싶어
하는지 이유를 알지 못했다. 하지만 재닌(Janeen)과 그 아이 남자 친구 에
드거(Edgar), 그리고 두 아이의 부모님이 어두운 표정으로 사무실에 줄지
어 들어왔을 때, 그는 감을 잡았다.

재닌이 임신했구나.

오래전부터 재닌의 부모님은 교회의 주축이었기 때문에 사람들은 그
아이를 잘 알고 있었다. 재닌의 부모님은 결혼을 강요했다. 재닌과 에드
거는 18살, 19살 나이로 당장 결혼하고 싶지도 않았지만, 낙태를 생각하
지도 않았다. 그들은 아기를 입양 보낼 생각을 하고 있었다.

열띤 대화 후에, 다렌 목사는 재닌과 에드거하고만 다시 약속을 잡고
계속 대화를 해보자고 제안했다. 세 사람은 정기적으로 만나서 성경을 읽

고, 결혼과 부모가 되는 것 - 부모가 될 경우의 한에서만 - 에 관한 성경의 가르침을 나눴다.

한 번은 대화 중에 재닌이 물었다. "배가 불러오면 저흰 어떡하죠?" 다렌 목사는 "교회에 말하는 게 어떻겠니?"라고 대답했다. 처음에 두 아이는 생각을 접었다. 다렌 목사는 현명하게 그들 스스로 문제를 다루도록 내버려두었다.

몇 주 후에, 그 커플은 다시 다렌과 만났다. 에드거가 먼저 말했다. "저희는 목사님께 두 가지를 말씀드리려고 해요. 첫째로, 저흰 결혼하려고 해요. 둘째로, 교회에 모든 걸 말하고 싶어요." 공동체 전체라니. 다렌 목사는 놀랐지만 감사했다. 그는 이미 그 계획에 함께하고 있었다.

먼저 교회 장로님들 - 믿을 수 없을 정도로 자애롭고 격려를 아끼지 않는 사람들이었다 - 과 만난 뒤에, 제닌과 에드거는 주일 아침 시간에 공동체 앞에 서게 되었다. 그 아이들은 긴장했지만, 이제는 혼자가 아니었다. 곧 있을 결혼과 아이 출산에 대한 소식을 이야기할 때, 다렌 목사는 그 아이들의 어깨를 감싸 안아주었다. 교회 공동체는 그 순간부터 몇 주 그리고 몇 달 동안 그들을 지지하며 품어주었다.

재닌과 에드거의 소그룹은 깜짝 베이비 샤워를 계획했다.

재닌 부모님의 소그룹은 웨딩 리셉션을 준비해주었다.

그때를 돌아보면서, 다렌 목사는 이렇게 말했다. "어느 누구도 이 커플을 지지하는 것이 다른 여자아이들에게 임신을 부추긴다고 생각하지 않았습니다. 사람들은 그저 이런 은혜의 공동체와 함께하고 있다는 감사로 가득했지요."

감동적인 격려와 응원은 몇 달 후에 태어난 남자아이에게까지 이어졌다. 그 마음은 다른 사람들에게까지 흘러갔는데, 재닌과 에드거를 사랑하는 목회자들의 모습을 보고 자신의 은밀한 고통과 아픔을 나누어도 괜찮을 만큼 안전하다고 느끼게 된 사람들이었다.

2년이 지난 지금, 재닌, 에드거, 그리고 그들의 아이는 젊어지는 이 공동체의 활기찬 구성원들이다. 우리가 방문했을 때, 사람들은 이 이야기를 교회가 어떻게 예수님의 메시지를 진지하게 들려줄 수 있는지를 보여주는 상징으로 – 부끄러움이 아니라 구속의 이야기로서 – 공유하고 있었다. 죄 때문에 버림받는 것이 아니라, 수용되고 회복되는 이야기로써 말이다. 한 청소년 아이의 부모님은 이렇게 반성했다. "이곳에서는 완전함이 전부가 아니에요. 교회를 찾을 때 마음에 들었던 부분이죠. 저희는 '우리 애들이 문제를 일으킬 수 있어요. 그때 이곳은 저희를 어떻게 대해줄까요?'라고 물어봤어요. 하나님의 사람들이 '그래요. 큰일 났네요. 이제 어떡하면 좋을까요?'라고 이야기해주는 곳에 있고 싶었거든요. '큰일 났네요. 그런데 우리도 당신을 위해서 무엇을 해야할지 모르겠어요. 아마 다른 곳을 찾아보는 게 더 좋을 것 같아요'라고 말하는 곳이 아니고요."

이것이 오늘날 예수를 진실하게 따르는 공동체의 모습이다. 예수님은 정죄하지 않았고, 자유를 선포하셨다. 깨어진 곳을 살피시고, 온전하게 회복시켜 주셨다. 예수님은 희생이 요구되는 제자의 삶으로 자기를 따르는 자들을 초대하셨다.

핵심 가치: 예수님의 메시지를 중심에 두기

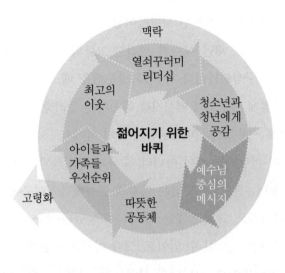

맥락

열쇠꾸러미
리더십

최고의
이웃

청소년과
청년에게
공감

젊어지기 위한
바퀴

아이들과
가족들
우선순위

예수님
중심의
메시지

고령화

따뜻한
공동체

　

예수님은 하나님의 조건 없는 사랑과 끝없는 신실하심의 충만함을 구체적으로 보여주셨다.

당신 주위의 청소년과 청년은 예수님을 따르는 것을 방해하고 위협하려는 다양한 방해물과 직면하고 있으며, 거기에는 다원주의 문화와 늘어난 청소년기의 여정뿐만 아니라 얕은 복음으로 메말라버린 교회들도 포함되어 있다.

그러나 젊어지는 교회에서 예수님은 형편없는 신학을 다스리시는 분이며, 그분의 말씀은 생명의 가르침을 갈망하는 젊은 여행객들에게 진실의 소리로 들린다. 예수님을 하나님 이야기의 중심으로 선포하고, 그분의 메시지를 일상 속에서 살아내려고 힘쓰면서 복음의 핵심을 회복하고 있다. 젊어지는 한 교회는 기도문으로 선포한다. 인터뷰했던 거의 모든 사람 - 청소년과 청년, 어른 - 은 "사람이 우리의 심장이다. 예수님이 우리의 메시지다"라고 반복해서 말했다. 이것이 그 교회 사역의 기초다.

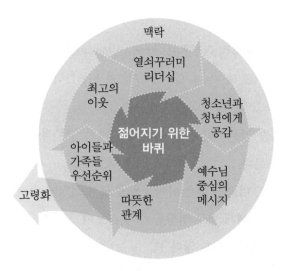

예수님 중심의 공동체

맥락

열쇠꾸러미
리더십

최고의
이웃

청소년과
청년에게
공감

젊어지기 위한
바퀴

아이들과
가족들
우선순위

예수님
중심의
메시지

고령화

따뜻한
관계

　

우리 연구팀은 젊어지는 교회들에서 예수님의 메시지를 중심에 둔다는 가치가 어떻게 뚜렷한 행동과 전반적인 영적 또는 정서적 부분으로 드러나게 되는지를 보고 놀라지 않을 수 없었다. 물론, 예수님의 메시지는 단 하나의 핵심 가치에 담을 수는 없다. 오히려 복음은 모든 가치에 스며들어 있으며, 실로 다른 모든 가치에 생명을 불어넣는다. 예수님이 "만물보다 먼저" 계시고, "만물이 그 안에 함께 서"(골 1:17) 있듯이, 예수님을 따르는 것 - 단순히 젊은이를 따르는 것이 아니라 - 이야 말로 젊어지는 교회의 핵심이다. 우리가 첫 번째 장에서 언급했듯이, 핵심 가치 전체가 예수님 중심의 공동체라는 기본 가치를 중심에 두고 있다고 생각할 수 있다.

연구 결과

도덕주의적인 치유적 이신론(Moralistic Therapeutic Deism)은 여전히 젊은이를 예수님에게서 멀어지도록 위협한다

당신은 요즘 젊은이의 신앙에 대해 그다지 고무적이지 못한 소식을 들었을지도 모른다.

"이론적으로, 미국의 젊은 아이들은 종교적 신앙에 열려 있다. 하지만 그런 신앙은 그들에게 별로 영향을 주지 않으며, 고등학교를 졸업 뒤에도 이어질 정도로 강력하지도 않다."[68]

실천 신학자(그리고 자문위원)인 켄다 크리시 딘(Kenda Creasy Dean)의 뼈 있는 말은 청소년과 종교에 관한 연구(NSYR)의 핵심 결과 중 하나를 요약한다. 미국 청소년과 나눈 수백 개의 논의를 꼼꼼히 살펴 본 연구원들은 요즘 십대의 지배적인 종교적 믿음 체계가 도덕주의적인 치유적 이신론이라는 것을 확인하게 되었다.

청소년과 청년의 종교적 믿음 체계는 신앙을 선하고 도덕적인 사람(일반적으로, 좋은 사람)과 동일시 한다는 점에서 도덕주의적이다.

신앙이 자신을 선한 사람으로 느끼게 하는 도구가 된다는 의미에서 치유적이다.

그리고 하나님은 존재하시지만 어떤 규칙에 따라 인간사에 관여하시는 것이 아니라는 의미에서 이신론적이다.[69]

도덕주의적인 치유적 이신론, 그러니까 MTD로 인해서 하나님은 청소년에게 본질적으로 하늘에 계시는 집사(a heavenly butler)가 되셨다. 왜냐하면, 기껏해야 하나님은 청소년의 마음을 움직여서 다른 사람에게 다정하게 대하도록 만드는 분이기 때문이다. 좀 더 열정적 신앙은 청소년과 청년에게 자기 정체성을 그리스도 안에 두는 데 필요한 닻을 제공할 것이다. 하지만, 미온적인 종교적 세계관은 아이들을 종교적으로 부드러운 상태라는 지루한 바다에서 표류하도록 내버려 둔다.

도덕주의적인 치유적 이신론은 복음에 대한 형편없는 이해의 결과인가? 아니면 단지 우리가 형편없는 복음을 가르치는 데 능숙했기 때문인가?

연구에 따르면, 둘 다인 것 같다. 발달적인 면에서, 청소년은 도덕주의적인 치유적 이신론의 완벽한 후보자이다. 그들의 구체적인(비록 점점 추상적으로 되긴 하지만) 사고는 행동과 자아에 초점을 맞추면서 타인의 존재 이유는 자기 삶을 더 기쁘게 하기 위한 것이며, 하나님은 우리 세계에 적극적으로 관여하실 필요가 없다고 생각하게 된다. 다른 한 편으로, 부모와 중요한 역할을 하는 어른들은 아이들이 사용하는 신앙 언어를 포함에서 전반적인 신앙에 가장 큰 영향을 미친다. 청소년은 건전한 신학을 완전히 다른 의미로 바꿔놓기보다, 흠이 있는 가르침을 거울삼게 될 가능성이 훨씬 더 크다.

젊어지는 교회들의 535명 인터뷰 참여자 전체에게 자신의 신앙을 묘사해보라고 요청했을 때, 훨씬 더 강력한 복음을 발견할 수 있었다. 특히 19-23세 사이에서, 예수님의 메시지가 도덕주의적인 치유적 이신론에 승리를 차지했다. 그러나 우리가 연구한 고등학생들은 다른 그룹보다 복음을 도덕주의적인 치유적 이신론에 가깝게 말하기 쉽다는 것은 사실이었다. 고등학생 또래 응답자들은 "선을 행한다"라는 일반적인 생각을 더 많이 언급했고, 다른 또래 그룹보다 하나님을 더 자주 이신론적 언어로 묘사했다. 나아가, 우리 연구에 참여한 청소년 5명 중 1명만이 예수님의 메시지를 묘사할 때 관계적 언어를 사용했다. 다음에 이어지는 다소 당황스러운 인터뷰 내용은 이렇게 혼합된, 행위에 근거한 신앙을 잘 설명해준다.

복음 중심 메시지는 누군가가 당신을 위해 항상 거기에 있다는 것과 당신이 선택한 다양한 길은 궁극적으로 하늘에 있는 한 곳에 닿는다는 것이에요. 제가 느끼기에, 당신은 선한 일을 많이 할 수도 있고 나쁜 일을 많이 할 수도 있겠지만, 무슨 일을 하든 항상 용서를 받을 거예요. 당신이 어떤 것은 용서받을 수 없다고 생각하더라도, 하나님은 항상 그것을 회복시키시고 좋게 하시는 마술사와 같으니까요. 그리고 당신이 가장 칠흑 같은 어둠 속에 있을지라도, 결국 그곳은 행복한 곳이 될 거예요. 그곳에 늘 당신을 위한 빛이 있을 거예요. -엘리사(Alyssa), 18세

엘리사가 설명한 복음에는 몇 가지 특징이 있다. 상당히 보편주의적이며, 아주 멀리 떨어져 있는 "하늘"(또는 "행복한 곳" 또는 "빛")이라는 추상적인 개념에 초점을 두고 있다는 것이다. 이것은 은혜를 신비로운 동화 속 갓마더(godmother)가 부리는 모호한 마술처럼 설명한다(또 다른 고등학생은 이와 비슷하게 하나님을 "아이스크림 맨[the ice cream man] 같은" 단어로 설명했다.). 이런 설명은 예수님과 그의 생애·고난·죽음·부활을 언급하지 않는다.

신학적 차이는 예수님의 복음에 관한 이해에 어떤 영향을 미치는가?

젊어지는 교회를 찾아다니면서, 우리는 로마 가톨릭부터 남부 침례교에 이르기까지 폭넓은 기독교 전통을 연구했다. 모든 사람이 연구 결과들을 똑같이 읽고 해석하리라 예상한다면, 너무 순진한 생각일 것이다. 우리는 폭넓은 독자를 위한 글을 쓰면서, 당신이 특정한 공동체의 독특한 신앙의 분위기를 정확하게 제시하려고 했다는 것을 염두에 두고 당신의 전통을 이곳에서 나누는 틀과 이야기에 넣어 볼 수 있을 것이라고 기대했다.

그러나 엘리사 같은 청소년이 잘못된 복음을 가졌다고 비난하기 전에, 거울에 비친 우리를 들여다보아야 한다. 우리의 연구와 청소년과 종교에 관한 연구(NSYR)는 엘리사가 이런 복음을 아무것도 없는 상태에서 스스로 만들어내지 않았다는 것을 보여준다. 엘리사는 평생 애매한 행동에 기초한 복음이라는 오염된 공기를 마셔왔을 것이다. 딘은 목회자, 부모, 조부모, 공동체 지체에게 "한 가지 더: 우리에게 책임이 있다."는 것을 상기시키면서 자신의 책임에 대한 회피를 거부한다.[70]

미국 청소년과 청년은 스스로 이런 미지근한 신앙을 생각해낸 것이 아니다. 그들은 교회에서 듣는 메시지와 그곳에서 보는 것들을 도덕주의적인 치유적 이신론으로 대체하고 있는 것이 아니다. 오히려, 자기 교회와 가정 양쪽 모두에 스며들어 익숙해진 형태의 신앙을 흉내 내고 있다. 놀랍게도, 선교학자인 조지 헌터(George Hunter)는 청소년과 종교에 관한 연구(NSYR)의 첫 번째 결과가 나오기 5년 전에, 도덕주의적인 치유적 이신론('소비주의적'이라는 접두어를 추가해서)이라고 하는 정확히 똑같은 표현으로 미국 기독교 성인의 일반적인 환경을 설명했다.[71] 따라서 엘리사의 신앙을 못마땅해하며 고개를 흔드는 대신에, 확대경을 가지고 반복적으로 사용하는 용어를 자세히 살펴보면서 우리 자신의 복음에 대한 이해를 돌아볼 필요가 있다.

황금률 복음 역시 신앙에 유해하다

도덕주의적인 치유적 이신론에 따르는 필연적 결론은 "남에게 대접을 받고자 하는 대로 너희도 남에게 대접하라"(눅 6:31)는 형태로 전해지고 있는 황금률 복음이다. 황금률의 언어 또는 주제에 투영되는 젊은이의 경향을 볼 때, 우리는 이런 복음을 고백하는 사람들의 신앙이 일반적으로 더 미숙하다는 것을 발견했다. 구체적으로 말해서, 그들은 성경을 조금 읽고, 예배를 덜 드리고, 자기 신앙 문제와 갈등을 다른 사람들과 더 적게 말하며, 신앙의 관점으로 사회적 이슈를 덜 바라본다. 황금률 신앙이 낳은 열정은 그저 미지근함이다.

하나님께 순종하고 거룩한 삶을 살라는 성경의 명령은 행위 중심 복음을 피하라는 의견과 어떻게 연결될까?

도덕주의적인 치유적 이신론과 황금률 기독교는 둘 다 행위를 지나치게 강조한다는 흠이 있다. 그러나 우리는 두 믿음 체계가 부적절한 형태의 기독교 신앙이라는 주장으로 도덕성이나 신실한 순종을 영성과 완전히 분리하라고 호소하는 것이 아니다. 예수님을 따르는 것은 분명 우리 행위에 영향을 미친다. 성경에 뿌리를 둔 순종을 행위에 뿌리를 둔 순종과 분리하는 것이 우리가 가진 동기이며 성령님의 일이다. 우리는 하나님을 기쁘시게 하거나 구원을 얻기 위한 행동이 가능하다는 잘못된 개념에 끌릴 수 있다. 아니면, 하나님의 은혜와 변화에 대한 반응으로 도덕적인 행동을 할 수도 있다. 나중에 "실천 아이디어" 부분에서 청소년과 청년을 순종으로 초대하기 위한 대안들을 살펴볼 것이며, 7장에서는 당신의 교회를 비롯한 다른 교회들이 봉사 · 사회적 정의 · 직업 등과 관련된 역할을 통해 어떻게 청소년과 청년에게 힘을 불어넣을 수 있을지 정리해보려고 한다.

회중교회 전문가인 낸시 앰머먼(Nancy Ammerman)은 황금률 기독교는 "바른 믿음"보다 "바른 삶"을 강조한다고 설명하면서 더 자세한 맥락을 이해할 수 있게 해주었다. 앰머먼은 중산층 · 교외 · 백인 등이 지배적인 공동체에서뿐만 아니라, 주류 개신교와 로마 가톨릭 교회에서도 선한 행위에 초점을 맞추는 것이 만연하다는 것을 발견했다. 앰머먼은 황금률 종교의 관례를 다음과 같이 요약한다.

> 황금률 그리스도인에게 가장 중요한 것은 관계에 관한 관심, 선한 행위를 하는
> 것, 그리고 궁핍한 사람에게 돌봄과 위로를 제공할 기회를 찾는 것이다. 그들에
> 게 복음은 다른 사람의 믿음을 바꾸는 것도 아니고, 정치 시스템 전반을 바꾸는
> 것도 아니다. 지금 살고 있는 이 세상이 조금 더 좋아지기를 바라지만, 전혀 위대
> 한 혁명을 꿈꾸지 않는다.[72]

겉모습으로는 크게 위태로워 보이지 않는다. 이런 신앙을 가진 사람들
은 다른 사람들을 도와주고, 많은 경우 영적으로 생기 있는 공동체가 부
끄러울 정도로 주변 사람들을 환대하고 돌봐준다. 결국, 바른 삶이 없는
바른 믿음 역시 좋은 소식이 아니다. 그러나 황금률 신앙의 뿌리는 전혀
바른 신앙이 아니다. 이것은 행동주의(behavioralism)다. 하나님은 선한 행
위에서 발견되며, 우리는 적어도 이론상으로 우리와 다른 사람들을 관용
하고 포용하라고 배운다. 이것은 친절과 유대를 향해 더 가까이 나아가는
"멋진" 걸음이지만, 은혜로 변화가 일어나는 이웃 사랑에 미치지 못한다.

무엇보다 불안한 것은, 이 그림에서는 예수님이 거의 빠져 있다는 것
이다.

더욱 탄탄한 복음이 젊어지는 교회에서 나타나고 있다

비록 젊어지는 교회에서도 행위에 기초한 복음의 흔적이 보이지만 우
리가 두려워할 정도는 아니라는 것이 희망적이다. 고등학생 또래의 약
11%, 그리고 대학생 또래나 24-29세의 5% 이하만이 황금률 주제와 관

련된 응답을 했다. 더 나아가, 복음을 행위에 기초해서 응답한 비율은 목회자·부모·젊은이를 모두 합해서 전체의 10%를 조금 넘는다.

특별히 청년들의 반응에 깊은 인상을 받았다. 그들은 신앙을 어른들만큼 명확하게 묘사했다. 다음은 예수님의 메시지에 관해 청년들이 말했던 내용이다.

> 복음이 예수님의 패배로 끝난다는 것은 놀라운 결말이다. 사실, 지는 것이 이기는 것이다. 나는 이것이야말로 복음의 가장 근본적인 – 가장 기본적인 – 말씀이라고 본다. 즉, 우리 영웅은 본질적으로 패배했다고 생각한다. 하지만 패배할 때, 그는 이기셨다. (타마라, Tamara, 25세)

> 당신이 했던 어떤 것도 하나님 보시기에 사랑스럽지 않거나 용서하지 못할 일은 없다. 예수님은 겉보기에 가장 깨끗하고 빛나 보이는 사람이 되는 것이 목적이 아니라는 것을 우리에게 말하기 위해 이 땅에 오셨다. 그는 당신의 마음에 생긴 상처에 관심이 있고, 그 상처를 감싸시며, 그 사이로 당신과 함께 걸어가신다. 궁극적으로, 예수님은 모든 사람의 죄를 위해서 죽으셨다. 따라서 이 세상의 무게는 우리 어깨로 짊어지기에 그렇게 무겁지 않다. (아르먼, Armen, 21세)

우리 연구가 모든 연령대의 신앙의 활력과 성숙으로부터 확인했던 한 가지 결과는 "신앙은 규칙을 따르거나 어떤 행위 이상의 것"이라는 특징적 "이해"였다. 공동체 구성원이 그 이해로 교회를 높게 평가했을 때, 신앙의 활력과 성숙 역시 높아졌다. 교회는 황금률 복음과 도덕주의적인 치유적 이신론의 피상적 가르침을 더 많이 극복할수록 성숙하게 성장했다.

젊어지는 교회는 예수님의 메시지를 기술하는 방식에 있어서 세 가지 핵심 변화를 만들면서 도덕주의적인 치유적 이신론과 황금률 복음을 피하고 있다.

> 변화 1. 추상적인 믿음은 적게 말하고 예수님은 더 많이 말한다. 단순히 추상적인 신학적 진리에 동의하는 대신, 젊은이는 예수 그리스도의 인격과 사역에 이끌린다.
>
> 변화 2. 공식에 덜 얽매이고 구속적 내러티브에 더 초점을 맞춘다. 복음이 구원을 얻는 구체적인 단어나 일련의 단계라고 주장하기보다, 젊은이는 세상에서 하나님의 일을 묘사하기 위해서 이야기 언어를 사용한다.
>
> 변화 3. 죽음 이후 세계는 적게 그리고 지금 여기를 더 자주 다룬다. 구원은 젊은이에게 죽음 이후 세계에 대한 보증 이상을 의미한다. 또한, 구원은 우리를 지금 여기의 삶을 살아가는 새로운 방식으로 초대한다.

예수님, 더욱 큰 이야기, 그리고 지금의 여기에 대한 강조는 젊어지는 교회들의 중심 메시지가 당신 할머니의 복음이 아니라는 것을 의미한다.

우리는 할머니를 사랑한다. 우리가 당신의 할머니를 만난다면 아마 그분도 사랑할 것이다. 우리가 "할머니의 복음"이라고 말할 때, 그분들의 복음이 모두 잘못되었다고 주장하는 게 아니다. 당신의 할머니는 연구에 참여한 젊은이에게서 발견한 신앙에 전적으로 공감하지 않을 수도 있다.

이제 예수님을 이야기하는 방식에서 보이는 세 가지 핵심 변화와 예수님의 메시지를 얼마나 진지하게 받아들이느냐가 어떻게 청소년과 청년의 마음을 사로잡게 하는지 구체화해보려고 한다.

변화 1: 추상적인 믿음은 적게 말하고 예수님은 더 많이 말한다

대담자: 1에서 5까지의 눈금으로 생각한다면, 당신의 교회는 사람들이 기독교 복음, 즉 기독교의 좋은 소식을 알고 이해하도록 얼마나 정성을 다하고 있나요?

참여자: "기독교의"인가요? 아니면 "예수님의"인가요?

대담자: "기독교의"입니다.

참여자: 네, 기독교는 우리가 예수님의 복음에 부여하는 이름입니다. 따라서 저는 이 질문을 좋아하지 않습니다. 미안합니다! 저는 당신이 "복음의 좋은 소식"(Good News of the gospel)을 어떤 의미로 말했는지 압니다. 하지만 그것은 "기독교의"(of Christianity)가 아닙니다. 그것은 "하나님의 아들이신 예수 그리스도의"(of Jesus Christ who is the Son of God)입니다. 좋은 소식을 가져오는 것은 기독교가 아닙니다. 그것은 예수님이십니다. 따라서 예수님을 따르는 사람들로서, 우리는 좋은 소식을 가져옵니다. 그러나 "기독교" 자체는 난해한 용어이며, 이 용어는 세상에서 정말 해로울 수 있습니다. 그러므로 저는 우리 교회가 기독교의 복음을 전하려 하고 있다고 말하고 싶지 않습니다.

20개 정도로 분해할 수 있는 위 문장의 단어들이 필요 이상으로 비판적인가? 그럴지 모른다. 하지만 많은 젊은이에게 언어의 명료성은 중요하다. 그들은 전통이 담긴 종교 용어의 의미를 알고 싶어 하며, 예수님이 말씀하시고 행하신 것의 뿌리들을 재발견하기 위해 다양한 용어의 주변을 파헤치고 싶어 한다. 예수 그리스도의 좋은 소식(The Good News of Jesus Christ)이야말로 젊은이가 진지하게 받아들이고 싶어 하는 것이다.

젊어지는 교회에 있는 청소년과 청년 그리고 어른이 복음을 말할 때,

10명 중 7명이 구체적으로 예수님을 말했다.[73] 그들 대부분은 구원에서 예수님의 역할이나 하나님의 아들이신 예수님을 언급했다. 또한, 우리는 예수님의 사역이 회복시키는 것, 해방시키는 것, 자유하게 하는 것, 그리고 새롭게 만드는 것이라는 설명을 들었다.

매우 눈에 띄는 것은, 예수님을 언급하지 않은 반응들을 코드화했을 때 흔히 보이는 세 가지 주제는 도덕주의적, 치유적, 이신론적이었다. 그러므로 젊어지는 교회에서는 예수님 중심의 복음이 도덕주의적인 치유적 이신론보다 널리 퍼져 있을 뿐만 아니라, 그런 이론과 분명한 차이를 보이는 것으로 나타났다. 이것은 우리가 기뻐할 수 있는 소식이다.

그러나 예수님을 이야기하는 게 쉽다는 의미는 아니다. 10명 중 7명이 예수님을 언급했다면, 반대로 10명 중 3명은 아니었다는 것이다. 더군다나, 단순히 예수님을 언급하는 것이 예수님은 누구이며, 무엇을 하셨는지 기록된 성경 말씀을 이해하는 것과 같은 것은 아니다.[74] 그리고 지금 그분을 따르고 있다는 것과 같은 것도 아니다.

그러므로 이 연구 결과에 힘을 얻든 아니면 낙심을 하든 관계없이, 우리는 복음을 설명한 응답자 중 약 70%가 가진 예수님 중심성은 교회 공동체 지도자들에게 명료성과 소망 둘 모두를 줄 수 있다고 제안한다.[75] 예수님은 설득력이 있으며, 젊어지는 교회의 젊은이 거의 대다수가 예수님에 관해 말하고 싶어한다. 예수님은 미국에서 기독교라는 종교의 언어와 장식들이 시들어가고 있는 동안, 지평선 위에서 손짓만 하고 있는 인물이 결코 아니다.

변화 2. 공식에 덜 얽매이고 구속적 내러티브에 더 초점을 맞춘다

예수님의 중요성을 이야기하다보면, 하나님과 성령님의 역할에 대해

궁금할 수 있다. 예수님께 더 초점을 맞춘다고 해서 삼위의 다른 두 위격을 빼야 한다고 주장하는 건 아니다. 전통에 따라 언어가 성부 하나님, 하나님 아들, 또는 성령으로 다소 기울어져 있을지도 모르지만, 기독교적 독특성을 지닌 모든 교파는 삼위일체 교리를 정통의 본질로 주장한다.

구약의 전체성을 무시해서도 안 된다. 예수님을 하나님 이야기의 중심에 둠으로써, 젊은이의 신앙이라는 거대한 집을 발견할 수 있는 통로의 입구를 열 수도 있다. 그들은 이 집에서 거대하고 복잡한 평면도, 즉 이야기된 역사를 담고 있는 복도와 방들을 발견하게 된다. 그것들이 연결되면서 가능성이 없었던 가족과 그들 스스로 멸망하도록 버려두지 않으시는 하나님에 관한 놀랍도록 일관된 가족 이야기를 들려준다.

이 가족이 바로 우리이다. 하지만 제닌과 에드거와 같은 젊은이에게, 이 이야기는 분리되어 있다. 성경을 구성하는 여러 책은 우리의 뿌리를 보여주고 미래의 소망이 담긴 가족 앨범이라기보다, 고대 문학 401반에나 어울리는 퍼즐처럼 느껴진다.

16세의 한 아시아계 미국인 소년은 이 가족 이야기를 깊이 이해했다. 그 아이는 또래 사이에서 어눌한 말투로 "하나님은 우주의 창조자세요. 모든 걸 만드셨어요. 그리고 그는 당신의 친구 되기를 원하실 뿐만 아니라… 당신의 아버지가 되기를 원하세요"라고 말하면서 감정이 북받쳐 목이 메었다.

예수님의 메시지는 보다 큰 이야기의 일부라고 이해할 때 그 의미가 가장 잘 드러난다. 그래서 최근에 내러티브 신학과 내러티브 가르침의 역할이 다시 등장하고 있으며, 이런 경향은 여러 교회에게 소망을 준다. 우리가 이해하는 내러티브 신학의 의미는 하나님과 하나님 백성이 전체적인 성경 이야기 안에서 각 부분을 해석하는 것이다. 내러티브 가르침은 목회자가 특정 본문을 전체 이야기의 맥락 속에 두는 것과 밀접한 관련이 있다.[76] 어른 설교에서 어린이 사역에 이르기까지, 우리가 연구한 목회자들은 공동체의 상상력을 형성하기 위해 내러티브의 힘을 최대한 활용하고 있었다.

> "옛적에 선지자들을 통하여 여러 부분과 여러 모양으로 우리 조상들에게 말씀하신 하나님이 이 모든 날 마지막에는 아들을 통하여 우리에게 말씀하셨으니 이 아들을 만유의 상속자로 세우시고 또 그로 말미암아 모든 세계를 지으셨느니라 이는 하나님의 영광의 광채시요 그 본체의 형상이시라 그의 능력의 말씀으로 만물을 붙드시며 죄를 정결하게 하는 일을 하시고 높은 곳에 계신 지극히 크신 이의 우편에 앉으셨느니라" -히 1:1-3

한 백성이 자기를 하나님의 이야기 안에서 볼 수 있을 때, 교회 사역은 더욱 큰 의미를 갖게 된다.[77]

우리 연구에서 예수님의 복음을 하나님 이야기의 중심으로 전달하는 교회에 더 활력 있고 성숙한 신앙을 지닌 젊은이가 있는 것으로 나타났다. 더욱이, 내러티브적 용어들로 복음을 말하는 사람들은 교회가 사람들에게 문화와 상호작용하는 법을 가르치는 것에 더 높은 점수를 주는 경향이 있었다. 이들은 신앙에 비추어 현재 사회적 이슈에 반응하는 자신에게 더 높은 점수를 준다. 아마도, 성경 이야기와 상호작용하는 것은 문화 이야기와 상호작용하는 젊은이의 능력과 헌신을 높아지게 할 것이다.

내러티브와 연결된 변화는 근시안적 영성에서 한 걸음 떨어지는 것이다. 인터뷰 참여자들에게 신앙을 형성하는 데 가장 도움이 되는 실천이 무엇이었는지 물었다. 그 대답은 그룹으로의 실천(47%)과 개인적인 것으로(53%)로 공평하게 나뉘었다. 좀 더 자세히 살펴보면 젊은이들이 자기 신앙에 관해 말할 때, 주변 세계를 무시하는 식으로 "나와 내 성경" 또는 "나와 예수님"에게 초점을 덜 맞춘다는 것을 알 수 있다.

대신, 그들은 다른 이들과 함께 하는 예배, 공동체적 소그룹과 성경 공부, 그리고 이웃이나 세상에서의 봉사에 초점을 더욱 많이 맞춘다. 예수님 메시지를 진지하게 들려주는 교회들은 통합된 전인적 영성을 강조한다.

변화 3. 죽음 이후 세계는 적게 그리고 지금 여기를 더 자주 다룬다

젊어지는 교회에 다니는 사람 다수는 지금 여기의 신앙에 관해 말했다. 천국에 큰 초점을 두지 않았으며, 지옥에 대해서는 거의 말하지 않았다. 구원은 주요한 주제였지만, 미래에 있는 어떤 것보다 현재 삶에 초점을 맞추는 구원이 더 주요한 주제였다. 다시 말해서, 젊은이, 목회자, 그리고 부모는 마지막에 있을 보상뿐만 아니라 지금, 즉 일상의 변화를 약속하는 신앙에 끌리는 것으로 보였다.[78] 멀티사이트 공동체(a multisite congregation, 한 명의 전체 리더십과 하나의 예산으로 두 곳 이상의 장소에서 모이는 교회-옮긴이)의 한 목회자는 다음과 같이 요약했다.

> 복음은 우리가 삶 전체를 바라보는 방식을 재설정한다. 이것이 우리의 설교 패러다임이요, 언어이며, 어떤 일을 하는 행동 뒤에 가려진 중심 이슈를 설명하는 방식이다. 복음은 삶의 모든 구석에서 역사한다. 복음은 우리가 생각하는 방식에 끊임없이 간섭한다. 복음은 이웃, 부모, 그리고 자녀로서 우리 자신을 바라보는 방식을 재설정한다.

이런 발견은 신선하다. 이것이 우리에게 예수님을 진지하게 받아들인다는 것이 무엇인지 알려준다. 그리고 죽음 앞에서 보상의 문제를 다루는 "죄 경영"(sin management) 복음에 굴복하기보다, 이 순간, 이 장소에서, 이 사람들과 함께 하는 삶의 자리에 주목하는 것을 의미한다고 했던 달라스 윌라드의 주장을 기억하게 한다.[79] 이 복음은 단순히 2000년 전으로부터 온 것, 또는 지금부터 2000년 동안 일어날 어떤 것이 아니다. 오늘을 위한 것이다. 웨스트코스트의 한 교회 목회자는 이렇게 말했다. "복음은 한순간 거래가 아니다. 복음은 심지어 하나의 단순한 메시지가 아니다. 사실 복음은 삶의 새로운 방식이다. 즉, 복음은 삶의 모든 부분에 스며드는 새로운 실재(a new reality)이며, 현재와 영원 둘 모두에 얽혀 있다."

복음은 단지 무엇으로부터 구원받는가에 관한 것이 아니다. 무엇을 위해 구원을 받는가에 관한 것이다

우리는 부모로서 종종 안 된다(nos)고 말하고 싶은 유혹 때문에 된다 (yes)고 말할 기회를 놓친다.

예를 들어, 아이가 사람이 많은 예배당에서 뛰어다니면 "뛰면 안 돼!"라는 말로 단순히 행동을 바로잡기보다, 이렇게 덧붙여서 말할 수 있다. "지금 예배당에서 뛰어다니는 것은 안 되지만, 놀이터에서는 뛰어도 좋아." 또는 긍정적으로 지도하기 위해서 '안 돼'라는 말을 완전히 뺄 수도 있다. "안에서는 걸어 다니고, 밖에서 뛰도록 하자."

아이들은 경계가 정해진 "안 돼"라는 말을 들을 필요가 있다. 하지만, 희망이 있는 "돼"라는 말이 없이 지나치게 많은 통제는 경계 이상의 것들을 만들어낸다. 그리고 정체성, 소속감, 삶의 목적을 막다른 길에 이르게 한다.

이와 비슷하게, 어떤 젊은이들은 기독교가 해야 할 일을 알려주는지, 아니면 단순히 해서는 안 되는 것들의 목록을 주고 있는지 질문한다. 마약을 하지 마라. 섹스하지 마라. 저주하지 마라. R 등급의 영화(17세 미만의 경우 보호자를 동반해야 볼 수 있는 영화-옮긴이)를 보지 마라. 사회적 자유주의자가 되지 마라. 극보수주의자가 되지 마라. "안 돼"라는 말은 경계를 선언하지만, 그런 말은 삶을 위한 새로운 비전을 향해 나아가는 소망의 길을 제공하지 못한다.

"안 돼"라는 목록으로 제시된 복음에 대한 젊은이들의 저항은 정당하며 논리적이다. 그들은 나중에 뭔가로부터 구원받기를 원하지 않는다. 지금 무언가를 위해 구원받기를 원한다. 젊은이들은 일하기를 원한다. 의미 있는 사람이 되기를 원한다. 제한이 아니라 행동할 수 있는 것들로 가득한 삶을 원한다. 15년 된 개척 교회의 한 봉사자는 젊은이에게 보내는 교회의 메시지를 이렇게 요약했다. "우리의 메시지는 '당신은 죄인입니다. 지금 변화되세요.'보다는 '이것은 굉장히 멋진 일입니다. 와서 이 일에 동참하세요!'입니다."

좋은 소식은 이것이 바로 젊은이들이 원하는 삶일 뿐만 아니라, 예수님 역시 원하신다는 사실이다. 예수님을 따르는 것은 값비싸고, 희생을 요구하며, 우리를 하나님 나라에 적극적으로 참여하도록 초대한다. 사실, 본질적으로 교회는 참여적이며, 그 의미는 함께 일을 공유한다는 것이다. 교회는 하나의 몸이며(롬 12:5-8; 고전 12:1-31; 엡 4:1-16), 모든 지체는 몸 전체를 세우기 위해 자기의 역할을 해야 한다. "나를 따르라"와 "날마다 제 십자가를 지라"(눅 9:23)는 예수님의 명령처럼 그분을 따르는 것은 말 그대로 매일 모든 것을 요구한다(롬 12:1). 여기에는 치료법에 관한 것이 전혀 없다.[80]

"제 생각에, 많은 교회가 기본적으로의 소비자 사고방식에 빠져 있습니다. 교회는 좋은 기분을 느끼고 싶어 하는 사람들의 바람에 호소해 왔어요. 문제는 그저 사람들의 기분을 좋게 하려고 한다면, 교회는 그 기대를 충족시키지 못하리라는 것입니다." -테리(Terry), 29세

도전은 피해야 할 것이 아니다

교회가 자기 또래에게 왜 효과적인지에 관해 묻는 인터뷰에서, 청소년과 청년의 40%가 구체적으로 "도전"을 언급했다. 이들은 자기 교회에서 이루어지는 도전적 가르침에 고마움을 표현했다. 요즘 세대는 쉬운 걸 원한다는 보편적 인식과 달리, 많은 젊은이가 교회를 사랑하는 이유는 교회가 그들에게 행동하도록 고무시키기 때문이라고 말했다. 2장에서 드러난 바와 같이, 진정성과 겸손의 모범이 되는 열쇠꾸러미 지도자들은 우월함이나 권력이 아니라 예수님의 길을 함께 따르자고 초대하며 그분을 따르고자 하는 도전이 확장되도록 돕는다.

간단히 말해서, 젊어지는 교회의 청소년과 청년은 어려운 것이 요구되는 복음으로부터 달아나지 않고 있다. 그들은 이런 복음을 향해 달려가고 있다.[81]

복음 전도는 청소년과 청년 사이에서 죽은 게 아니라 단지 우리가 생각하는 것과 다를 뿐이다

새롭게 스며들고 있는 이 복음 중심의 삶 덕분에 16살 이안(Ian)은 성경을 학교에 가져가게 되었다. 이안은 이 성경을 기독교 동아리 모임에서

사용할 생각이었다. 그러나 다른 학생은 성경을 보자 놀릴 기회만 엿보았다. 그 아이는 이안의 가방이 열린 틈에 성경을 꺼내 들고서 "내가 이걸 태워버릴 거야!"라고 소리쳤다. 뭐랄까, 장난을 치고 있었다.

> "저는 고등학교 2학년부터 제 친구에게 매일 밤 성경 한 구절을 문자로 보내고 있어요. 이 친구의 삶이 내리막길로 가고 있던 때 시작하게 됐죠. 저는 어떻게 도와주어야 할지 전혀 알 수 없었어요. 그래서 매일 밤 성경 한 구절을 보냈어요. 제 생각에 967일이 된 거 같아요." -켈리(Keely), 19세.

이안은 기회를 잡았다고 생각했다. 그 친구에게 "넌 정말 믿는 게 뭐니?"라고 약간 다그치듯 물었다. 그 아이는 화를 내며 반응했고, 대화는 거기서 멈추었다.

그때를 돌아보면서, 이안은 이렇게 반성했다. "참 어려워요. 전 복음을 알아요. 하지만, 다른 사람을 신앙으로 이끄는 법은 알기가 어려워요." 핵심 그룹(the focus group)에 있는 사람들도 이 말에 동의했다. 그들은 때론 다른 사람에게 신앙을 나누다가 실망도 하지만, 청소년 사역은 씨앗을 심고 물을 주는 것이며 하나님께서 자라게 하실 것이라는 기대를 함께 나누었다. 이 과정은 종종 긴 시간이 걸린다. 청소년과 청년은 친구를(낯선 사람은 더더욱 아니다) 설득해서 공식 같은 기도를 외우게 하기 보다는, 신앙에 관한 진솔한 대화를 나누는 것에 관심이 더 많았다.

우리 연구에 참여한 젊은이들은 복음 전도라는 단어와 파생어들을 거의 언급하지 않았다. 비그리스도인과 신앙에 관해 대화하는 것은 신앙의 성숙과 관련된 변수 목록에서 가장 흔치 않은 행동이었다.[82] 하지만 이것은 복음 전도가 끝났다는 의미가 아니다. 예상보다 적은 젊은이들이 비그리스도인과 신앙에 관한 대화를 나누었지만, 복음을 나누는 것에 있어서 가장 중요한 특징 중 하나인 질문과 갈등을 표현하는 솔직함이 증가했다.

청소년과 청년을 더 좋은 복음 전도자로 만드는 것은 확실성이 아니라 솔직함이다.

이런 특징을 좀 더 깊이 살펴보면 좋겠다. 청소년과 청년은 단순히 확실성을 피하고 싶어 하는 것이 아니라, 질문을 통해 - 질문이 명확해질 때 - 의심과 신앙 모두에 대한 깊은 탐험을 시작하게 된다. 중요한 것은 당신이 알고 있는 청소년과 청년은 이 길을 홀로 걷지 않는다는 것이다.

우리 연구에서 솔직함은 신앙을 나누는 것에만 관련있는 것이 아니었다. 갈등에 솔직한 사람들은 성경을 더 많이 읽는 경향도 있었다. 이들은 까다로운 질문에 대한 답을 찾고자 성경에 의존하는 것일 수도 있다. 또는 성경의 풍부한 - 그리고 복잡한 - 가르침과 이야기를 더 많이 읽을수록, 질문이 더 많이 생기기 때문일 수도 있다.

요즘 젊은이에게 복음 전도는 직접적인 "대화"라기보다는 이해를 추구한다고 볼 수 있다. 과거 세대는 복음 전도를 구원의 목표 달성을 위해서 승리해야 하는 게임과 같은 것으로 교육받았다. "관계적" 복음 전도라고 불리는 방법에서도 친구는 복음 전도 벨트의 구멍 정도로 폄하되었고, 결국 관계는 구원 획득을 위한 수단으로 축소되고 말았다. 우리 연구에 참여한 젊은이들은 이런 접근 방법을 거부하면서, 다음과 같이 소통하는 자세로 신앙을 나눈다. "전 당신을 이해해요. 당신을 방해하거나 교만 떨지 않고 그리스도의 증인으로서 당신과 함께 할 수 있어요." 이런 복음 전도는 우리 중 다수 - 젊은이든 어른이든 - 가 배운 것보다 더 다차원적이며 덜 직선적(less linear)이다.

최근에 나(브레드)는 지역 기독교 학교의 고등학생들과 만날 기회가 있었다. 우리 대화의 중심은 기독교적 형성의 일부로서 의심과 갈등을 처리하는 것이었고, 학생들은 신앙이 없는 사람들에게 귀 기울이도록 하기 위해 종교 선생님이 내준 과제를 이야기해줬다. 학생들은 비그리스도인이나 교회에 다니지 않는 사람과 적어도 세 번의 대화를 해야 했다. 각 학생은 대화상대에게 가장 걸림돌이 되는 성경 말씀 또는 기독교 신앙은 무엇인지 질문해야 했다.

그러나 여기에는 함정이 있었다. 학생들은 자기 신앙을 공공연히 공유하거나, 질문에 반박하거나, 심지어 답변해서도 안 됐다. 그저 잘 듣고 나서 "나누어 주셔서 고맙습니다"라는 말만 해야 했다. 그 후에, 질문이나 반론 중에 하나를 뽑아서 연구하고 그 사람들이 성경의 가르침을 더욱 잘 이해하도록 도울 수 있는 반응을 작성하는 것이었다.

학생들이 가장 압도적으로 중요하게 발견한 것은 듣는 것이 얼마나 강력한가였다. 즉각적인 답변을 제시했을 경우보다 더 많은 것을 배웠을 뿐만 아니라, 학생들이 그저 듣고만 있을 거라는 것을 알게 된 사람들은 훨씬 덜 방어적으로 그러나 더 열심히 이야기해주었다.

실천 아이디어

다음 아이디어를 살펴보면서, 양쪽 여백에 메모하면 좋겠다. 그 아이디어가 우리 교회에 적합한지, 누가 실행해야 하는지(당신인가 아니면 또 다른 지도자인가), 그리고 지금 당장 할 수 있는지 아니면 나중에 해야 하는지 적어보는 것이다. 모두 하지 않아도 괜찮다. 대신, 당신이 지금 할 수 있는 두세 개의 아이디어가 목표이다. 그 후에 마지막 부분에 있는 전략적 질문을 사용해서 당신의 교회가 요즘 젊은이와 공감할 수 있는 구체적인 계획을 세워보는 것이다.

신앙 교육을 "초등학교 도덕 수업" 이상이 되게 한다

청소년과 청년 사역은 아이들이 유치원과 초등학교 시절에 경험한 좋고, 나쁘고, 추한 신학을 물려받게 된다. 좋은 의도를 가진 어린이 사역자들과 봉사자들은 복음을 "실천적"인 것으로 만들고 싶어 한다. 그래서 모든 성경 이야기를 도덕적인 내용으로 가르친다. 그 결과 하나님께서 변화시키시는 은혜의 아름다운 이야기에 참여하라는 초대보다, 마치 하나님을 기쁘게 해드리기 위해 우리가 해야 할 것과 하지 말 것의 목록 같은 행위에 기초한 복음을 만들어낸다.[83]

이것이 단지 어린이 사역만의 문제라고 생각하지 않으면 좋겠다. 도덕적 행위 복음은 청소년과 청장년의 가르침 안에서도 계속 남아있다. 당신의 교회가 예수님의 메시지를 진지하게 받아들이게 하려면, 공동체 전체커리큘럼과 메시지를 평가해야 한다. 매주 설교뿐만 아니라, 어린이 교육부터 성인 교육에 이르기까지 다음과 같은 질문을 해야 한다.

- 우리는 성경 이야기가 스스로 말하도록 하는가, 아니면 사람들이 따라야 할 도덕적 책임들이나 규칙들을 제시하는가?
- 우리는 어떤 방법으로 성경에 대한 경탄, 질문, 성찰의 공간을 만들어서 미리 정해놓은 요점을 전달하기보다 개인 또는 그룹이 발견해가는 과정을 만들고 있는가?
- 바울처럼, 하나님의 은혜와 그리스도 안에서 우리의 정체성을 떠올리게

해주는 것들로부터 우리는 어떻게 구체적인 도덕적 가르침을 알려주고 있는가? (이런 패턴에 대한 충분한 증거를 위해서는 바울서신들을 다시 읽어보자.)

• 우리의 노력보다 성령님의 사역이 변화의 열매를 낳는다는 것을 얼마나 강조하며 가르치고 있는가?(갈 5:22-25)

• 삶의 변화에 대한 초대는 자신의 도덕적 또는 정치적 아젠다를 따르는 것보다 예수님을 따르는 부르심이라는 점에 얼마나 중심을 두고 있는가?

공식 너머의 신조를 가르치라

과거의 공식화된 복음 제시 방법을 넘어선다는 것은 교회의 전통 신조들과 기도들을 버린다는 의미가 아니다. 정반대다. 젊은이는 예수님에 관해 이야기하기를 원하지만, 그분의 정체성과 삶·죽음·부활의 의미에 일그러진 이미지를 갖고 있다. 초대 교회 역시 똑같은 문제를 경험했으며, 신조를 고백하는 것으로 반응했다.

신조는 세련되지 않고, 외우기 쉬운 음을 따르지 않는다. 규범적 도그마처럼 들릴 수 있다. 그러나 이 신조들의 고대적 언어는 우리에게 참 하나님이시자 참 인간이신 예수님의 긴장을 신실하게 주장했던 역사적 교회를 떠올리게 해준다. 니케아 신경이 선언하듯이, 예수님의 육체적 삶과 부활은 "산 자와 죽은 자를 심판하기 위해 영광으로 다시 오실, 그리고 그의 나라가 영원하실" 분을 증언한다.

청소년과 청년은 우리 신앙의 가장 초기 전통, 연대기적으로 예수님 및 1세기 교회와 가장 가까운 전통에 관심을 보인다. 예배, 제자도, 그리고 신앙 형성 환경에서 사용할 수 있는 신조의 몇 가지 예는 다음과 같다.

- 사도신경

- 니케아 신경

- 주님께서 가르쳐주신 기도(마 6:9-13; 눅 11:1-4)

- 초대 교회로부터 온 바울 신조와 어록, 예를 들어 엡 5:14; 빌 2:5-11;

  딤전 3:16; 그리고 딤후 2:11-13

- 교단 전통에 따른 고유한 신조와 기도

신조를 예배에 규칙적으로 포함하거나, 한 구절씩 연구하거나, 서로
비교하거나, 아이들과 함께 요즘 언어로 바꿔볼 수도 있다.

성경의 각 부분을 하나님의 거대한 내러티브 안에 놓는다

우리가 에드거나 제닌 같은 아이들에게 성경을 가르칠 때, 특정한 이
야기나 가르침, 관계가 어떻게 성경 전체에 들어맞는지 알아내려고 애쓸
지 모른다. 성경은 한 권의 책으로 보이지만, 다양한 저자가 오랜 시간에
걸쳐 기록한 책들의 모음집이다. 우리가 가르칠 때, 성경 속의 점들(dots)
을 더 많이 연결할수록 전체적인 이야기가 더욱 분명하게 드러난다.

이 드라마는 단 몇 번의 전개로 묘사되기도 하고 아니면 많은 전개가
필요할 수 있다.[84] 어떤 전통은 다른 전통보다 특정한 행위들을 더욱 강조
하긴 하지만, 다음과 같은 기본적인 내러티브 아크(narrative arc)를 염두에
둘 수 있다.

창조　타락　약속　구원　출애굽　율법　바빌론 돌아옴　성육신　교회　새 창조
　　　　　　　　　　　　　　나라　포로

우리가 연구한 중서부 교회는 매주 이 점들을 의도적으로 연결한다. 학생들이 성경을 읽을 때마다, 목회자들은 성경 전체 목록과 각 구절이 담긴 슬라이드로 전체 성경 이야기 안에서 서로 어떻게 연결되는지 보여 준다. 여기에 당신이 시도해 볼 수 있는 몇 가지 아이디어가 있다.

- 성경으로, 성경의 각 책들로, 또는 예수님의 삶으로 직접 가르친다.
- (일부 전통에 있는 교회력이라 불리는) 교회의 연중 절기 달력을 사용하여 예수님의 생애·사역·죽음·부활과 성령님의 오심이라는 주기 안에 교회 공동체의 토대를 둔다.[85]
- 성경 말씀을 통해서 전체 공동체와 각 사역이 어떻게 나아가야 할지, 또는 서로 다른 신학적 강조점들과 성경 이야기를 어떻게 다룰지에 관한 범위와 순서를 개발한다. 한 예로, 우리는 청소년과 청년이 성경 주변을 맴돌지 않고 하나님 이야기의 중요 부분들을 빠뜨리지 않도록 1년이나 3년, 아니면 7년 커리큘럼을 만든 청소년/청년 사역들을 알고 있다.

도덕적 순종의 토대를 은혜의 초대 안에 둔다

그리스도인의 삶에서 순종의 역할은 무엇일까? 우리는 은혜의 메시지를 단순한 도덕주의적 책무로 환원하지 않고, 젊은이들이 도덕적 순종으로 나아가게 지도할 수 있을까?

순종의 역할을 설명하기 위해서 내가(카라가) 선호하는 접근은 성경의 전개와 관련이 있으며, 구체적으로 하나님과 우리가 맺는 관계에 초점을 맞춘다. 우리는 개혁과 신학의 하이델베르크 교리문답에 있는 기본적인 "죄-은혜-감사"의 모델을 가지고[86] 은혜와 우리 행동이 어떻게 함께 작용하는지 분명히 하는 데 도움이 되는 몇 가지 단계를 추가했다. 우리는 이 모델을 어른과 청소년 그리고 청년에게 똑같이 가르친다.

- 선함 (Good, 창 1:26-27): 하나님이 자기의 형상을 따라 우리를 선하게 창조하셨다.

- 죄(Guilt, 롬 3:10-12): 우리는 하나님께 불순종하기로 선택했으며, 그리하여 죄와 함께 남겨졌다. 우리는 모두 이 표식을 지니고 있으며, 이것은 우리에게 매일 영향을 미친다.

- 은혜 (Grace, 롬 3:23-24; 엡 2:6-10): 하나님은 예수님의 삶, 죽음, 부활을 통해 만물을 바로잡으시고, 하나님과 우리 또 서로의 관계를 회복시키기 위해 우리에게까지 은혜를 베푸셨다.

- 하나님 백성 (God's People, 엡 2:19-22): 은혜를 경험할 때, 우리는 그리스도의 몸 안으로 입양되며 세상에서 하나님의 통치를 보여준다. 우리는 하나님 백성 안에서 그리고 그들을 통해서 일어나는 하나님의 사역에 참여함으로써 그분께서 하시는 일에 동참한다.

- 감사 (Gratitude, 골 2:6-7): 우리는 이 은혜의 선물에 하나님께 감사로 반응한다. 이곳은 우리의 순종 – 여기에는 도덕적 행위들도 포함된다 – 이 흘러나오는 우물이다. 다시 말해서, 복음은 행위로 시작되는 것도 아니고, 행위에 의존하는 것도 아니다. 행위는 은혜에 반응해서 하나님께 드리는 감사의 몸짓이다. 우리가 믿음 안에서 자라날 때, 우리는 자

연스럽게 순종적으로 성장하게 된다.

- 하나님의 비전 (God's Vision, 계 21:1-5): 우리는 그리스도의 오심과 다시 오심 사이에 살고 있으며, 그리스도께서 다시 오실 때 이 모든 것을 새롭게 하실 것이다. 봉사 활동과 가난한 사람들 및 억압받는 사람들을 위해서 정의를 추구하는 방식은 머지않아 우리 앞에 나타날 하나님 나라의 중간 이야기 일부다. 우리는 예수님께서 시작하시고, 궁극적으로 예수님께서 마치실 일에 참여하게 된다.

순종을 은혜에 대한 반응 – 은혜의 전제조건이나 대체물이 아니라 – 으로 두는 것은 젊은이들이 자기의 행위와 결정에 있어서 좀 더 견고한 신학적 기반 위에 서도록 도와준다.

그들이 무엇을 믿는지 물어본다

당신 교회의 청소년과 청년이 예수님의 복음을 명확하게 이해하고 있다고 생각하는가? 그렇다고 생각할지 모르지만, 당신이 물어보지 않으면 알기 어렵다.

개인적으로 만나거나, 아니면 고등학생, 대학생, 그리고 20대 후반 각각 소그룹으로 만나보아야 한다. 그들이 이해한 복음을 당신에게 설명하게 해도 좋다. 우리가 했던 질문과 비슷한 질문을 해도 좋다. "기독교 복음의 중심 메시지는 뭐라고 믿는가?" 또는 "당신의 신앙을 다른 사람들에게 어떻게 묘사하겠는가?" 같은 질문들 말이다. 반응을 보면서 당신과 그 아이들의 이해 차이를 확인할 수 있으며, 공동체에서 어떻게 가르치고, 설교하고, 어떤 커리큘럼을 선택할지 알 수 있다.

판단 없이 복음을 나누는 본보기가 된다

당신 친구가 예수님을 알고 싶어 한다면, 우리 청소년부 담당 목사님은 직접 예수님을 말해주려고 그 친구를 피자 가게에 데려가지 않을 것이다. 대신 당신을 피자 가게에 데려가서 친구에게 어떻게 말해줘야 할지 설명해줄 것이다. 예수님은 우리가 관계 속에서 자연스럽게 예수님을 이야기하길 원하시지만, 그분은 우리 스스로 그것을 깨닫도록 내버려 두지 않으신다.

도심에 있는 젊어지는 교회에 다니는 고등학교 2학년 학생은 "친구들을 교회에 데려와. 나머지는 우리가 알아서 할게."라는 유인 모델(the attractional model)을 버리고, 자기의 경험과 고백을 친구와 나누며 유기적인 관계를 맺게 하는 복음 전도 방법을 설명했다. 그러나 여전히 대부분 청소년과 청년은 판단 없이 자기의 신앙을 이야기하는 방법을 잘 모른다. 어떻게 하면 복음을 믿지 않는 이웃의 마음에 따뜻하고 부드럽게 닿게 할지 보여줌으로써, 청소년과 청년이 쉽게 이해하도록 도와줘야 한다.

- 우리의 가르침에서: 항상 "바른" 답을 알아야 하고 "바른" 행동을 해야 한다는 것보다, 젊은이들이 예수님의 길을 따르도록 초대하는 성경 구절들을 살펴본다.
- 일대일 대화에서: 젊은이의 질문을 잘 듣는다. 더 깊은 성찰을 이끌어낸다. 그리고 우리 자신의 신앙 여정을 들여다 볼 수 있는 이야기를 나눈다.
- 그룹 토론에서: 성경과 복음에 관한 이해 차이에서 반항적인 반응을 보이는 젊은이들을 존중한다.

- 지역 봉사 활동에서: 현재 우리 교회에 다니지 않는 젊은이를 봉사와 공익 관련 일에 참여하도록 초대한다. 그리고 나중에 복음과 성경의 가르침들이 어떻게 우리를 "지극히 작은 자"와 관계를 맺도록 하며 예수님을 만나도록 도와주는지를 설명해준다(마 25:31-46).

사도 바울이 "너희 마음에 그리스도를 주로 삼아 거룩하게 하고 너희 속에 있는 소망에 관한 이유를 묻는 자에게는 대답할 것을 항상 준비하되 온유와 두려움으로 하고"(벧전 3:15)라고 권했듯이 하는 것이다. 우리는 이것을 교회 밖의 사람에게뿐만 아니라, 교회 안 젊은이에게 실천할 수 있다.

구원을 여행처럼 보이도록 한다

지난 몇 세기 동안, 많은 복음 전도는 바울과 같은 회심을 강조했다. 드라마틱하고, 즉각적이며, 어떤 "중대한" 죄나 죄악 된 생활방식의 회개를 특징으로 하는 회심 말이다. 그러나, 청소년에 관한 한 연구는 청소년의 3분의 2 이상이 베드로의 회심에 가까운 경험을 했다고 밝혔다. 즉, 느리고, 점진적이고, 잘 되는 것보다 잘못되는 게 더 많고, 지속적인 은혜가 필요한 회심 말이다.[87] 한 학자는 마가복음 전체에서 예수님과 가장 가까운 열두 제자 모두는 과정 중에 있는 회심자로 나타난다고 주장한다.[88]

"우리 교회에서 식사를 할 때마다, 대화 주제에 복음이 없는 때가 없어요. 우리 교회 사람들과 대화의 특징은 언제나 그리스도 중심적이란 거죠. 언제나 복음을 이야기 하거든요." -스테이시(Stacy), 24세 당신의 교회나 공동체에 있는 젊은이는 "오늘 예수님을 당신의 주님이자 구원자로 받아들이시겠습니까?", 또는 "예수님께서 당신의 마음에 들어오시도록 구하셨나요?"와 같은 직접적인 복음 전도적 접근에 덜 긍정적으로 반응하지만, "당신은 신앙 여정의 어디쯤에 있나요?" 또는 "당신은 하나님과 관련된 어떤 이슈들과 씨름하고 있나요?" 같은 질문에는 활짝 마음을 열 수도 있다.

당신 교회의 몇몇 젊은이에게 베드로의 회심과 관련이 있는지, 아니면 바울의 회심과 관련이 있는지 한 번 물어봐도 좋다. 많은 청년에게 구원은 즉각적인 믿음이나 "회심"이기보다 길고도 굽이진 길과 같다는 것을 늘 염두에 두어야 한다.

간증을 공유한다

나사렛 임마누엘 교회(Immanuel Church of the Nazarene)는 해가 지나면서, 지도자들이 공동체 안에 하나님의 신실하심에 대한 간증을 정기적으로 나누는 일이 사라지고 있다는 것을 깨닫게 되었다. 하나님은 똑같이 활동하셨지만, 그들에게는 이 이야기를 나눌 수 있는 공간이 필요했다. 그런 이유로 약 20년 전에, 한 성도가 성소(sanctuary)에 등대를 하나 만들었다. 누군가 자신의 삶을 예수님께 바칠 때마다 이 등대에 불이 켜졌다. 시간이 흐르면서 이 등대는 랜턴으로 대체되었으며, 이제 누군가 그리스도를 따르겠다고 결심할 때마다 예배 시간 동안 랜턴에 불이 켜진다.

지금 담임목사님이 약 10년 전에 교회를 섬기기 시작했을 때, 새로운 의례(ritual)가 더해졌다. 제단의 성소(the sanctuary on the altar) 앞에는 돌 더미가 있었다. 이 돌들은 응답 된 기도와 하나님의 신실하심을 상징했다.

어느 주일이든, 성도들은 돌(a stone)을 가져다가 제단의 돌 더미 위에 올려놓을 수 있었다. 심지어 어떤 사람들은 자기 집에서 바윗돌을 가져오기도 하는데, 이것은 하나님이 교회 밖에서도 역사하신다는 것을 눈으로 보여주는 것이었다. 한 성도는 "이런 전통과 의식을 통해서 우리의 등대이신 하나님은 신실하시다는 교회의 믿음을 모든 세대에게 전수한다!"고 설명했다.

전통과 교단을 넘어서, 젊어지는 교회들은 간증을 공식 예배와 영성 형성의 일부로 접목한다. 간증에는 회심의 경험, 어려움 극복의 이야기, 새로운 직장 준비, 그리고 교우 가운데 그리고 그들 주변에서 계속 일하시는 하나님에 관한 이야기가 포함된다.

교우의 간증을 멈춰서는 안 된다. 우리가 방문했던 교구 한 곳에서 인터뷰한 젊은이 몇 명이 사제의 신앙 간증 내용을 알고 있다는 것에 매우 놀랐다. 그는 설교를 하면서 자기 신앙의 여정 – 과거와 현재 – 을 나누는 게 분명했다. 목회자인 우리에게 있어서 가르치는 내용에 자기 이야기를 접목하는 것은 수십 년 동안 우리를 지켜보며 매우 다른 삶을 경험하는 아이들과 강력하게 연결되게 해준다. 그들이 일상에서 겪는 고민과 접점을 찾는다면 말이다.

의례의 잠재력을 기대한다

우리는 말(words)이 중요하다고 믿는다. 그렇지 않다면, 우리는 이 책을 쓰고 있지 않을 것이다. 또한, 우리는 의례(rituals)가 말보다 강력한 뭔가를 구현하도록 돕는다고 확신한다. 도덕주의적인 치유적 이신론과 황금률 기독교에 대응하기 위해서, 더 나은 가르침만 필요한 게 아니다. 청소년과 청년을 더 아름다운 이야기로 이끌 수 있는 구체적인 행동이 필요하다.

의례는 기독교 전통에서 정체성, 소속감, 삶의 목적에 관한 진지한 질문에 은혜·사랑·선교라는 하나님의 반응을 답할 수 있는 통로 역할을 해왔다. 의례는 말로 하는 것보다 더 깊은 의미를 행동으로 보여준다.

젊어지는 어떤 한 교회는 설립 때부터 매주 예배의 중심을 성찬(the Eucharist), 곧 주님의 만찬(Lord's Supper)을 나누는 데 두기로 했다. 이 교회는 초대 교회(그리고 로마 가톨릭 교회와 다른 수많은 교회)의 전통으로 돌아가는 것에 환호하면서도, 빵과 포도주를 매주 함께 나누는 것이 가르침만으로는 성취할 수 없는 심오한 방식으로 자신들을 만들어 갈 수 있을지 의심했다.

약 200명 정도 모이는 이 공동체는 10주년 기념일에 교회가 삶에 미치는 영향을 글로 적어달라고 교인들에게 부탁했다. 거의 100개에 달하는 이야기가 쏟아져 들어왔다. 그 이야기를 관통하는 내용은 성찬이 예배의 중심 행위일 뿐만 아니라, 함께 하는 삶의 조직적 내러티브가 되었다는 것이었다. 이 공동체 이야기는 젊은이들이 관계, 파산, 자기 이야기와 고통, 그리고 예수님의 치유와 회복 사역을 바라보는 방식에 성찬이 주는 영향을 보여주었다.

신앙을 행동으로 구현하는 다른 의미 있는 의례는 다음과 같은 것이 있다.

- 세례와 우리의 세례를 기억하도록 도와주는 세례 후의 의례
- 견진성사 또는 입교식
- 죄의 고백 – 소그룹이 사적으로, 또는 적절한 시기에 공개적으로 이루

어지는 의례

- 대림절 동안 초록색 장식물을 걸어두거나 사순절 동안 십자가의 길(the stations of the cross)을 공연하는 것 같은 절기 의식
- 특별한 발전이 있는 중요한 일이나 의미 있는 삶의 경험(예를 들어, 헌아식 [baby dedication], 고등학교 졸업, 약혼, 혼인, 또는 임신)을 나타내는 의례
- 그리스도 안에서 공동체가 함께 탄생의 축하를 나누는 "생일 파티"

당신의 교회가 특별히 중요하게 여기는 의례는 무엇인가? 어떻게 하면 의례의 의미를 더 깊이 이해할 수 있을 것인가? 어떤 새로운 의례(또는 당신 공동체에게는 새로운 옛날 의식들)가 말에 바탕을 둔 제자훈련을 뛰어 넘어서 젊은이의 신앙 형성에 더 깊이를 더해줄 수 있겠는가?

신앙의 의심을 포용한다

청소년과 청년의 영성 지원에 관한 조사에서, 샤론 달로즈 팍스(Sharon Daloz Parks)는 한 목회자에게 "왜 그렇게 많은 젊은이가 당신의 교회에 다닌다고 생각하시나요?"라고 물었다. 그의 친절한 답변은 우리가 마땅히 본받을 만하다. "제 생각에는 많은 질문을 기꺼이 환영하기 때문입니다."[89]

스티키 페이스(Sticky Faith) 연구에 따르면, 고등학생 10명 중 7명이 하나님과 신앙에 중요한 의심을 가지고 있다고 한다. 그러나 이들 중 절반 이상이 의심과 갈등을 목회자나 친구에게 이야기하지 않는다.[90] 그 의심이 신앙 성장에 긍정적인 영향을 미치느냐 아니면 부정적인 영향을 미치느냐를 결정하는 요인 중 하나는, 의심을 표현하고 살필 기회에 달려 있

다. 아이들이 그런 기회를 가질 때, 의심은 더욱 큰 신앙 성숙에 도움을 준다. 풀러 청소년 연구소가 말해 왔듯이, 신앙에 독이 되는 것은 의심이 아니다. 바로 침묵이다.[91]

아이들을 가르치고, 소그룹을 진행하고, 일대일 멘토링 관계를 맺으면서, 리더들이 질문과 의심에 민감하게 반응하게 하며 그것들을 실패가 아니라 신앙 형성의 기회로 받아들이도록 해야 한다. 단순히, 질문이 신앙 정체성 형성 여정의 일부라는 것을 아는 것만으로도 신앙이 약해졌다고 느끼는 두려움을 없애기에 충분할 수 있다. 한 목회자는 젊은이에게 다음과 같이 격려한다고 말했다. "'이렇게 할 필요가 있습니다. 당신의 의심을 표현하고, 질문을 던지고, 사유하는 신앙을 가지세요.' 이 말은 그리스도인과 목회자를 향한 젊은이들의 선입견을 무장 해제시킵니다. 우리는 인내심을 갖고 기다리는 거지요."

부모와 목회자는 간혹 청소년이나 청년에게서 예상치 못한 까다로운 질문을 받는다. 이런 순간을 위해서 모든 부모, 목회자, 멘토에게 뒷주머니에 간직하고 있도록 권하는 네 가지 단어가 있다. "나도 잘 모르겠어. 하지만…"(I don't know, but…).

우리는 이 문장을 질문이 허용될 뿐만 아니라, 오히려 환영받는다고 느끼게 하는 유익한 어구로 얼마든지 채울 수 있다. 나도 잘 모르겠어. 하지만…

그건 중요한 질문이야.

함께 찾아보자.

나 역시 궁금해.

장담하는데, 그런 질문을 하는 사람은 네가 처음이 아닐 거야.

네 생각에는 그것에 대해 우리가 누구에게 물어볼 수 있겠니?

그런 질문을 하게 된 이유가 궁금하구나.

이것이 내가 만난 하나님이라는 분이란다.

그런 질문을 나에게 나누어줘서 고맙구나.

물론, 당신은 질문에 대한 답을 가지고 있을 수 있다. 그렇다 하더라도, 한 걸음 뒤로 물러나서, "정답"을 내놓기 전에 잠시 살피는 것이 현명할 수 있다. 상대방의 말을 듣는 것이 때로는 대답 자체보다 중요할 수 - 때론 훨씬 중요할 수도 - 있다.

믿음과 교회가 되어가는 것은 우리 모두가 하는 일이다

"신앙 전수"나 "다음 세대에게 신앙 물려주기"라고 하는 표현이 있지만, 사실 신앙은 우리가 소유하거나 누군가에게 넘겨주는 물건이 아니다. 또, 신앙은 한 세대가 다른 세대보다 더 많이 "소유하는" 상품도 아니다.

> "우리 교회 사람들은 당신을 그저 평범하게 두기도 하고, 화를 내고, 질문하고, 지성적으로 우주와 상호작용을 하도록 내버려 두기도 하죠. 이것은 굉장한 겁니다. 지금까지 누구도 제게 이렇게 한 적이 없거든요! 아니, 적어도 제가 은혜 안에서 이렇게 하도록 해준 적이 없거든. 그거 아세요?" -지나(Gina), 26세

풀러 동료인 스티브 아규는 우리가 단순히 신앙을 청소년이나 청년에게 넘겨줄 수 없다고 말한다. 그들은 성령님의 사역을 통해서 신앙을 낳아야 한다. 이 과정에서 목회자들과 믿는 어른들은 산파에 더 가깝다. 믿

음(faith)이 명사라면, 그때 믿는 것(faithing)은 믿음의 형성과 의미를 만드는 과정을 묘사하기에 적절한 동사다.[92] 이것이 우리가 성숙한 신앙 정체성을 향한 길을 묻고, 그 길에 도달하며, 의심하는 방식이다.[93]

신앙의 여정에 있는 젊은이들을 인내하며 대한다면, 교회에 다니는 것(churching)은 일상에서 신앙을 발견하는 공동체로서 예수님을 따르며 그 여정에 함께 한다는 것을 알려주는 방식이 된다. 의심하거나, 갈등하거나, 하나님과 신앙 공동체에 대한 기존의 이해를 거부하는 모습에서 청소년과 청년이 신앙을 "잃고" 있다고 추측하기보다, 그들의 불안을 살아계신 영이신 하나님의 경험을 공유하는 "교회" – 동사로서 – 가 되어가는 기회로 생각하면 좋겠다.

함께 "믿고" 함께 "교회가 되어 갈" 때, 우리는 제닌과 에드거 같은 젊은이들에게 무엇을 믿어야 하는지 뿐만 아니라, 복음을 어떻게 믿어야 하는지 – 어떻게 삶으로 살아야 하는지 – 를 가르치게 된다. 우리는 이 과정에서 그들을 홀로 남겨두지 않을 것이다. 바로 이것이 예수님의 메시지를 진지하게 들려주는 것이다.

이 장의 핵심

- 도덕주의적인 치유적 이신론(MTD)은 청소년과 청년 그리고 상당수의 미국 교회에 만연한 종교적 틀로 확인되었다. 우리 연구의 참여자들은 황금률 기독교와 결합한 도덕주의적인 치유적 이신론의 표지들을 보여주긴 하지만, 젊어지는 교회들 대부분은 건강한 신앙을 추구하면서 이 함정을 피해간다.

- 예수님의 메시지를 진지하게 들려주는 것이란 그리스도의 삶과 말씀에 주목하는 것을 의미한다. 청소년과 청년은 믿음을 덜 이야기하지만 예수님을 더 많이 이야기하고, 공식에 덜 매이지만 구속적 내러티브에 더욱 초점을 맞추며, 나중의 천국은 덜 관심 갖지만 지금 여기의 삶에 더 큰 관심을 갖고 있다.
- 청소년과 청년은 자신이 무엇으로부터 구원받았는지 뿐만 아니라, 무엇을 위해서 구원을 받았는지를 알고 싶어 한다. 단지, 자신이 할 수 없는 것에 대해 듣는 것이 아니라 행동하기를 원한다. 참여와 도전은 젊어지는 교회들의 두 가지 중심적인 특징이다.
- 젊은이들 사이에서 복음 전도는 죽지 않았다. 과거 세대와 다르게 보일 뿐이다. 그들이 신앙을 공유하도록 돕는 중요한 요소에는 진정한 관계를 세우는 것, 잘 듣는 것, 그리고 질문과 의심에 정직한 것 등이 포함된다.

예수님의 메시지를 진지하게 들려주도록 돕는 전략적 질문

연구 결과

1에서 5까지의 눈금으로(1은 "우리가 여기에서 어려움을 겪고 있다"는 것이고, 5는 "우리가 잘하고 있다"는 것이다), 이 장에서 제시한 연구 결과에 근거하여 당신의 공동체를 평가해보자.

1. 우리 공동체는 행위에 토대를 둔 도덕주의적인 치유적 이신론과 황

금률의 복음 너머의 더 건강한 복음을 향해 나아가고 있다.

1 .... 2 .... 3 .... 4 5

2. 우리는 하나님에 대한 추상적 진리보다 예수님을 더욱 두드러지게 말한다. 그리고 우리는 예수님의 삶·죽음·부활에 관해 자주 이야기한다.

1 .... 2 .... 3 .... 4 5

3. 우리 교회는 젊은이가 신앙의 의심과 갈등을 안전하게 표현하도록 한다.

1 .... 2 .... 3 .... 4 5

4. 우리 교회의 젊은이들은 단순히 어떤 행위들을 피해야 하는지에 초점을 맞추기보다, 신앙을 행동에 옮기도록 하는 초대의 말을 듣는다.

1 .... 2 .... 3 .... 4 5

5. 우리는 복음 전도를 진정한 관계와 다른 사람들에게 정성스럽게 귀를 기울이는 맥락 속에 둔다.

1 .... 2 .... 3 .... 4 5

행동을 위한 아이디어

1. 당신의 공동체가 예수님 메시지를 진지하게 들려주기 위해 이미 하고 있는 것은 무엇인가?

2. 당신의 공동체는 어떤 단어와 문장으로 예수님, 복음, 복음 전도를 설명하는가? 청소년과 청년은 그런 언어에 어떻게 반응하는가?

3. 이 장에서 읽은 아이디어뿐만 아니라 앞부분에 있는 연구 결과의 평가를 고려할 때, 당신과 교회가 만들고 싶은 한두 가지 변화는 무엇인가?

4. 이 대화에 참여할 필요가 있는 또 다른 사람은 누구인가?

5. 이런 변화를 이뤄가기 위해서 앞으로 몇 주 또는 몇 달 동안 당신이 할 수 있는 일은 무엇인가?

5장. 따뜻한 공동체 만들기

따뜻함이 곧 새로움

저는 우리 교회를 사랑해요. 우리 교회는 놀라워요. 서로 모두 알고 있고, 서로에
게 관심을 갖고 있어요. 또 세대 사이에, 다른 모습을 가진 사람들 사이에 막힌 벽
이 없어요. 그냥 하나의 큰 가족이죠. -케이티(Katie), 20세

로렌스는 대학 2학년 중반쯤에 교회에 환멸을 느꼈다. 기독교 대학에
다니면서 거의 매주 어쩔 수 없이 교회에 가긴 했지만, 마음에 와닿는 게
아무것도 없었다. 그래서 교회와 멀어졌다.

그리고 교회에 그만 다니려고 했다.

신앙과 신앙 공동체 주변을 계속 머물게 했던 매력이 사라지면서, 그
는 자유롭게 떠돌아다녔다.

그 후 2년 동안, 로렌스는 모든 예배와 설교를 매우 비판하면서 예배
당 뒷자리를 지켰다. 그가 결혼할 여자 친구와 다시 함께 신앙의 여정을
시작해야겠다고 결정을 내릴 때까진 말이다. 신앙은 그들의 관계에서 중
요했기 때문에, 교회 공동체를 만나면 그동안 사그라져버린 불꽃이 다시
일어날 수 있다고 느꼈다.

몇 달 후, 누군가 그들에게 비밀 모임 같은 공동체를 알려줬다. 홈페이지도 없고, 눈으로 볼 수 있는 매력도 전혀 없이, 이 공동체는 입소문을 타고 알려지는 것처럼 보였다. 어느 주일 아침, 로렌스와 여자 친구는 용기 내서 그 공동체 예배를 찾아갔다. 그들은 환대를 받으며 금방 망가질 것 같은 두 의자에 앉았다. 로렌스는 중력이 끌어당기는 듯한 경험이었다고 묘사했다. 그들은 몇 달 동안 공동체에 이끌리듯 찾아갔다.

그것은 설교나 가르침이 아니었다.

분명 건물이나 예배 스타일도 아니었다.

그들이 이끌린 것은 공동체가 공유하는 삶이었다.

그들이 이끌린 것은 예배가 끝날 때쯤 휠체어에 앉아 웃고 있는 노부인이 선물 박스를 언급하는 순간이었다. 그들이 이끌린 것은 빨간 머리를 한 특별한 어린아이가 매주 엄청 큰 크기의 성찬식 빵을 움켜쥐었다가 잔에 빠뜨리는 모습이었다. 그들이 이끌린 것은 눈물 많은 20대와 열성적인 7살 아이가 기도 시간에 정직한 간구를 나누는 모습이었다. 그들이 이끌린 것은 배려심 많은 어른의 집에서 나누는 식사에 가난한 신혼부부인 그들을 꾸준히 초대하고 대접하는 모습이었다.

교회에서 부르는 찬양, 의사결정의 모든 과정, 그리고 심지어(또는 아마도 특별히) 예배에서 보이는 작은 불완전함까지도 그들을 더욱 가까이 이끌어 주었다. 그곳은 마치 집과 같았다.

그들이 머무를 수 있는 곳이었다.

핵심 가치: 따뜻한 공동체 만들기

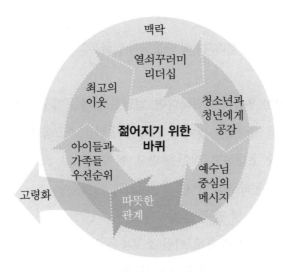

로렌스는 우리 연구가 분명하게 그리고 강조해서 이야기했던 젊어지는 교회의 핵심 가치인 따뜻함을 경험했다. 따뜻함은 당신의 가정이 가족과 친구에게 비춰주길 바라는 것과 같다. 그리고 따뜻함은 상쾌한 겨울 저녁 무렵에 배우자나 가까운 친구와 함께 난로 옆에서 차 한 잔 마시는 것과 같다.

우리가 연구를 시작할 때, 참된 공동체가 교회 안과 밖에 있는 젊은이에게 중요할 것이라고 예상했다. 그러나 교회의 따뜻함과 포용력이 젊어지는 것에 얼마나 큰 영향을 미치는지 깨닫고 깜짝 놀랐다.

연구 결과

왜 구조만으로는 젊어지기에 충분하지 않을까?

만약 당신이 우리와 비슷하다면, 친밀한 관계를 가꾸는 것을 추구하는 목회 환경에서 지내왔을 것이다. 그래서 당신은 소그룹 프로그램도 만들었다. 사람들을 초대하고, 신청을 받고, 함께 모이고, 소그룹 가이드를 주고 자유롭게 활동하도록 했다.

효과가 있었다. 몇 달 동안 말이다.

하지만 대부분 사람에게, 이런 소그룹은 강제적이고 어색하게 느껴졌다. 추진력을 전혀 얻지 못했거나, 아니면 곧 사그라질 폭발적 에너지로 시작했기 때문이다. 두 경우 모두, 결국 소그룹은 사라지고 말았다.

왜 이런 일이 생겨났을까? 당신은 친밀하고 진정한 공동체를 만들기 위해 견고한 구조를 제공했다.

구조는 중요하다.

그러나 구조만으로는 충분하지 않다.

우리 연구는 목회자들이 프로그램만으로 친밀한 관계를 일으킬 수 있다는 생각을 버려야 한다는 것을 보여준다. 젊은이들과 성인들이 자기 교회나 공동체를 이야기하는 데 사용한 용어들을 분석할 때, 환영·수용·소속·진정성·환대·돌봄 등과 같은 단어들이 눈에 띄었다. 우리는 이것을 따뜻함 꾸러미(warmth cluster)라고 부르기 시작했다.

전반적인 통계 분석에서, 따뜻함 꾸러미는 어떤 하나의 프로그램보다 더 강력한 변수로 등장했다. 인터뷰 참여자 10명 중 6명이 자기 교회가 성장하는 이유에서 소그룹·청소년 그룹·수련회와 같은 활동들을 언급하긴 했지만, 더 중요한 것은 그런 활동을 통해서 함께 관계를 맺을 수 있는 공간이 만들어진다는 것이었다.

그렇다면, 우리 공동체는 효과적인 소그룹 구조를 개발해야 할까? 물론이다. 단, 청소년과 청년이 느끼는 사회적 소외를 치유하기 위해서 소그룹 자체에 의존하지 않도록 조심해야 한다. 교회 전체 행사들에 의존해서도 안 된다. 마찬가지로, 또래와 발달 단계에 기초를 둔 프로그램만 집중해서도 안 된다. 따뜻함은 프로그램과 구조보다 훨씬 더 깊은 곳에서 살아간다. 따뜻함은 교회라는 몸의 혈관을 통해 흐르는 혈액이다.

> "따뜻함은 공명한다. 특히, 도시라는 환경에서 사역할 때 그렇다. 아버지 없이 자라거나 친척이나 위탁 가정에서 양육되는 아이들에게, 교회는 보호막이 되거나 가정이 되어주어야 한다. 이것은 프로그램화된 접근 이상을 의미한다. 아이들이 '여기가 내가 속한 곳이고, 내가 인정받는 곳이고, 내가 떠밀리기도 하고 책임지기도 하는 곳이다'라는 것을 경험해야 한다. 이것은 도심이나 시골에 있는 작은 교회에게 소망을 주는 발견이다. 당신도 젊은이들에게 중요한 변화를 만들어 줄 수 있다. 당신은 이 게임에 참여할 수 있다." - 이프렘 스미스(Efrem Smith), 월드 임팩트(World Impact)

아이러니하게, 당신의 교회는 수많은 프로그램을 제공하면서도 따뜻함과는 반대로 일하고 있을 수 있다. 젊어지는 교회들은 많은 젊은이가 필요 없이 바쁜 일에서 손을 떼는 교회 문화가 있다고 말했다. 탈프로그램화 전략은 관계를 가꿀 수 있는 시간과 공간을 열어주면서 관계가 깊어지도록 도와준다. 그렇게 되면 젊은이들은 함께 식사하거나, 차를 타고 다니거나, 공동체를 같이 섬기거나, 아니면 함께 육아를 하면서 살아갈 수 있다. 젊어지는 교회 안에서는 따뜻함이 프로그램을 이긴다.

교회가 어느 연령대에 가장 효과적으로 접근하는지 질문을 했을 때, 응답자들은 대학생보다는 청소년이나 24-29세 사이의 성인들을 더 자주 언급했다. 하지만, 교회와 연결되어있는 19-23세의 학생에게 왜 여전히 교회에 머물러 있는지를 묻는 질문에 45%가 프로그램이 아니라 개인적 관계라고 대답했다(30살 이상의 성인 응답 비율보다 거의 두 배다).

따뜻함이 진정한 새로움이다. 진정성이 예배 스타일을 이긴다

누군가 당신 교회의 이름을 말하면 어떤 이미지가 떠오르는가?

건물?

예배?

당신이 우리 연구에 참여한 교회에 다니는 청소년이나 청년이라면, 대답은 다를지도 모른다. 요즘 젊은이에게 교회는 예배나 모임 장소라기보다 그 이상을 의미한다. 주일을 멋지게 준비하기 위해서 얼마나 많은 에너지, 돈, 다른 자원을 쏟아붓느냐와 관계없이, 우리가 생각하는 것보다 예배는 젊은이에게 덜 중요할 수도 있다.

그들에게 교회를 친구에게 어떻게 설명할지 물었을 때, 그들 중에서 12%만이 예배라고 말했고 9%만이 예배 스타일을 언급했다.

이와 비슷하게, "당신의 교회가 젊은이에게 효과적이라고 느끼도록 하는 게 무엇인가?"라고 물었을 때, 4분의 1만이 예배라고 했고, 12%만이 음악에 관련된 것을 언급했다(이 수치는 젊은이들에게 가장 효과적인 교회 중에서 제일 위의 세 교회를 뺄 때는 겨우 3%로 떨어졌다.).

그렇다면 청소년과 청년은 교회의 어떤 부분을 이야기하는 걸까? 압도적으로, 세 명 중 한 명이 교회의 따뜻함을 말했다. 또 주목할 만한 것은, 젊은이에게 효과적인 교회 평가에서는 젊은이보다 두 배 많은 목회자가 예배 음악을 중요한 요소라고 말했다. 이것은 젊은이와 목회자의 관심에 차이가 있다는 것을 보여준다. 그 차이를 이해하는 한 목회자는 이렇게 고백했다. "우리가 새로움(cool)을 살 수 있겠지만, 따뜻함을 살 수는 - 또는 위조할 수는 - 없어요." 따뜻함을 기르기 위해서는 젊은이를 예배에 오게 하기 위한 장치나 계획보다 훨씬 많은 것이 필요하다.

현장 방문을 하면서 일부 교회가 시선을 끌거나 세밀한 경험이 계획된 예배 모델을 지양하고 있다는 것을 알 수 있었다. 몇 개의 연구팀은 특별한 교회가 물리적 자원과 화려함이 부족한 부분을 따뜻함·진정성·친절함으로 보충한다고 했다. 곧 드러나겠지만, 따뜻함이 바로 진정한 새로움이다.

그러나 이런 통계는 예배 기획이 더는 중요하지 않다는 의미가 아니다. 젊은이는 예배의 스위치를 꺼버릴 가능성은 있지만, 반드시 켜 두지는 않는다. 다시 말해서, 예배 요소와 스타일이 청년들을 내쫓거나 청소년의 참여를 방해할 잠재성은 가지고 있지만, 단순히 더 좋은 음악을 한다고 해서 그들의 참여가 증가하지는 않는다는 것이다.

워싱턴에 있는 디스트릭트 처치(The District Church in Washington, DC)의 한 젊은이가 말했다. "예배의 퍼포먼스를 보는 것은 별개예요. 그것은 온라인에서도 할 수 있죠. 반면, 인터넷은 당신을 새 아파트로 이사하도록 (교회에 나가도록-옮긴이) 도울 수 없어요. 친밀한 공동체만이 이 일을 할 수 있죠." 맞는 말이었다.

교회가 더 따뜻해져야 한다는 우리의 주장은 그저 어른들이 청소년과 청년을 잘 대해야 한다는 말이 아니다. 잘 대하는 것은 성공하지 못한다. 이것은 예수님이 사람들에게 반응하신 방법이 아니며, 우리가 교회들로부터 목격했던 깊이에 미치지 못한다.

따뜻함은 피상적인 공동체 그 이상이다. 따뜻함은 가족과 같다. 사실, "가족 같은"이란 표현은 젊은이들이 인터뷰와 현장 방문에서 자기 교회를 묘사하는 데 가장 흔하게 사용한 용어이다. 한 청소년 사역 봉사자는 이렇게 설명했다. "이것은 삶이에요. 그냥 교회 생활이 아니에요. 삶 자체(life life)입니다. 힘들고 바쁘지만, 우리는 그 안에 함께 있어요. 가족과 같죠." 한 고등학생은 "여긴 가족이에요. 전 당연하다고 생각해요."라고 말했다.

가족이라는 단어는 친절, 환영, 그리고 무조건적 수용의 이미지로 가득하며, 모든 이미지는 교회의 묘사로 나타난다. 청소년과 청년이 어디에서, 누구와 함께 해야할지 발견하고자 고민할 때, 우리는 별로 놀랄 필요가 없다. 그것은 부가적인 것이 아니라, 교회 DNA에 있는 따뜻함을 찾고 있다는 것을 보여준다.

그들이 찾는 따뜻함은 깨끗하고 깔끔한 것이 아니다. 이것은 문제가 되지 않는다. 왜냐하면, 가족이 머무는 공간은 깔끔하게 정돈되어 있지 않기 때문이다. 오히려 지저분함이 젊은이가 공동체로부터 원하는 것을 묘사하기에 좋은 단어다. 그들은 자신의 지저분함을 공유할 뿐만 아니라, 다른 사람도 솔직한 모습으로 함께하며 나란히 걷기를 바란다.

따뜻함은 청소년과 청년이 교회를 발견하고 – 그리고 딱 붙어 있도록 –
해 준다

청소년과 청년이 교회를 선택할 때, 따뜻한 공동체는 믿음보다 더 강하게 이끄는 요소다. 사람들에게 무엇 때문에 교회를 다니는지 물었을 때, 가장 높은 응답은 개인적 관계였으며(3명 중 1명), 따뜻함 역시 거의 비슷하게 언급되었다. 사실, 믿음은 6%만 차지했다. 더욱 주목할 것은, 목회자의 12%가 믿음이라고 했지만, 젊은이는 3%에 머물렀다.

> 가족으로 받아들여지는 이런 경험은 고대 기독교가 보여준 환대(hospitality)의 실천을 반향한다. 우리가 가지고 있는 일상과 관심을 공유하는 사람을 향한 환영이라는 얄팍한 이미지보다, 성경과 기독교 전통의 환대는 언제나 낯선 사람을 맞이하는 것이 포함된다.[94] 우리 모임을 낯설게 느낄 수도 있는 공동체 안과 밖의 젊은이를 생각할 때, 신학자인 크리스틴 폴의 말은 신선한 울림을 준다.
>
> 환대 속에서 낯선 사람은 안전하고, 인격적이고, 편안한 장소로, 즉 존중과 수용과 우정의 공간으로 환영받게 된다. 비록 잠시뿐이지만, 낯선 사람은 생명을 주고 생명을 지속시키는 관계 속에 들어오게 된다. 이런 환대는 주의 깊은 경청 그리고 생명과 삶의 이야기를 나누는 것이라고 할 수 있다. 여기에는 마음을 열고, 자신의 삶을 다른 이들에게 기꺼이 보여주고, 시간과 자원의 관대함이 요구된다.[95]

다시 말해서, 당신은 믿음 때문에 청소년과 청년이 교회에 다닌다고 생각할지 모르지만, 가족처럼 느꼈던 경험 덕분인 경우가 더 많다. 그들에게 관계의 성장은 믿음을 더 깊이 탐험할 수 있는 문을 열어준다. 관계가 먼저고, 방법은 나중이다. 소속감이 먼저고, 믿음은 나중이다. 그리고 궁극적으로 이 둘은 하나의 유연한 몸짓으로 결합한다.[96]

그랜트(Grant)가 목요일 저녁 청소년 모임에 처음으로 모습을 드러냈을 때, 그의 태도는 하나의 메시지를 보냈다. 이곳에 있는 게 행복하지 않다. 그랜트의 누나는 자기 교회에 와서 친구를 만들어 보라고 이야기했다. 하지만, 그랜트는 관심이 없었다. 언제부터인가, 그랜트는 소그룹 사람들에게 자기는 무신론자라고 선언했다.

모든 젊은이를 – 심지어 관계 맺고 싶은 마음이 없는 그랜트 같은 아이들까지 – 따뜻하게 환대하는 웨스트코스트(West Coast) 교회의 봉사자들은 그랜트에게 친근하게 다가가려고 노력했다. 그랜트는 그들을 무시했고, 혼자 있다가 저녁 모임이 끝나면 재빨리 사라졌다. 청소년팀은 그 아이를 다시 볼 것이라고 전혀 기대하지 않았다.

그런 이유로, 주말에 그랜트의 누나가 보낸 메시지를 받은 청소년 담당 목사는 매우 놀랐다. 그녀는 그랜트가 최근에 주변의 모든 사람에게 적대적이었지만, 그럴만한 이유가 있다고 했다. 아빠는 몇 년 전에 돌아가셨고, 엄마와 관계는 좋지 않았다. 그런 상황을 피하려고 그랜트는 누나와 함께 이사했다. 청소년 모임에 방문했을 때, 집에 돌아온 그랜트는 누나에게 "그 모임은 좋았어. 거기엔 사랑이 있었거든."이라고 말했다. 그랜트는 단단히 닫힌 마음이 열리는 느낌을 받았다. 이 메시지의 내용은 청소년 담당 목사에게도 완전히 충격이었다. 그랜트가 그 모임에 거의 관심이 없다고 생각했기 때문이었다.

그랜트는 매주 다시 나왔다. 그는 여전히 하나님을 확신하지 않았지만, 공동체에 끌리는 것을 느꼈다. 이 교회가 자기를 정말로 기꺼이 받아들였는지 테스트라도 하듯이, 종종 경계들을 허물었다. 그랜트가 청소년부를 특별히 안전한 공간이라고 느끼게 된 후 어느 날 밤, 그는 한 자원봉사 리더에게 "아마 하나님(this God stuff)에 관해 더 많은 게 있는 것 같아요."라고 말했다.

그랜트의 여정은 산뜻하거나 깔끔하지 않았다. 교회에 처음 나온 이후로 여러 달 동안 교회 안팎을 오갔다. 그러나 청소년 사역팀은 교회가 강조하던 수용과 환대가 그랜트와 같은 이야기를 경험하게 해 준다고 말했다. 그들은 이렇게 확신했다. "학생들이 듣고 경험하는 첫 번째 메시지는 '넌 여기 소속이야'입니다."

정직한 관계는 소속감을 갖게 한다

"저는 그냥 저예요."

우리는 따뜻함이 있는 교회의 청소년과 청년에게 이 말을 (또는 비슷한 표현을) 반복해서 들었다. 한 아이가 말했다. "제 삶의 추한 부분들을 두려워하거나 기분 나빠하지 않는 공동체에 있다는 것은 매우 안전한 느낌을 줍니다." 우리 아이들이 자기 교회를 어떻게 말하는지 들었을 때, 그들이 진정한 구성원이 될 수 있는 가정 같은 교회를 만나는 것이 얼마나 중요한지 깨닫게 되었다.

> "암으로 할아버지를 잃었을 때, 저는 다른 고등학생들 앞에서 그 이야기를 할 수 있었고…[그는 목이 메었다]…그건 제가 힘든 시기를 버티고, 교회의 격려 속에서 마음을 나누고 극복하며 신앙이 성장하도록 도와주었어요. 저는 이것이 바로 많은 사람이 청소년 그룹에게 받는 느낌이라고 생각해요. 그러니까 보통 학교 매점에서 할 수 없는 이야기를 나눌 수 있다는 것 말이에요."
> -깅어(Ginger), 18세

약 200명 정도 되는 한 공동체의 청소년 지도자들은 정직과 진정성이 사역의 표지가 되기를 원했다. 청소년과 청년을 판단하거나 비판하지 않고, 그들을 위해서라면 무슨 일이 있어도 그 자리를 지킬 것이라고 서약했다. 그것을 굳이 말하지는 않았다. 그저 삶으로 실천하려고 했다. 인터뷰와 현장 탐방으로 살펴보면서, 이곳의 아이들은 자기 갈등을 어른에게 솔직히 말할 수 있을 만큼 신뢰감을 가지고 있다는 사실이 분명해졌다. 한 여자 청년은 "여기 어른들은 정말 우리 말에 귀를 기울여주세요."라고 말했다.

다시 말해서, 서약이 효력을 발휘했다!

"저희 교회 어르신들은 보통 70대예요. 이분들은 새로운 사람이 예배에 한두 번 참석하면 주일 저녁에 식사를 대접하려고 집으로 초대해요. 직접 준비한 저녁 식사죠. 젊은이들은 친구들에게 이렇게 말해요. '우리 교회에 오라고. 그거 알아? 사람들이 널 저녁 식사에 초대할거야!'" -디도(Titus), 19세

또한 청소년과 청년은 - 목회자들을 포함해서 - 다른 사람들이 자기의 갈등에 관심을 가질 거라고 기대한다. 2장에서 이야기했듯이, 열쇠꾸러미 지도자들은 자기가 실패에 예외인 척하는 대신, 부족함을 공개적으로 나눈다. 이런 상호적 진정성이 교회 전체를 더 따뜻하게 한다.

세대 사이의 따뜻한 관계는 모두를 젊어지게 한다

미국의 많은 청소년과 청년 사역은 또래 그룹과 관계 맺기에 몰두하는 경향이 있다. 또래 우정이 중요하긴 하지만, 다양한 분석은 세대 사이

관계 역시 믿을 수 없을 정도로 중요하다고 제안한다. 구체적으로, 세대 간 친밀한 관계를 맺는 교회들은 6가지 핵심 가치를 실천하고 있다는 많은 사례를 보여준다. 관계는 자연스럽게 발전하기도 하지만, 교회가 전략적으로 세대를 연결하는 두 가지 주요한 방법은 멘토링과 예배다. 멘토링은 일대일 제자훈련, 소명 지도, 함께 하는 사역 등을 통해 발전한다. 보편적으로 청소년과 어른들이 함께 하는 사역은 구체적인 기술이 필요한 일을 하는 것이다. 예를 들면, 어린이 사역, 과학 기술 또는 음악 분야의 일을 함께 섬기는 것이다. 일부 멘토링은 형식적이지만, 대부분 멘토링 구조는 젊은이의 관심사와 재능을 공유할 수 있는 어른을 연결해주려는 어느 정도의 지향성(intentiality)을 가지고 있다.[97]

전통적인 "관계 중심 사역"은 젊어지는 교회들의 어떤 부분에서 나타나는가?

전략적인 일대일 사역은 청소년 사역이 그동안 "관계 중심 사역"(relational ministry) 또는 "접촉을 통한 사역"(contact work)이라고 부른 것과 비슷하다. 이것은 지도자가 학생들이 매일 시간을 보내는 곳 - 학교?놀이터?아이들이 모여있는 곳 - 에 가는 것을 의미한다.[98] 이런 사역은 여전히 젊어지는 교회 안에도 살아 있다. 대부분 한 명의 목회자에게 책임을 맡기기보다 교사와 스텝, 교회 공동체의 다양한 팀에게 맡기는 쪽으로 바뀌고 있다. 접촉하는 사역을 강조하는 어떤 교회는 학생들을 만나기 위해 프로그램을 줄인다. 그렇게 하면 훨씬 많은 아이들과 관계를 맺을 수 있다.

심지어, 어떤 부모는 이런 부분을 인정하면서도, 조직화 된 교회의 행사를 그리워한다. "우리 목회자들은 제가 원하는 만큼 많은 프로그램을 하지 않아요. 오히려 관계에 더 많은 무게를 두죠. 그분들은 학생들이 학교에서 참가하는 행사 달력을 만들어서 대부분 찾아갑니다. 그래서 제 딸이 운동경기를 할 때도 참석하지요. 다른 여학생이 배구 시합을 하면 또 옵니다. 하지만 혼자 오지는 않아요. 셋이나 넷, 또는 열 명의 다른 아이들을 데려옵니다."

지난 몇 년 동안, "온 세대 예배"는 스티키 페이스 운동의 캐치프레이즈가 되었다. 우리는 앞선 연구에서 고등학생 시절에 모든 예배를 드리는 것이 어떤 참여의 형태보다 고등학교와 대학교 양쪽 모두의 신앙 성장과 일관되게 연결된다는 것을 발견했다.[99] 젊어지는 교회들을 연구하면서, 우리는 가치 있고 효과적인 다양한 온 세대 예배 형태를 발견했다. 인디애나폴리스에 있는 성 요한 로마 가톨릭교회(St. John the Evangelist Roman Catholic Church)에서 미사는 온전히 온 세대가 함께한다. 모든 세대가 참석하고, 젊은이들은 다양한 역할을 맡는다. 어린 쌍둥이를 둔 한 엄마는 이렇게 말했다. "제 아이들은 예수님에게 흠뻑 빠져 있어요. 그들은 주기도문을 알고 있고, 미사에서 사용하는 언어 중 상당히 많은 것을 알고 있죠."

세대 관계가 중요하다고 해서 누구나 원하는 것은 아니다. 한 참여자는 항상 억지로 참여했던 또래별 소그룹을 "매우 싫어한다."고 말했다. 그는 이렇게 아쉬워했다. "저는 29살인데, 60세 어른과 15세 학생, 그리고 남녀가 함께 모이고 45세 어른이 지도하는 소그룹을 원해요. 저는 고등학교 1학년 남학생과 80세 할머니 그리고 이 둘 사이에 있는 모든 사람에게서 배우고 싶거든요. 저는 그런 소그룹을 경험 할 방법이 없어요."

젊어지고 있는 많은 교회는 여전히 세대 간 관계 문제로 고심하고 있다.[100] 우리는 연구 참여자들에게 자기 교회의 몇 가지 특징에 등급을 매긴 후에 그들이 생각하는 교회의 가장 약한 특징 중 한 가지를 이야기해 달라고 요청했다. (단연코) 가장 높은 응답은 인터뷰 대상자의 4분의 1이 언급한 "서로 다른 또래의 사람들이 서로 알도록 돕는 것"이었다.

아마도 3장에서 다뤘던 체계적 버림에 관한 최고의 대응은 체계적 지원일 것이다. 따뜻한 가족 같은 공동체는 젊은이를 온전히 필요한 한 몸 같은 지체로 받아들인다. 좋은 소식은 우리가 세대 사이의 틈에 다리를 놓아 줄 때, 누구나 젊어진다는 것이다. 세대를 아우르는 제자훈련은 젊은이에게뿐만 아니라 어른들에게도 필요하다. 신앙의 기초를 놓을 수 있도록 돕는 어른들처럼, 청소년과 청년의 생명력은 어른들의 신앙을 고무시키는데 유익하기 때문이다. 결국, 신앙은 단순히 아래로(down) 전해지는 것이 아니다. 신앙은 주변으로(around) 퍼진다.

또래 우정을 가꾸는 것은 영성을 활발하게 형성한다

우리는 세대 사이 관계의 중요성이 당신 마음에 닿길 원한다. 마찬가지로, 교회에서 또래 사이 우정은 신앙도 강화한다. 예상했을지도 모르지만, 우리에게 이것을 뒷받침할 만한 연구가 있다.

교회에 가까운 친구가 많다고 대답하는 아이들이 더 높은 신앙의 성숙을 보여줬다. 가까운 친구가 다섯 명에 가까울수록, 그 아이는 교회에 다니고, 예배에 규칙적으로 참여하고, 시간을 내서 성경을 읽고, 공부하고, 신앙에 관한 질문 및 갈등을 다른 그리스도인들과 공개적으로 이야기하고, 지역적으로 그리고 세계적으로 궁핍한 사람들을 섬기고, 자기의 신앙이 우정에 영향을 미친다고 여길 가능성이 높았다.

가까운 다섯 명의 친구라고 하는 이 기준이 마법의 숫자는 아니지만, 분명 도움이 된다.

한 몸이 되는 것이 따뜻함으로 이끈다

결국, 교회가 따뜻해지는 것은 단지 교회가 젊어지는 것으로만 연결되는 것이 아니다. 그것은 좋은 신학의 형성으로 이어진다.

신학자 미로슬라프 볼프는 교회의 따뜻함을 삼위일체의 따뜻한 교제로 뒷받침한다. 그는 "우리는 교회다"라는 말은 "우리는 가끔 만난다"라거나 "우리는 현재 프로젝트를 협력한다"는 의미가 아니라고 주장한다. 우리는 실제로 서로의 일부가 된다.[101] 이것은 "각 지체는 다른 모든 이에게 속해 있습니다"(롬 12:5, 개역개정은 "한 몸에 많은 지체를 가졌으나"로 되어 있다-옮긴이)라고 하는 바울의 권면처럼 들린다.

이런 교회론 - 교회에 대한 신학 - 은 초개인주의(hyperindividualism)의 사회적 흐름과 반대된다. 그런 흐름은 자신을 동시적이고 개인적인 영적 경험을 가진, 느슨하게 연합된 사람들의 그룹으로 본다.[102] 이와 달리, 우리는 한 몸 안으로 입양된다.[103] 이것은 찝찝한 냄새 나는 청소년과 녹초가 된 청년이 함께 공동체 일을 할 때, 위대한 신앙의 조상들과 함께 서로가 뼛속 깊이 연결된다는 것을 의미한다.

> "우리는 삶을 함께해요. 저는 언제나 가족의 일원이며, 그 구성원이라고 느낍니다. 저를 정말로 큰 어떤 것, 중요한 것의 부분처럼 느끼죠. 그리고 교회에 가지 않으면 완전하다는 느낌이 들지 않아요. 저의 일주일이 덩어리 채 빠진 느낌이죠." -디모데(Timothy), 28세

예수님의 삶은 청소년과 청년을 신앙 공동체 안에서 어떻게 환대할 수 있는지 보여준다. 누가복음 2:41-52에서 예수님은 12살 때(우리가 성경에서 소년으로서의 예수님을 유일하게 만나게 되는 때) 부모님과 함께 예루살렘까지 여행하신다. 유월절 축제 후에, 예수님의 부모님은 함께 여행했던 가족 및 친구들과 다시 나사렛으로 향하기 시작한다. 첫째 날 끝 무렵에, 예수님의 부모님은 자신들의 무리에 예수님이 없다는 것을 깨닫게 되었다. (관

례로, 남자들과 여자들은 따로 그룹을 이루어서 여행했으며, 아이들은 이 둘 사이를 오갔다.) 그들은 예루살렘으로 다시 돌아갔고, 삼 일 후에 예수님이 성전에서 교사들과 함께 앉은 채로 듣기도 하고 질문도 하시는 것을 발견한다.

이 이야기에서 우리가 자주 듣지 못했던 몇 가지 질문이 있는데, 이 질문들은 젊어지기를 원하는 교회에게 게임 체인저(game changers)가 될 잠재력이 있다.

그는 어디서 잤는가?

누가 그의 안전을 보장했는가?

그리고 아마도 가장 중요한 것은, "누가 이 소년에게 먹을 것을 제공했는가?"일 것이다. 당신은 12살 소년에게 계속 먹을 것을 제공해 본 적이 있는가? 나(카라)는 있다. 그리고 그것은 절대 사소한 일이 아니다!

우리는 이 질문들에 영적인(spiritualized) 답변을 할 수 있다. 하나님이 삼 일 동안 예수님을 지켜보시면서 그에게 양식을 제공하셨을지도 모른다고 말이다. 하지만 공동체 관점의 답변도 가능하다. 신앙 공동체가 이 소년을 보았고, 품었으며, 자기들의 식탁에 그를 맞이했다는 것이 우리의 생각이다. 이천 년 전과 오늘날 모두 젊어지는 교회들은 환대와 포용이 필요한 청소년과 청년을 찾아낸다.

우리 연구에 참여한 아프리카계 미국인 교회의 담임 목회자는 누가복음 2장에서 예수님께서 발견하신 유형의 공동체를 가꿔가고 있다. 그는 젊은이들이 나타나서 관계에 관해 질문할 때까지 기다리지 않는다. 대신, 그들에게 다가간다. 해마다 이 60대 목회자는 일주일 동안 고등학교 캠프에 참여한다. 그는 강의의 일부를 맡지만, 그 이상의 것을 한다. 게임을 하고, 식사를 하고, 심지어 편안한 곳에 머물기보다 학생들과 사역 지도자들과 함께 오두막에 머문다. 그는 청소년과 진정한 관계를 맺고 충분한 신뢰를 얻은 후에야 그들의 삶 깊숙한 것들에 관해 말할 수 있다는 것을 깨달았다. 그의 교회 전체가 그러하듯이, 이 목회자는 젊어지고 있다.

실천 아이디어

다음 아이디어를 살펴보면서, 양쪽 여백에 메모하면 좋겠다. 그 아이디어가 우리 교회에 적합한지, 누가 실행해야 하는지(당신인가 아니면 또 다른 지도자인가), 그리고 지금 당장 할 수 있는지 아니면 나중에 해야 하는지 적어보는 것이다. 모두 하지 않아도 괜찮다. 대신, 당신이 지금 할 수 있는 두세 개의 아이디어가 목표이다. 그 후에 마지막 부분에 있는 전략적 질문을 사용해서 당신의 교회가 따뜻한 공동체가 되도록 불을 지필 수 있는 구체적인 계획을 세워보는 것이다.

공동체의 관계 온도를 측정해본다

따뜻함은 공손함에서 생겨나는 게 아니다. 우리의 정의에 따르면, 따뜻한 교회의 특징에는 진정성·환대·돌봄·환영·수용·소속이 포함된다. 이 정의에 기초해서, 당신 공동체의 청소년과 청년에게 관계 온도를 측정하도록 요청해보자.

차가움, 시원함, 실내 온도, 또는 불 주위의 따뜻함이라는 눈금 중에서, 아이들은 당신 공동체의 온도가 어느 정도라고 할 것 같은가? 그들에게 왜 그렇다고 생각하는지, 더 따뜻해지도록 만들 수 있는 아이디어가 있는지 물어보자.[104]

젊은이들의 통찰을 수용하고, 리더십 팀과 함께 보기좋은 따뜻함을 넘어서 참된 따뜻함으로 나아간다는 것은 어떤 모습일지 고민해보자. 이런 질문들을 생각해볼 수 있다. 그들이 정말로 우리 교회 공동체에 소속되었다고 느낀다면 어떻게 될까? 더 따뜻해지는 데 필요한 걸음을 시도한다면, 우리는 무엇을 얻게 될까? 우리가 잃는 것은 무엇일까?

때론 친밀한 공동체는 폐쇄적 공동체가 된다. 따뜻한 공동체들은 어떻게 지속적으로 새로운 사람들을 품을까?

친밀하게 연결된 그룹이 가진 잠재적 함정 중 하나는 시간이 지나면서 외부인들에게 향한 문을 닫아버릴 수 있다는 것이다. 공유된 삶은 매우 강한 유대를 만들기 때문에, 새로운 사람들은 본인이 포함되지 않은 이야기로 인해 소외감 또는 위협받는 듯한 느낌을 받을 수 있다. 이런 일은 서로를 모두 알고 지내는 작은 교회나, 끈끈한 친구 그룹이 있는 규모 있는 교회, 들어갈 틈이 보이지 않는 역사를 가진 소그룹에서 나타날 수 있다.

따뜻한 교회들은 내부에서 자라나는 건전하지 못한 경향을 계속해서 주시한다. 어떤 경우에는 이런 경향이 성장에 대한 저항으로 등장할 수도 있다. 교인들은 새로운 사람과 더 많은 수의 사람에게 위협을 받는다고 느낀다. 이런 일이 당신의 교회나 공동체에서 일어나고 있다면, 특정 그룹들 또는 전체 공동체가 그룹 속에 갇혀 있는 역동성을 넘어서 새로운 관계의 씨앗들이 발아할 수 있는 비옥한 토양을 경작하기 위해 기억해야 할 것들이 필요할지 생각해 보아야한다. 작다는 것(Small)이 환대를 가로막는 우상이 될 필요는 없다.

새로 온 사람들이 부드럽게 – 그리고 빠르게 – 정착하도록 도와주어야 한다.

새로 온 사람들이 교회에서 받은 느낌을 살펴보아야 한다. 다양한 또래 그룹과 삶의 자리를 구체적으로 생각하면서 말이다(예를 들어, 홀로 사는 성인, 아이들이 있는 가족, 또는 대학생이 있는 가족).

- 예배나 모임을 하려고 교회 안으로 들어왔을 때의 느낌은 어땠나?

- 새로 온 사람들은 얼마나 따뜻하게 환영을 받았나? 어떻게 교회 건물과 예배, 프로그램에 적응하고 있는가? 그들에게 예배 시간에 일어서거나 손을 들도록 요구한다면, 어떤 느낌을 받게 될까? 어떻게 하면 그런 인식을 더 따뜻하면서도 덜 거북하게 만들 수 있을까?

- 새로 온 사람들은 예배 언어와 안내 – 또는 안내의 결핍 – 를 어떻게 느낄까? 특별히 설명이 필요한 문장이 있을까? 변화는 적응하게 하는가 아니면 혼란스럽게 하는가?

- 그들은 관계를 맺을 수 있는 소그룹이나 모임에 얼마나 쉽게 접근할 수 있는가? 지금 공동체의 "열린" 그룹과 "폐쇄적인" 그룹 사이의 균형은 어떠한가?

- 새가족 식사처럼 새로 온 사람을 위해서 어떤 환영의 자리를 만들어주고 있는가? 그런 게 없다면, 당신의 능력 안에서 자연스럽게 만들어 줄 수 있는 공간은 무엇인가?

교회를 개척한 한 친구가 이렇게 말했다. "우리는 우리의 일을 관계가 일어날 수 있는 환경을 만드는 것으로 보고 있어. 물론, 우리도 프로그램들이 있지만, 더 중요한 건 사람들을 연결하는 플랫폼들을 세우는 거지. 우리 전략은 언제나 예배 후에 '여기 머무르세요!'라고 외치는 환경을 만드는 거야. 매주 음식과 아이들이 놀 수 있는 것이 있고, 커다란 스크린으로 풋볼이나 야구 경기를 보여주지. 우리는 예배 이후의 시간을 예배 자체만큼 중요하게 생각하거든."

성인과 젊은이의 비율을 5:1로 만든다

교회와 가족이 세대 사이의 관계를 깊어지게 할 수 있는 가장 효과적인 방법 한 가지는 비율을 다시 생각해보는 것이다. 다음 세대 사역에서 우리는 어린이나 청소년 다섯 명에게 한 명의 어른이 필요하다고 말한다. 하지만 이 비율을 뒤집어서 한 명의 아이에게 다섯 명의 어른이 필요하다고 본다면 어떨까? 챕 클락의 연구로부터 불꽃이 일어난 이 관점은 목회자와 부모를 고취시켰고, 적어도 다섯 명의 어른 후원자로 이루어진 팀이 아이를 둘러싸도록 만들었다.

어른 다섯 명은 누구일까? 우리는 다섯 명의 교사 모집을 제안하는 게 아니다. 한 사람은 소그룹이나 주일 학교 교사일 수도 있고, 또 다른 사람은 멘토일 수도 있으며, 그리고 또 다른 사람은 단지 아이의 이름을 알고 기도해주는 사람일 수도 있다. 교사들, 좋아하는 고모와 이모, 그리고 가까운 친구들의 부모님 등 모두가 다섯 명 중 하나가 될 수 있는 잠재력이 있다. 우리는 이 잠재력을 사용해서 다음 세대 주변에 후원의 물결이 흐르게 할 수 있다.

펠로우십 멤피스(Fellowship Memphis)는 일대일 제자훈련 "바울과 디모데" 모델에 주로 의존하곤 했다. 그러나 우리 사회의 일시적인 특징과 어른을 아이 주변에 두는 것을 지지하는 연구를 고려해서 "형성의 온실"을 세우는 것으로서의 5:1 비율을 이야기하고 있다. 그들은 헌신된 어른 그룹이 교회의 영향 안에 있는 다음 세대에게 풍성하고 따뜻한 제자훈련 생태계를 제공하길 희망한다.

또 다른 담임 목회자는 학생들이 6학년에 올라갈 때, 교회가 5:1 비전을 장려한다고 말했다. 리더들은 부모님 그리고 학생들과 함께 멘토와 기도 파트너로서 중학교와 고등학교 여정을 함께 걸어 줄 어른들을 찾는다. 바로 지난해에, 교회의 첫 번째 6학년이었던 학생들이 고등학교를 졸업했다. 공동체가 축하하는 자리에서 각 학생은 다섯 명으로 이루어진 어른 팀과 나란히 예배당 앞에 섰다. 감격한 다섯 명의 어른은 지난 7년 동안 늘 응원했던 다음 세대 아이들을 위해서 기도했다. 이 축복은 단지 졸업생들만 감동시키지 않는다. 모두를 변화시킨다.

> "여름 동안, 목사님이 주일 밤마다 집 뒷마당에서 스모어 선데이즈(S'mores Sundays)라고 하는 모임을 열어요. 모두가 초대되죠. 저희는 핫도그를 굽고, 사람들은 샐러드와 튀김을 가져와요. 야외 게임을 하거나 노래를 부르기도 해요. 저희는 교회 밖에서 다른 그리스도인들과 관계를 맺어요. 그냥 주일에 교회에 가서 사람들과 얘기를 나누는 것하곤 달라요. 이 모임은 청소년과 청년들이 기다리는, 적어도 제가 기대하는 것이에요!" -헨리(Henry), 15세

당신은 이 시점에서 세대 사이 관계의 질과 양 중에서 어느 것이 더 중요한지 궁금증이 생길 수 있다. 대답은 둘 다이다. 한 명의 의미 있는 어른이 있는 것은 전혀 없는 것보다 낫다. 일반적으로, 다섯 명의 어른이 세 명의 어른보다 낫다. 결국, 이것은 독립적인 질과 양의 문제가 아니라, 질로 된 양의 관계(the quantity of quality relationships)다.

더 많은 온 세대 예배를 연구한다

세대가 함께 예배하는 것은 중요하지만 맥락에 따라 어려울 수도 있다. 기능적으로, 세 가지 범주의 온 세대 예배가 있다.

- 모두 함께하는 예배: 모두가 언제나 함께 예배드린다. 어떤 경우에는 아이가 있는 가정 또는 잠시도 가만히 있지 못하는 아이의 부모에게 예배당 가까이에 있는 방이 제공된다.
- 일부를 함께하는 예배: 예배의 일정 순서를 함께 예배드린다. 아이들과 청소년은 공동체와 함께 예배를 시작하고 마치지만, 또래별 모임과 소그룹을 위해서 밖으로 나가기도 한다.
- 특별 예배: 대부분 또래 예배를 드리지만, 가끔 공동체 전체가 함께 모여서 예배를 드린다. 어떤 경우, 한 달에 한 번이나 분기에 한 번 이뤄진다. 특별한 날 온 세대 예배로 축하하기도 한다.

당신의 교회가 위 범주 중 어디에 해당하는지 사역팀들과 함께 생각해 볼 수 있다. 지금 환경에서 온 세대 예배를 자연스럽게 준비하기 위한 과정에 무엇이 필요한지 아이디어를 이야기해보는 것이다. 한 가지 방법은 위에서 다룬 한 범주에서 또 다른 범주로 나아가는 것일 수 있다. 또는, 지금 하는 사역에 온 세대의 참여를 더욱 활력 있게 일으키는 미묘한 차이를 찾아볼 수도 있다.

예배 모임을 가족 공간으로 혁신한다

주일 아침 퍼포먼스의 가치를 높이고자 하는 유혹은 어디에나 있다. 더 좋은 설교를 작성하는 데 초점을 두든, 실력있는 밴드나 합창 공연에 집중하든, 아니면 최신 조명 장비에 투자하든, 세련된 예배에 대한 충동이 목회자의 의사 결정을 지배한다. 가끔, 이런 충동은 "전문적인" 예배 경험이라는 좋은 의도를 가진 교인들에 의해서 촉발된다.

예배를 극장 공연처럼 생각하게 되는 유혹에 빠지지 말고, 가정 모임이라고 생각해보자. 회중이 가득 찬 예배당이든, 최신식으로 지어진 강당이든, 고등학교 체육관이든, 또는 한 가정의 집에서 만나든, 가족들이 모인 공간이라는 예배 경험을 상상해보는 것이다.

어떤 경우는, 서로를 가까이에서 보고 예배자와 목회자 사이의 거리를 좁히기 위해 물리적 공간을 재구성하는 것이 도움이 될 수도 있다. 물론, 그럴 필요가 없을 수도 있다. 대신에 예배를 계획하면서 수직적(사람들-하나님) 만남과 수평적(사람들-사람들) 만남 둘 모두가 포함될 수 있는 길을 고민해보는 것이다. 아래에 몇 가지 실천 아이디어가 있다.

- 개인적으로 고민하는 이야기를 설교에 넣어서 목회자도 "우리 중 하나"라고 인식하도록 돕는다.
- 청소년과 청년의 이야기를 포함하거나 그들이 관심을 가지는 이슈를 다루는 설교 예화를 추가한다.
- 예전이 상대적으로 형식적이라면, 형식적(formal)이란 반드시 냉랭한 (cold) 것이라고 가정하지 말고 이런 형식의 거룩함을 활용한다. 고도로 구조화된 예배 순서를 더 많은 따뜻함을 발산하는 요소들로 완화해 본다. 예를 들어, 비형식적인 "평화의 인사"나 다른 형태의 인사를 예전에 추가하는 것이다. 사람들에게 이야기 나눌 수 있는 약간의 시간을 주는 것도 좋다. 냉랭한 분위기를 바꾸기 위해서 서로에게 건넬 수 있는 질문을 제공할 수도 있다.
- 설교나 강론 중에 또는 후에, 옆 사람과 대화하거나 목회자나 사제와의 토론 기회를 제공한다.
- 교인들이 앉아 있거나 서 있는 곳, 또는 무릎을 꿇고 있는 곳에서 자기

스스로 짧은 간구와 감사의 기도를 드리는 "성도의 기도" 시간을 제공한다.

• 예배 흐름 중간에 일어난 실수와 당황스러운 순간들을 우리 모임은 번지르르한 쇼를 소비하는 것이 아니라 크신 하나님을 예배한다는 것을 기억하는 장치가 되도록 재구성한다.

• 젊은이들을 초대해서 예배 순서를 만들고 전달하는 일을 돕도록 한다. 더 좋은 것은 이것이다. 그들이 예배 계획이나 심지어 설교 준비 모임에 참여하는 것이다. 이렇게 하고 있는 한 목회자가 말했다. "청소년은 자기들이 이해하지 못하는 단어나 아이디어를 바로 지적합니다."

• 당신 교회에 언어 차이가 존재한다면, 서로 다른 문화적 또는 세대적 배경을 가진 교인들이 어떤 언어를 더 "가정"에서의 대화처럼 느끼는지 고민한다. 가능하다면, 기도나 성경 읽기 또는 찬송에 다른 언어를 사용할 수도 있다.

• 또래 그룹을 포괄하는 교육 시리즈로 실험해볼 수 있다. 이 의미는 목회자가 본문을 선택할 때에 청소년과 어린이를 우선순위로 고려한다는 것이다. 그러나 우리 연구에 참여한 중간 규모 교회의 목회자는 다른 방법을 사용한다. 7살 여자아이의 질문이 그의 허를 찔렀다. 그 아이는 주일 예배와 주일 학교 예배는 왜 다른 성경 구절을 다루는지 궁금해했다. 그 후에, 이 목회자는 설교 본문을 주일 학교와 연결하기로 결정했고, 주일 학교 공과를 자기 성서일과로 사용했다.

따뜻하게 기도한다

세대 사이에 따뜻함을 더하고자 하는 교회들을 위한 출발점은 가장 기본이지만 깊이 있는 공동체 활동 중 하나인 서로를 위한 기도이다. 미네소타에 있는 젊어지는 공동체는 매월 어느 주일에 지체들이 "기도 포스트잇"(prayer Post-its)을 나눈다. 예배를 시작하면서 모든 사람이 접착식 종이에 기도 제목을 적어서 벽에 붙여 놓는다. 예배가 끝나면, 사람들은 종이를 가지고 가서 거기에 적힌 내용으로 기도한다. 한 인터뷰 응답자는 이렇게 표현했다. "초등학생들이 기도 제목을 붙이고, 그 다음에는 대학생 아이들이 기도 제목을 붙이는 것을 보는 것은 정말이지 멋진 일이에요. 모두 자기 기도 제목을 쓰지요. 서로에게 기도로 힘이 되고자 애쓰는 우리 교회는 믿을 수 없는 뭔가가 있어요."

어떤 기도 방법이 당신의 공동체에 있는 세대 사이에 따뜻함을 더할 수 있을까? 여기에 당신의 상상력을 자극하는 몇 가지 아이디어가 있다.

- 소그룹이나 성경공부 팀에게 청소년부나 청년부 행사·수련회·선교 여행 등을 위한 기도를 부탁한다. 아이들이 미리 그룹을 찾아가서 기도 제목을 공유하고, 일정을 마친 후에는 개인적으로 하나님이 어떻게 일하셨는지에 관한 이야기도 나눈다.
- 교회 어른들을 위해서 대학생이나 고등학교 졸업반 학생의 이름?얼굴? 간단한 소개가 들어있는 기도 책갈피를 만든다. 어른들에게 한 학기 동안 그 학생을 위해 기도해달라고 부탁한다.
- 개학 날에 초등학생과 청소년을 짝지어 주고 일 년 동안 서로를 위해 기도하게 한다.
- 아이들과 청소년들이 (벽이나 큰 시트지에) 손도장을 찍고 자기 이름을 적어서 기도의 벽을 만든다. 어른들에게 손도장 위에 기도와 성경 구절을 써 달라고 요청한다.

작은 교회들을 만든다

우리가 따뜻함을 구조화할 순 없지만, 우리의 구조들이 따뜻함을 뒷받침할 수는 있다. 젊어지는 교회에서 소그룹은 가장 흔한 전략 중 하나다. 사우스이스트에 있는 한 교회의 젊은이들은 소그룹을 이렇게 이야기한다. "우리는 소그룹이 있는 교회(a church with small groups)가 아니라, 소그룹들로 이루어진(a church of small groups) 교회입니다." 소그룹 공동체는 매우 중요해서, 한 개의 소그룹은 하나의 작은 교회와도 같다. 그래서 사람들은 주일 예배에는 빠질지 몰라도 소그룹에는 빠지지 않는다.

> "우리는 경영 중심의 미국 교회 모델보다는 가족 메타포를 향해 나아가고 있어요. 우리는 이렇게 묻죠. '하나님의 백성 – 가족 – 이 된다는 게 무슨 의미일까? 목회자 팀인 우리는 어떻게 가족으로서 기능하는가?' 이건 골치 아프고 힘든 일이죠." -라피(Rafi), 목사

우리가 당신 공동체에 가장 적절한 소그룹 형태를 말할 수 없겠지만, 지금 하는 것들이 어떻게 또래와 세대 사이를 연결해서 따뜻함을 만들고 있는지 고민해보면 좋겠다. 소그룹 지도자들을 어떻게 훈련하고 모집하는지 평가해보는 것이다. 그들과 함께 모여서 따뜻함을 만드는 효과적인 소그룹 전략을 세우기 위한 개선점들을 브레인스토밍해 볼 수도 있다.

우리가 연구한 몇 교회는 다양한 세대가 모인 소그룹들과 함께 구체적인 실험을 진행하고 있다. 이들은 영적 성장을 위해 의도적으로 나이와 상관없이 사람들을 모은다. 그래서 집중적인 성경 공부보다 식사와 삶의 이야기, 기도 제목을 공유하는 것을 더 많이 강조한다. 어떤 경우는 아

이들은 모임 일부에 참여하고, 진지한 대화를 하는 동안에는 자리를 떠난다. 또 다른 그룹은 지역의 필요를 함께 섬기면서 이웃들에게 투자한다.

좀 더 규모가 있는 한 교회는 전반적인 청소년 사역과 성인 프로그램을 축소해서 또래 소그룹과 세대 간 소그룹 둘 모두를 유지하고 있다. 청소년은 매주 또래 제자훈련과 매달 세대 간 그룹에 (가족과 함께) 참여하도록 권유받는다. 학생들이 참여할 수 있는 여유가 생기도록 청소년부는 한 달에 한 번만 대그룹으로 만난다. 이런 리듬이 당신의 상황에서는 적절하지 않을 수 있다. 그러니 당신이 가꾸고 싶은 따뜻함을 가장 잘 뒷받침 할 수 있는 소그룹 활동 속도와 구조를 찾아보아야 한다.

진입로 여행과 도로 여행 둘 모두를 마련한다

우리와 같이 당신도 젊은이들이 전환기를 겪고 있는 공동체에 살고 있을지 모른다. 이동 인구가 많은 공동체 안에서 어떻게 따뜻함을 만들 수 있을까?

나(브래드)의 교회 – 우리 교회는 이 연구를 위해서 단독으로 지정되었다[105] – 는 공동체 헌신의 수준을 높이기 위해 진입로 여행과 도로 여행을 은유로 사용한다. 모든 사람이 12개월에 걸친 도로 여행으로 소그룹에 헌신하는 일에 뛰어들 준비가 되는 것은 아니다. 특히, 많은 청년에게 공동체 안에서 짧은 실험들은 영구적인 관계의 토양 안에 정착할 때까지 새로운 변경지대를 찾아볼 수 있는 자유를 준다.

진입로 여행에는 매달 누구나 참여할 수 있는 공동체 저녁 식사도 포함된다. 이 그룹은 특정한 관심 분야나 봉사, 성경 공부를 6주에서 10주 정도 진행한다. 공예부터 농구팀, 책모임에 이르기까지 다양하다. 때로는 그룹 자체는 지속하지만, 참여는 유동적이다. 예를 들어, 우리는 18개월 동안 마가복음을 꼼꼼히 살폈으며, 현재 진행 중인 그룹은 지난 주일부터 함께 만나서 마가복음의 구절과 설교에 대해 반추하는 시간을 갖고 있다. 이 그룹의 리더십은 변함없지만, 참여자들에게 요구되는 헌신은 전혀 없다. 이런 방법은 매주 참석할 거라는 기대가 없어도 누구나 성경을 공부하는 소그룹 경험을 할 수 있게 만들었다. 아이러니하게도, 이런 자유 때문에 매우 헌신적인 참여자들이 일부 생겨나게 되었다. 아마 이들은 이런 자유가 없었다면 18개월간의 공부에 절대로 참여하지 않았을지도 모른다.

또 다른 성공적 진입으로 여행은 해마다 있는 전체 교인 수련회다. 봄이 되면 모든 세대가 주말 동안 산에 있는 수련회 장소까지 트레킹을 한다. 우리는 며칠 동안 도시의 삶을 내뱉고 신선한 산의 공기와 느슨한 일정으로 된 느린 속도를 들이마신다. 수련회 프로그램은 의도적으로 느슨하게 되어있어서 게임이나 산책을 위한 시간, 또는 불 옆에 앉아 있는 시간을 보내게 된다. 반드시 보드게임, 공동 식사, 그리고 예배를 드리며 만들어진 새로운 관계가 만들어진다. 이런 우정은 다시 굽이진 산길을 걷는 여행으로 이어지며, 매주 삶을 나누며 서로 더 깊어지게 된다. 주말 동안 단한 번의 작은 투자로 시작된 여행은 깊은 관계라고 하는 커다란 보상으로 돌아온다.

더 높은 헌신을 수반하는 도로 여행은 6개월에 걸쳐서 직업(vocation)을 탐구하는 그룹, 1년 동안 모이는 기도 그룹이나 소그룹 봉사, 또는 인간의 성이나 이민, 지역예술단체 같은 이슈를 다루는 "그룹 이해하기"의 참여 등이 있다. 그룹 이해하기는 모임이 공식적으로 끝나는 날을 정하지 않고 시작하기도 한다. 왜냐하면, 공동체 안에 있는 사람들의 문화, 전통, 성경 이야기를 탐구하는 쉽지 않은 일을 하는 데 필요한 공간을 그룹에게 맡기기 때문이다. 그 결과로 더 깊은 이해가 더 넓은 교회와의 대화 속에서 나눠지게 되었다.

소그룹 교사들을 학생과 함께 다음 학년으로 진급시킨다

당신은 수년 동안, 심지어 수십 년 동안 같은 또래 아이들을 섬겨 온 교사를 알고 있을 수 있다. 어떤 가정은 아이가 특정한 또래가 되면 이 교사와 함께 할 것이라고 기대한다. 이런 헌신은 칭찬받아 마땅하다.

당신은 소그룹이나 주일학교 교사들이 해마다 학생들과 함께 다음 학년으로 진급하는 새로운 모델에 대해서는 생소할지도 모른다. 어떤 교회는 초등학교 부서를 이렇게 운영하기도 하고, 또 다른 교회는 중학교와 고등학교 부서에 적용하기도 한다. 한 교회는 같은 학생과 교사가 5학년부터 고등학교 3학년까지 함께 진급하는 소그룹 모델을 제시했다. 어떤 공동체의 한 교사는 이렇게 말했다. "제 남편과 저는 이 아이들이 2학년일 때부터 주일학교에서 가르쳤어요. 그리고 해마다 함께 진급했죠. 올해 우리는 신입생이에요. 지금은 고등학교에 다니죠."

우리는 이 교사가 자기 그룹을 가리킬 때 '우리'(we)라는 대명사를 사용하는 것이 마음에 든다. 그녀와 남편은 학생들과 나란히 고등학교까지 여행 중이라고 말한다. 따뜻함을 말해라! 지금 당신의 사역 현장에, 내년 사역을 시작하면서 하나의 실험으로 아이들과 함께 기꺼이 진급하고자 하는 소그룹이나 주일학교 교사들이 있는지 살펴보는 것이다. 그들이 좋은 경험을 한다면 더 폭넓은 실험으로 이어지도록 돕는 대변인이 될 수 있으니, 다른 교사들이 존경하고 귀 기울이는 리더들을 세워보면 좋겠다.

졸업생들을 정성껏 지원하라

학생들이 고등학교를 졸업할 때, 교회는 그들의 성장을 위해서 감당해야 할 역할을 다했고 이제는 그들이 교회 문을 나가서 잘 되기만을 바라기 쉽다. 우리는 교회에 나타나는 이런 현상을 변화시키기 위해서 많은 글을 쓰긴 했지만(더 많은 정보를 위해서는 StickyFaith.org를 보라), 젊어지는 교회들이 졸업생들을 정성껏 지원하고 있다는 이야기를 않고서는 따뜻한 공동체에 관한 이 장을 다룰 수 없었다.

한 복음주의적 언약 공동체는 "대학생 한 명을 점심 먹는 날에 데려오기"(take a college student to lunch days)이벤트로 대학생들 – 교회에 다니는 대학생들과 학교에 다니려고 그곳에 온 대학생들 둘 다 – 에게 의도적으로 다가간다. 어른들은 한두 명의 대학생을 오후 시간에 (일시적으로-옮긴이) 데려와서 예배 후에 그들에게 점심을 대접한다. 간단하다. 그리고 따뜻하다. 일 년 동안의 대학부 프로그램 돌아보던 이 교회 목회자는 이것이야말로 학생들과 연결되기 위해서 했던 사역 중에서 가장 효과적이었다고 회상했다. 사실, 학생들은 다른 어느 것보다 이 행사를 반복해서 하자고 요구했다.

당신의 공동체에 대학생들이 있다면, 비슷한 일을 시도해보면 좋겠다. 음식은 마음에 이르는 길이다! 어른들이 멀리서 지내는 졸업생들에게 (과자나 커피 선물 카드를 포함한) 생필품 꾸러미를 보내거나 소셜 미디어로 관계 맺도록 요청해보는 것이다.

할 수 있을 때마다 따뜻함을 위한 예산을 다시 세운다

한 다민족 교회에서 교사들 모두가 식사비를 지원받는다는 이야기를 듣고 매우 놀랐다. 청소년 사역을 담당하는 모든 지도자는 사역의 한 부분으로 학생들과 정기적으로 밥을 먹거나 그들을 대접하도록 지원받고 있었다. 학생들도 역시 이런 투자 가치를 매우 자랑했다. 그러나 이건 단순히 음식의 문제가 아니다. 식사하면서 나눈 대화를 들어보면, 학생들은 이 장에서 다룬 따뜻한 공동체에 해당하는 공통적인 문장을 많이 사용했다.

당신은 교회가 이런 지출을 어떻게 예산으로 편성하는지 궁금할 수 있다. 이것은 건물이 없고 과중한 프로그램 피한다는 면에서 하나의 균형이다. 이런 사역의 철학은 학생에게 투자하는 봉사자들을 중심으로 세워진다. 소그룹 교사들은 가정이나 공공장소에서 아이들과 만난다. 교회 방침으로 교사는 가정에서 학생과 일대일로 만나지 못하게 되어있기 때문에, 어쩔 수 없이 사람들이 있는 곳에서 스무디나 베이글을 먹으면서 만난다. 교사들이 이런 비용을 개인적으로 감당할 수는 없다. 그래서 모든 교사에게는 약간의 식사비가 지원된다.

"이 교회는 '여기는 집이다'라는 분위기를 정말 잘 만들고 있어요. 이것은 당신에게 청년들과 함께 할 기회를 주지요. 그들이 아무리 오랫동안 교회를 떠나 있었다 하더라도, 누군가는 이름을 알고 있고 또 돌아왔을 때 기쁘게 맞이해 줄 것이라는 걸 알기 때문에 그들은 기꺼이 어려움을 감수하고 다시 모습을 드러냅니다." -브랜든(Brandon), 인턴 사역자

이런 전략이 모든 교회에서 효과가 있는 것은 아니겠지만, 청소년 사역의 예산을 재고하는 데 매력적인 시도다. 가끔 교사는 물론이고, 그들에게 식사비 예산을 배정하도록 교회를 설득하지 못하는 담당 목회자들을 만나게 된다. 식사든 아니면 다른 것이든 관계없이, 어떤 예산 변화가 사역의 따뜻함을 만들어 줄 수 있을까? 예산이 없이 어떤 아이디어들이 효과를 낼 수 있을까? 당신의 교회에서 이런 대화에 참여해야 할 사람은 누구일까?

따뜻함은 더딜 수 있다는 것을 기억한다

따뜻함이 대단한 비밀처럼 들리지 않을 수 있다. 하지만 다음은 정말 믿기 힘든 진실이다. 즉, 따뜻함은 더디다. 정말 느리다(Really slow).

지역 공동체에 대한 꾸준한 관심, 인내, 충실함. 이런 초라하고 매력 없는 특징이 젊어지는 교회들의 뿌리가 되며, 결국은 따뜻함의 열매를 맺는다. 로비에서 그저 인사만 건네는 피상적 관계를 넘어서 진심으로 깊은 고통과 상실을 나누는 친밀한 공간으로 나아가는 데는 시간과 헌신이 필요하다.

최신 유행과 새로운 것을 유지한다는 명목으로, 교회는 가끔 멋과 공동체 둘 다를 너무 급하게 강요했다. 이런 식으로 진행된 가속화는 반드시 역효과를 낸다. 대신, 따뜻함을 일으키는 공동체를 가꾸는 데 필요한 시간을 가져야 한다.[106] 지금부터 5개월 동안의 더딘 걸음은 별로 인상적이지 않을 수 있다. 그리고 청소년과 청년을 깊이 있게 성장시키는 따뜻함을 만들어내는 데는 5년이 걸릴 수도 있다.

"이 교회는 제가 가진 공동체의 정의를 확장 시켜줬어요. 저는 다른 사람들처럼 예수님의 사랑이란 개념 – 그것이 누구를 위한 것이며 기독교 공동체란 무엇을 의미하는지 – 을 알고 있었죠. 이 교회가 제게 가르쳐 준 것은 지금까지 들어본 어떤 정의보다 훨씬 대단했습니다. 왜냐하면, 그것은 정말 유기적이거든요. 저는 '슬로우 푸드' 운동은 완전히 유기적인 요소들을 포함하고 있다고 생각해요. 시간이 그들 편이기 때문이죠. 그것은 우리 교회를 매우 아름답게 만들어 주는 게 확실해요. 공동체는 규정되지 않아요. 공동체는 식탁에 있는 모든 사람들을 위한 공간을 만들어주는 사람을 향한 자세죠. 우리 식탁에는 언제나 자리가 있어요."

–타샤(Tasha), 23세

이 장의 핵심

- 구조는 젊어지는 데 필수 조건이긴 하지만, 충분 조건은 아니다. 젊어지는 교회들은 때로는 관계적 연결을 위한 공간을 더 많이 만들기 위해서 프로그램을 덜 계획한다.
- 따뜻함이 진정한 새로움이다. 청소년과 청년은 번지르르한 예배보다, 진정성과 관계를 원한다. 그들은 자기의 교회를 설명할 때, 사람들과 따뜻함에 관해 이야기한다. 어디에서 예배를 드리든 관계 없이, 우리 예배가 어떻게 더 집처럼 느껴질 수 있을지를 고민해야 한다.
- 교회들이 젊어지는 것은 따뜻함을 자기의 DNA로 만들기 때문이다. 사람들이 자기 교회를 묘사하면서 가장 흔히 사용하는 표현은 "가족 같다"는 말이다. 따뜻함을 나타내는 다른 단어에는 환영·수용·소속·진정성·환대·돌봄이 있었다.

- 정직한 관계 그리고 진실함과 진정성이라는 능력은 젊은이들의 선호일 뿐만 아니라, 교회를 견고하게 세우기도 한다.
- 세대 사이의 관계는 청소년과 청년이 또래와 발달 단계에 기초한 사역의 울타리를 깨뜨리고 나오도록 도와주기 때문에 그들을 자라나게 하고 세대와 세대를 연결한다. 교회가 세대 간 관계에 투자하는 가장 흔한 두 가지 방식은 멘토링과 온가족 예배이다.
- 따뜻함은 우리가 좋은 교회론, 즉 교회에 대한 신학을 삶으로 실천하도록 도와준다. 삼위일체의 관계와 그리스도의 몸이라는 은유는 우리가 서로에게 속해 있다는 것을 떠올리게 한다.

당신이 공동체에 따뜻함을 불어넣도록 도와주는 전략적 질문

연구 결과

1에서 5까지의 눈금으로(1은 "우리가 여기에서 어려움을 겪고 있다"는 것이고, 5는 "우리가 잘하고 있다"는 것이다), 이 장에서 제시한 연구 결과에 근거하여 당신의 공동체를 평가해보자.

1. 청소년과 청년은 전반적으로 우리 공동체가 관계적으로, 가족처럼, 따뜻하다고 표현한다.

   1 ·········· 2 ·········· 3 ·········· 4 ·········· 5

2. 우리는 따뜻함을 불어넣기 위해 프로그램과 구조에만 의존하는 것

을 피한다.

1 ……… 2 ……… 3 ……… 4 ……… 5

3. 우리 공동체는 갈등을 진정으로 나눌 수 있는 정직한 우정을 장려한다.

1 ……… 2 ……… 3 ……… 4 ……… 5

4. 우리는 교회 안에 있는 모든 세대를 의도적으로 연결하고, 세대 사이 관계 맺기를 도와준다.

1 ……… 2 ……… 3 ……… 4 ……… 5

5. 우리 예배 모임은 따뜻하고 마음을 끄는 것 같다.

1 ……… 2 ……… 3 ……… 4 ……… 5

행동을 위한 아이디어

1. 당신 공동체에 따뜻함을 불어넣기 위해서 이미 하고 있는 것은 무엇인가?
2. 당신의 공동체는 관계 연결을 위해서 어떤 고민을 안고 씨름하고 있는가?
3. 이 장에서 읽은 아이디어뿐만 아니라 앞부분에 있는 연구 결과의 평가를 고려할 때, 당신과 교회가 만들고 싶은 한두 가지 변화는 무엇인가?

4. 이 대화에 참여할 필요가 있는 또 다른 사람은 누구인가?

5. 이런 변화를 이뤄가기 위해서 앞으로 몇 주 또는 몇 달 동안 당신이
   할 수 있는 일은 무엇인가?

6장. 청소년과 청년 그리고 그들의 가족을

우선순위로 두기

말(Rhetoric)에서 실천(Reality)으로

청소년들은 사역에 참여하기 때문에 자신이 중요한 존재인지 알고 있어요. 그들
은 단순히 재미있게 해줘야 하는 아이가 아니라, 교회의 온전한 지체로 대접을
받는 거죠. -안젤라(Angela), 교회 지도자

당신의 교회는 청소년과 청년에게 다가가기 위해서 얼마나 많은 것을
포기하려고 할까?

우리 연구에 참여한 한 공동체는 무엇이든지 하겠다고 - 심지어 교회
정체성의 핵심까지도 바꾸겠다고 - 대답했다.

미국의 많은 소수 민족 교회들처럼, 도시에 있는 한 라틴 민족 공동체
는 젊어지는 것을 꿈꾸면서 도전적인 문화 관련 질문들과 씨름했다. 소수
민족 교회 문화 정체성의 생명이라고 할 수 있는 언어 역시 세대 갈등의
원천이 될 수 있었다. 핵심을 찾는 데는 시간이 오래 걸리지 않았다. 우리
는 어른과 젊은이 사이의 언어 장벽(language divide)을 다루기 위해 무엇을
할 것인가?

이민 2세대와 3세대 아이들은 부모와 조부모의 고향처럼 느껴지는 민

족 공동체에서 자기 자리를 발견하려고 애쓴다. 이들은 영어를 제1언어(또는 유일한)로 사용하기도 한다. 때로는 일상에서 "가능한 한 미국인"이 되어야 하는 동시에, 교회 문턱을 넘을 때는 민족이라는 맥락으로 자연스럽게 통합되어야 한다는 이중 기준에 매인 느낌을 받기도 한다.

이것은 바꿀 수 없는 상황처럼 보일 수 있다.

이 공동체는 이민 교회가 청소년과 청년을 우선순위에 두기 위한 공통된 해결책은 영어를 편안하게 사용하는 그 아이들을 담당하는 목회자를 모시는 것(또는 봉사자를 구하는 것)이라는 걸 알았다. 이런 사역은 교회의 주요 언어와 구분해서 "E.M 사역"(English Ministry)이라고 불리기도 한다. 그 사역을 통해 그들은 교회가 귀 기울여주고 지지해준다는 느낌을 받는다. 그렇게 자기다움을 찾아갈 수 있게 된다. 다른 한 편으로, 새로운 도전을 일으키기도 한다. 영어를 중심으로 구분된 사역은 이민 교회 공동체가 성장하면서 위협이 되기도 하기 때문이다. 전통을 잃게 된다. 의미가 왜곡된다. 좋은 의도 사이에 오해가 생긴다. 이런 모델을 지닌 교회 대부분은 문화적 정체성뿐만 아니라 통일성을 유지하기 위한 지속적 긴장이 있다는 것을 발견하게 된다.

사우스게이트의 제일침례교회(First Baptist Church of South Gate)는 다른 전략을 선택했다. 이 교회는 젊은이들을 우선순위에 두기로 했다. 심지어, 모든 부분에서 그렇게 하기로 했다. 이것은 공동체의 전통 중 일부를 바꿔야 한다는 것을 의미했다.

언어도 포함해서 말이다.

로스앤젤레스 남쪽에 있기 때문에 히스패닉계가 절대적인 숫자를 차지하는 공동체였던 제일침례교회는 언어 장벽을 잘 알고 있었다. 서로 이웃한 국가 사람들이 모인 이 공동체에는 스페인어를 사용하는 10개 이상의 라틴 아메리카 국가에서 온 1세대 이주민들이 있었다. 이들은 미국에서 자라는 2세와 3세 젊은이들과 함께 예배를 드리는데, 이들 중 일부는 스페인어를 유창하게 하지 못했다. 해가 지나면서 다양성이 증가함에 따라, 목회자들은 언어 갈등으로 인한 균열이 생기지 않을까 염려했다.

하지만, 그들은 공동체를 하나로 연결하는데 언어보다 훨씬 더 강한 접착제를 발견했다.

목회자와 어른들은 완강하게 버티기보다 청소년과 청년을 향해서 한 걸음 나아가기로 했다. 거대한 한 걸음이었다. 젊은이들을 위해 낮 예배를 바꾸는 데 동의했고 모든 예배의 3분의 1을 영어로 진행하기로 했다. 지금은 찬송·기도·인사를 할 때 스페인어와 영어를 번갈아 사용하고, 가끔 젊은이들이 직접 인도하기도 한다. 이제 청소년과 청년이 예배 팀의 거의 절반을 차지한다.

언어 변화라는 희생에도 불구하고, 제일침례교회는 이 변화를 대부분 받아들였다. 많은 어른이 모든 영어 표현을 다 이해하지는 못했지만, 젊은이들이 예배 공동체 안에서 - 그들의 정체성을 바꿀 필요가 없이 - 환영받고, 알려지고 있으며, 우선순위를 차지한다는 것을 전해주고 싶어 했다.[107]

"우리는 라틴계 교회의 미래가 다언어적이고, 다세대적이며, 다민족이어야 한다고 생각한다. 효과적인 라틴 아메리카 사역을 위해서는 영어를 모국어로 사용하는 2세대 리더와 교우에게 반드시 집중해야 한다고 믿는다. 영어를 사용하는 아이들과 다음 세대의 영적 건강을 돌보기 위해서는 우리의 언어적·문화적 선호에 따라 하나님을 섬기고 예배하기보다 그들에게 익숙한 접근과 스타일에 우리를 적응시켜야 한다." -사우스게이트 제일 침례교회의 공동체 통합 선언문 더욱이, 청소년과 청년은 예배와 특별 행사 계획에 열렬히 환영을 받는다. 부활절 같은 특별 행사를 두고 던지는 첫 번째 질문은 보통 "그들이 무엇을 할 것인가?"이다. 그들은 어린이 사역에서부터 음식 나눔 봉사활동에 이르기까지 모든 영역에서 어른들과 더불어 섬긴다. 15세의 한 여학생은 "당신이 돕고 싶은 마음이 있다면, 그들이 도와줄 거예요"라고 말했다. 이것은 윗사람이 잘난 체하듯이 돕는 모습이 아니다. 청소년과 청년은 제일침례교회에 자신들이 필요하다고 느끼고 있다.

다시 말해서, 이 교회는 그들을 모든 곳에서 우선순위로 둔다. 선호하던 것을 포기한다거나 과거에는 타협의 여지가 없다고 여기던 것에 대한 변화를 의미할 때도 마찬가지다. 그들을 받아들이기 위해 전통적인 권위와 힘을 포기해야 할 때조차 그렇다. 청소년과 청년에게 우선순위를 둠으로써 - 그들 뿐만 아니라 공동체 전체에 - 병들어 가는 것과 성장하는 것 사이에 차이가 생기게 되었다.

핵심 가치: 청소년과 청년 그리고 그들의 가족을 우선순위로 두기

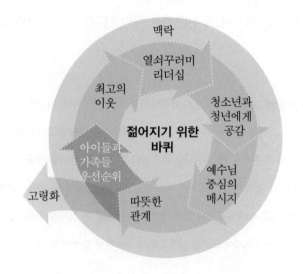

당신의 교회는 제일침례교회처럼 세대 간 갈등이나 문화적 분열에 직면하지 않을 수도 있다. 하지만, 당신도 나름의 어려운 고민이 있을 것이다. 우리는 연구를 하면서 나이가 드는 교회와 젊어지는 교회를 나누는 경첩점이 우선순위라는 것을 확신하게 되었다. 교회가 청소년과 청년을 – 그리고 그들의 가족을 – 어디서나 우선순위에 두면 공감과 따뜻함 양쪽을 향해 나아가게 된다. 이런 교회는 자원과 에너지를 나누고 교회의 울타리 안팎에 있는 청소년과 청년에게 관심을 갖는다.

우리는 이것을 경첩점이라고 부른다. 왜냐하면, 열쇠꾸러미 지도자가 있고, 젊은이들과 공감하고, 예수님에게 초점을 맞추고, 그리고 따뜻함을 장려하는 교회가 사랑스러울 수 있지만, 그들은 편안해지고, 내부로 향하게 되고, 결국은 나이가 들게 될 수 있기 때문이다. 만약, 교회들이 어디서나 젊은이를 우선순위에 두는 것과 세상에서 선한 이웃으로 살도록 돕는 일에 실패한다면(7장을 보라), 시간이 지나면서 공동체가 늙어가게 되는 것을 피할 수 없을 것이다. 이런 이유로 젊어지기 위한 바퀴에서 따뜻함과 우선순위의 연결 지점에 바깥쪽을 가리키는 화살표(즉, 고령화 – 옮긴이)가 있는 것이다.

한 명의 목회자로서, 부모로서, 봉사자로서, 아니면 다른 역할을 맡은 사람으로서 이 책을 읽고 있다면, 혼자 교회를 효과적으로 만들 수 없다는 것을 기억해야 한다. 가치 있고 지속적인 변화를 만들기 원한다면, 교회에 있는 모든 사람이 젊은이를 우선순위에 둘 필요가 있다. 간단히 말해서, 우선순위는 젊어지기를 원하는 교회들을 위한 게임 체인저다.

연구 결과

왜 청소년과 청년을 우선순위로 두는 것이 우리가 생각하는 것보다 중요한가?

아주 솔직히 말해서, 우리는 교회의 데이터를 모으기 시작할 때까지 이 연구에서 우선순위가 얼마나 주목받을지 예상하지 못했다. 연구의 첫 단계에서, 우리는 목회자들에게 교회가 젊은이의 마음을 얻는 데 성공한 세 가지 특징을 말해 달라고 부탁했다. 제일 많은 답변의 범주 – 이것은 지도력과 연결되어 있다 – 는 청소년과 청년의 관심을 교회에서 제일 우선순위에 두는 것이었다. 우선순위가 전체 답변의 절반을 차지했던 결과를 가지고 두 번째 단계인 인터뷰를 진행했을 때, 우선순위가 젊어지기 위한 바퀴의 핵심 가치라는 사실이 더욱 분명해졌다.

> **우선순위에 둔다는 것은 공감 그리고 따뜻함과 어떻게 다른가?**
>
> 이 세 가지 핵심 가치는 연구에서 개별적으로 나타났으며, 다음과 같이 구별될 수 있다.
>
> 요즘 젊은이에게 공감이란 그들의 말을 들으려고 귀를 기울이며, 정체성, 소속감, 삶의 목적을 향한 발전적 여정을 이해하는 것을 의미한다.
>
> 따뜻함이란 지지하고, 수용하고, 진정성이 있는 공동체 품으로 젊은이를 끌어안는 방식이다.
>
> 어디서나 젊은이들을 우선순위에 둔다는 것이란 자원과 관심을 나누는 데 있어서 - 구체적인 청소년 또는 청년 프로그램을 위해서뿐만 아니라, 공동체의 삶 전체를 가로질러서 - 손에 잡히고 제도적인 헌신을 말한다.
>
> 우리는 이 세 가지 가치가 구별되기도 하지만, 서로 영향을 미치고 보완한다는 것을 발견했다.

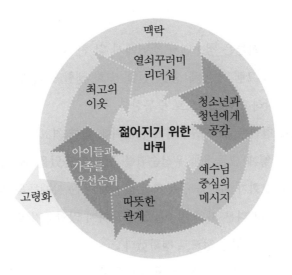

맥락

열쇠꾸러미
리더십

최고의
이웃

청소년과
청년에게
공감

젊어지기 위한
바퀴

아이들과
가족들
우선순위

예수님
중심의
메시지

고령화

따뜻한
관계

과연 우선순위를 둔다는 것은 어떤 의미일까? 경험 많은 한 목회자가 다소 주저하면서 목회 훈련을 받으며 들었던 말을 이야기했다. "당신이 어떤 교회의 우선순위를 알고 싶다면, 예산을 보라." 처음에는 이 말이 거슬렸지만, 그는 자원 배정이 우선순위 결정의 유익한 지표라는 것을 깨닫게 되었다. 예산뿐만 아니라, 인력·편의 시설 공간·시간·프로그램 등을 통해서 교회가 젊은이에게 얼마나 높은 우선순위를 두는지 알 수 있다.

때로 자원 배정은 교회의 기대와는 다른 결과로 나타난다. 어떤 교회는 청소년 담당 목사를 모시고 청소년이 자치권을 가질 수 있는 "청소년 지하실"을 따로 준비하는 우선순위로 두는 것이라고 생각할지 모른다. 퀴퀴한 냄새가 나는 자치권이지만, 누구도 저 아래에서 아이들이 이야기하는 것을 들을 수 없다는 점에서, 아주 좋으며, 아마 청소년도 매우 행복해할 것이다.

성급하게 판단하지 마라.

청소년과 청년을 우선순위로 둔다는 것은 그 이상이다. 훨씬 더 심오한 것이다.

젊어지는 교회들은 청소년과 청년에게 더 큰 우선순위를 둔다. 예산, 예배 계획, 프로그램, 공동체 생활, 신학, 교회 생활 등의 모든 면을 다룰 때 그들을 생각하고 의도적으로 주목한다.

청소년과 청년은 우리 연구의 우선순위에 대한 최고의 지표를 제공했다. 교회가 어떻게 그들에게 우선순위를 두는지 물었을 때, 아무런 주저함이 없었다. 교회가 자신을 공동체의 중심에 두는 사례들을 열심히 이야기했다. 예산이나 다른 자원 범주들을 언급하지 않았을지 모르지만, 그들의 직관은 믿을 수 없을 정도로 정확했다.

젊어지는 교회들이 청소년과 청년을 우선순위로 두는 것은 단순히 행복하게 만들기 위해서가 아니라, 교회 전체에 유익이 되기 때문이다. 40세가 넘은 한 목회자는 다음과 같이 표현했다. "당신이 청소년과 청년에게 집중할 때, 모든 사람들이 움직입니다." 또 다른 교회의 어른들은 이렇게 표현했다. "그들은 소금과 같아요. 그들이 참여하면 모든 부분에서 더 좋은 맛을 내도록 만들죠."

청소년과 청년을 우선순위로 둔다는 것은 가족들도 우선순위로 둔다는 것을 의미한다

가족들을 제외하고 청소년과 청년을 우선순위로 생각한다는 것은 불가능하다.

FYI는 풀러 신학교의 세 과목인 신학 연구, 심리학 연구, 그리고 문화 간 연구에 깊이 뿌리를 두고 있다. 이 뿌리들이 우리 연구의 전반적인 부분에 자양분을 공급한다. 즉, 우리는 청소년과 청년이 - 특히 그들의 가족

이 - 참여하는 시스템을 떠나서는 그들과 관계를 가꿀 수 없다.

수십 년간 다른 식으로 이루어진 관례에도 불구하고, 요즘 청소년 사역은 신앙 형성에 있어서 가족과 파트너가 되는 것을 강조하는 쪽으로 전환하고 있다.[108] 이런 변화에는 두 가지 타당한 이유가 있다.

부모의 영향이 가장 중요하다

첫째로, 부모는 여전히 자녀의 신앙 발달에 있어서 가장 중요한 무게를 지니고 있다. 어린 시절뿐만 아니라 청소년기 내내 그렇다. 여러 연구는 아이들 신앙의 최고 예언자가 부모의 신앙이라는 것을 자주 보여준다.[109] 이것은 아이들을 양육하는 사역자의 역할에는 부모와 가족을 보살피고, 준비시키고, 그리고 협력하는 것도 포함된다는 것을 의미한다.

> "우리 공동체 청소년 사역을 제가 정말로 좋아하는 이유는 부모들이 참여하도록 격려한다는 거예요. 그들은 아이들이 받는 모든 수업에 부모를 초대합니다. 적어도 일주일에 한 번은 모이는데, 이 모임은 부모들이 아이가 어떤 과정에 있는지 이해하게 해줄 뿐만 아니라 신앙이 깊어지도록 돕기 위해 무슨 일을 하고 있는지 공유하죠. 제가 자랄 때 이런 게 있었다면 정말 좋았을 거예요."
> -앨리스(Alice), 19세

젊어지는 교회들을 연구하면서, 우리는 부모가 교회 예배와 프로그램에 참여하는 것이 아이들의 신앙 성장과 연결되어 있다는 것을 발견했다. 그러나 이게 전부가 아니다. 목회자들은 부모가 교회 밖에서 신앙 양육에 관심을 가지면 공동체 내에서의 전반적인 신앙 성장과 활력은 훨씬 더 증가한다고 했다.

청소년들이 고등학교를 졸업하면 부모의 영향이 줄어든다고 예상하지만, 꼭 그렇지만은 않다. 19-23세와 24-29세의 신앙 성숙은 부모가 교회 밖에서 신앙 양육에 참여하는 것과 상당히 연결된다.[110]

부모에게는 지원이 필요하다

청소년 사역에서 가족을 강조하게 되는 두 번째 이유는 요즘 부모들은 가능한 모든 지원을 받으려고 한다는 것이다. 안타깝게도, 대부분의 전형적인 사역 모델은 이런 돌봄을 적절히 제공하지 못한다. 한쪽에서, 부모는 어린이와 청소년 자녀의 영적 발달은 교회에 맡겨달라는 부탁을 받는다. 다른 쪽에서, 부모는 자녀의 신앙에 전적인 책임이 본인에게 있다고 생각하며 민망해한다. 전자는 부모에게 자유를 주지만, 후자는 죄책감을 느끼게 한다. 이 두 극단은 부모를 고립시킨다.

부모는 큰 영향력을 가지고 있고 많은 지원이 필요하기 때문에, 청소년과 청년을 우선순위로 두는 것은 반드시 가정까지 포함해야 한다. 그런 필요에도 불구하고, 우리는 인터뷰하면서 자녀의 신앙 성장을 위한 교회와 부모의 협력 관계는 효과가 낮은 특징 중 하나라는 것을 발견했다. 바꿔 말하면, 교회와 부모가 믿음 안에서 하나의 큰 가족으로 협력하도록 돕는 우리의 역할을 다시 그려볼 기회가 될 수도 있다.

젊어지는 교회들은 바로 이것을 하고 있다.

나(카라)의 교회는 가족들과 파트너가 되어야 한다는 말은 잘하지만, 그 말을 행동으로 옮기지 않았다는 것을 깨달았다. 말과 행동의 일치를 위해, 청소년 사역팀은 일간, 주간, 월간, 연간 단위로 부모와 협력하기 위한 계획을 세웠다.

일간: 월요일부터 금요일까지 매일, 스태프는 달력에 표시를 하고 부

모를 위해서 5분 동안 멈추어 기도한다. 5분이 길게 느껴질 지 모르지만, 그들은 이런 계기가 있기 전에는 부모를 위해 전혀 기도하지 않았다고 고백했다.

주간: 청소년 사역팀은 어떤 식으로든 - 보통 부모에게 이메일을 보내서 - 매주 한 번 모든 부모와 직접 연락하며, 가끔 전화, 문자, 만남을 통해서 다양하게 부모와 개인적으로 소통하기로 했다. 이런 헌신에는 48시간 안에 부모의 이메일과 전화에 응답하겠다는 약속이 포함되었다.

월간: 교회의 부모 훈련은 산만하고 일관성이 없었다. 그래서 청소년 사역팀은 매달 규칙적으로 부모들에게 직접 자료를 전달하기로 했다. 그들은 다양한 방법으로 부모들이 쉽게 접근할 수 있는 훈련을 제공한다. 어떤 달에는 온라인에 있는 글(article)을, 다른 달에는 부모 책 모임을, 때로는 직접 세미나를 진행한다.

연간: 해마다 혁신을 이끄는 지도자들이 부모-지도자 컨퍼런스를 개최한다. 그들은 30분 단위로 2주 동안의 일정을 계획하며, 교사와 스태프는 담당하는 학생의 부모와 의도적으로 대화를 나눈다. 그들은 학생의 성장에 있어서 가장 중요한 부분, 눈에 띄었던 재능, 그리고 영적 성장을 위해서 부모님과 더욱 협력하고자 하는 사역의 비전 등을 공유한다. 아마도 가장 중요한 것은, 지도자들이 일곱 마디 말로 던지는 질문이라고 할 수 있다. 우리가 당신의 가족을 위해 어떻게 기도를 할까요?(How can we pray for your family?)

이 모든 리듬이 자연스러워지는 데는 시간이 걸렸지만, 지난 몇 년에 걸친 수고는 결실을 보았다. 그 어느 때보다 요즘 우리 교회 부모님들은 더 많이 연결되어 있고 관심받는다고 느낀다. 그리고 목회자들과 지도자들은 엄청난 부모의 관심(buy-in)과 지원 덕분에 유익을 얻고 있다.

이혼의 상처는 우리의 관심이 필요하다

가족을 우선순위로 둔다는 의미는 공동체에 있는 가정들에게 짐이 되는 수많은 갈등에 반응한다는 것이다. 미국 이혼율은 예상만큼 높지 않지만(50%보다는 20-25% 정도가 더욱 믿을 만하다),[111] 이혼의 상처는 치명적이다. 이혼은 아이들을 평생 갈등 속에 남겨두며, 자기가 절대로 원하지 않았던 탁구 게임의 탁구공처럼 부모 사이를 오가게 된다. 그들은 양쪽 부모 세계에 부분적으로 속해 있다고 느끼지만, 이것을 어느 쪽에도 온전히 속해 있지 않다는 의미로 받아들이는 것이다. 보편적인 가정의 아이들에게 생일, 휴일, 졸업식 같은 특별한 날은 소속감을 높여준다. 이혼 가정의 청소년과 청년에게 특별한 날은 부모 사이에서 한 발로 서 있는 것처럼 긴장하게 되는 날이다.

가정에서 안전한 소속감이 없이 자라는 이혼 가정의 아이들은 혼자라고 느낄 확률이 세 배, 불안전하다고 느낄 확률이 두 배, 그리고 부모를 불신하게 될 확률이 거의 네 배에 이른다.[112] 나이가 들면서, 이혼 가정의 청년들은 술과 마약을 더 많이 하는 경향이 있으며, 학교생활에서 문제가 생기거나, 더 쉽게 낙담하거나 위축되기도 한다.[113]

부모님이 교회에 다니지 않을 때, 아이들의 가정을 우선순위로 둔다는 것은 어떤 것인가?

부모님 없이 교회에 오는 청소년에게, 교회 공동체는 믿음의 가족으로서 가정에서 놓칠 수도 있는 영적 양육을 제공한다. 물론, 훌륭한 사역이지만 교회 주변에 있는 부모들과 연결될 기회를 잃어버릴 수도 있다. 부모는 자녀가 갑자기 교회 사역에 또는 교회 사람들과 많은 시간을 보내고 싶어 하면 사역자로부터 위협을 받는다고 느끼기 때문이다. 우리는 가끔 사역자들이 교회에 다니지 않는 부모님을 자녀 일에 관여하지 않고, 관심이 없으며, 자녀를 돌보지 않는다고 하는 말을 듣는다. 우리 연구의 고문이자 오렌지와 리싱크 그룹(Orange and the ReThink Group) 창설자인 레기 조이너(Reggi Joiner)는 교회 밖 부모를 다른 태도로 대하라고 목소리를 높인다. 그들도 다른 부모처럼 자녀를 사랑하고, 자녀 옆에서 함께 하고 싶어 한다는 것이다. 따라서, 교회 밖 가정을 우선순위로 두는 첫 번째 단계의 시작은 우리가 그들의 자녀들을 사랑하는 것보다 부모들이 더 그들을 사랑한다는 마음을 품는 것이다. 그때 우리는 아이들과 관계 맺는 것을 부모의 일이 아니라, 우리의 일로 받아들이게 된다. 일단 관계를 쌓으면, 우리는 부모님과 신뢰를 쌓으면서 이해와 공감을 하게 되고 더 깊어질 수 있는 문들을 열게 된다.

이혼 가정의 아이로 자란 나(카라)의 마음을 가장 아프게 했던 통계는 가정 파괴의 영향을 받은 아이들에 대한 신앙 공동체의 지원이 형편없다는 내용이었다. 한 연구는 부모님이 이혼 문제로 다투는 동안 교회를 정기적으로 다녔던 청년 중 3분의 2가 그 시기에 신앙 공동체 중 누구도 도움의 손길을 내밀지 않았다고 했다고 보고했다.[114] 아이들이 입고 있는 가정이라는 옷이 찢어졌을 때, 신앙 공동체는 아이와의 관계 속에서 그 옷을 수선해줄 기회를 얻게 된다. 대개, 우리는 이 일에 실패한다.

우리가 한 교회를 방문했을 때, 이혼 가정의 아이의 삶에 교회가 미쳤던 힘에 대한 감동적인 이야기를 듣게 되었다. 18세 아프리카계 미국인

여자아이는 예배 시간에 간증했다. 그 아이는 자기에게 두 가족 – 생물학적 가족과 교회의 가족 – 이 있다는 설명으로 이야기를 시작했다. 부모의 이혼으로 인한 깊은 갈등과 고통에 대해 말할 때는 눈물을 흘렸다. 그 아이는 교회에 실망한 부분뿐만 아니라, 교회가 얼마나 자기를 소중히 여기는지도 함께 이야기했다. 무엇보다 기억에 남았던 것은, 그 아이는 공동체 지체들이 "내가 보지 못한 내 안에 있는 것"을 어떻게 바라봐 주었는지 마음속에 소중히 간직하고 있었다는 것이다. 리더 역할을 할 수 있도록 도와준 목사님, 그냥 알던 사람들에서 입양 가족이 되어준 여자 어른들이 바로 그 공동체 지체들이었다.

공동체는 아이가 간증하는 동안 조용히 앉아 있지 않았다. 사람들 사이에서 응원하는 목소리가 쏟아져 나왔다. "넌 할 수 있어", "힘내", 그리고 "우리가 널 위해 여기 있잖아." 그 공동체는 이 여학생을 알고, 사랑하고, 그리고 헌신하는 게 분명했다. 이야기가 끝날 때쯤, 여기저기서 눈물을 흘렸다.

청소년과 청년은 짐을 나누어지는 역할을 해야만 한다

우리는 사우스게이트 제일침례교회가 청소년과 청년을 우선순위로 두기 위해 어떤 중요한 변화를 결심했는지 강조했다. 그러나 변화를 만든 것은 단순히 예배 언어를 번갈아 가며 사용하는 것이 아니었다. 우리가 그 교회의 고등학생들에게 왜 제일침례교회에 다니고 있는지 물었을 때, 가장 많은 답변은 교회에서 맡은 사역에 대한 책임감이었다. 예배팀에서 악기를 연주하고, 어린이 사역을 섬기고, 이웃을 돕는 것은 책임감을 줬고 교회와 연결되게 해주었다.

당신 교회와 공동체에 있는 젊은이들이 교회에 필요한 존재라는 것을 느끼게 되고 다양한 사역에 참여하도록 초대받을 때, 그들은 공동체 안에서 짐을 나누어지는 역할을 하고 있다고 생각하게 된다. 그들은 미래에 함께하게 될 어린 참여자라기보다, 목적을 가지고 함께 한 몸을 이루어가는 공동 참여자가 된다. 청소년과 청년의 목소리, 손과 마음은 지금 공동체의 지속적인 생명력과 사역에 중요하다. 그들은 이것을 알고 있다.

젊어지는 교회들 역시 사역에 있어서 참여의 가치를 알고 있다. 청소년과 청년이 교회에 기여하거나 교회를 더 좋아지도록 만드는 방법에 관한 질문에 응답자의 75% 이상은 청소년과 청년이 예배를 섬기거나(특별히 음악을 통해), 지도력을 발휘하거나, 어린이 사역을 섬기거나, 아이들을 돕거나, 아니면 지역사회나 세계를 섬기고 있다고 말했다.

봉사자에 머무르지 않고, 참여자가 되도록 요청한다

짐을 나누어지는 역할을 강조하는 것은 더 높은 기대와 더 큰 보상을 가져온다. 우리 연구에 참여한 한 교회는 사역 전체를 표현하는 데 참여하는 교회(participatory church)라는 용어를 자주 사용했다. 예를 들어, 어떤 역할을 맡기 위해 자원봉사를 요청하기보다 공동체의 참여를 요청하는 것이다. 봉사자들은 시민으로서 의무를 다하기 위해서 시간과 에너지를 제공하고 있다고 느낀다. 이와 달리, 참여자들은 교회의 본질적인 일, 즉 자신을 한 몸을 이룬 다른 지체들과 묶어주는 사역을 돕는다고 느낀다.

"많은 고등학생이 어린이 사역을 돕고 있어요. 그렇게 해야 하기 때문이 아니라, 그 일을 사랑하기 때문이죠. 저희가 하는 한 가지 아름다운 일은 어린이를 위한 기도 의자를 설치하는 거예요. 기도 의자에 앉아서 원하는 무엇이든 하나님에게 말할 수 있죠. 저희가 기도 의자를 설치할 때, 고등학교 아이들 역시 모두 그 의자에 앉고 싶어 한답니다. 그들이 우리 어린이들에게 기도의 모범이 되고 있다는 게 제 마음을 따뜻하게 해요." -수잔(Susan), 사역 봉사자

이런 모델은 젊은이와 교회의 연결성을 높여주지만, 위험 수위도 높아질 수 있다. 유급 봉사자나 자격증이 있는 어른이 할 때처럼 일이 되지 않거나 잘 돌아가지 않을지도 모른다. 그러나 이런 소비자 사고방식(교회는 젊은이들에게 상품과 봉사를 제공한다는 사고방식)을 떠나서, 모든 지체가 짐을 나눠서 지는 약속 관계에 참여한다는 사고방식을 공유하는 것이 필요하다.

이 부분에서 작은 교회들이 장점을 가질 수 있다. 그 이유는 작은 교회가 일을 하려면 모든 사람이 필요하기 때문이다. 제일침례교회는 스태프가 몇 안 되는 200명 이하의 교회다. 그러나 큰 교회들 역시 지나치게 스태프 주도적인 사역 모델에 의존하지 않도록 주의를 기울인다면, 청소년과 청년을 격려해서 섬기는 일에 참여시키는 데 성공할 수 있다. 우리는 연구에 참여한 교회들로부터 규모에 상관없이(100-10,000명) 젊은이들이 모든 종류의 의미 있는 일에 온전히 참여하는 것을 발견했다.

그러나, 하는 일보다 왜 그 일을 하는지에 주목한다

의미 있는 일에 젊은이를 초대하는 것을 강조하는 부분에 있어서, 우리는 하는 일에만 초점을 두는 것에 주의할 필요가 있다. 할 수 있는 것만 고려하면서 우선순위를 두면, 모르는 사이에 값싼 일에 그들을 이용하는 위험에 빠질 수도 있기 때문이다. 목회 설문조사 단계에서, 우리는 지도자들에게 예수 그리스도를 향한 활력 있는 믿음을 가진 젊은이의 특징을 세 가지에서 다섯 가지까지 정도 묘사해 달라고 요청했다. 응답자 중 절

반은 내적 특징을 이야기했고, 3분의 2는 행위를 이야기했다. 이와 비슷하게, 거의 절반 정도가 활력 있는 믿음의 의미를 교회와 관련된 활동(예를 들어, 예배, 소그룹)에 참여하는 것으로 응답했다. 활력이란 의미의 묘사는 행위 대 존재라는 대비가 강조된다. 우리는 교회가 젊은이의 헌신을 가치 있게 여기며 반기지만, 동시에 그들의 존재만으로 헌신할 수 있다는 것을 잊고 있는 건 아닌지 질문하지 않을 수 없었다. 젊은이들은 한 몸을 이룬 구성원이란 이유 만으로 소중하고 존엄한 존재로 여겨질 때 건강하게 성장하게 된다.

그러나, 현장 방문을 하면서 참여에 대한 강조가 고무적으로 나타나는 모습도 보았다. 우리가 인터뷰한 한 장로교회 목회자는 젊은이를 향한 기대와 더불어 그들도 공동체의 "다른 모든 지체와 똑같다"는 것을 의도적으로 말했다. 공동체는 젊은이도 다른 교우들처럼 "시간·재능·재물"을 드릴 것이라고 기대했다. 그러나 그들은 그런 기대로부터의 죄책감 때문에 참여하는 것이 아니었다. 교회는 젊은이들이 재능이 있는 곳에서 섬길 수 있도록 초대했고, 참여하고 봉사하면서 재능을 발견하도록 해주었다.

"학생들은 몸으로서의 교회에 직접 참여하기 위해서 교회 스태프들로부터 필요한 기술을 배우도록 초대를 받습니다. 예를 들어, 제 아들은 스크린과 관련된 기술을 다루는 법을 배웠어요. 그렇게 젊은이들은 고립되는 것이 아니라, 교회의 조직 속으로 이어지게 됩니다." –드보라(Deborah), 부모

"제가 힌트를 줬을지 모르겠지만, 저는 우리 교회를 정말 효과적으로 만드는 것은 젊은이들에 대한 헌신이라고 생각해요. 매우 단순하게 들리지만, 헌신을 그대로 따라 하기란 쉬운 일이 아니거든요. 젊은이들에겐 그런 열정이 있어요. 그리

고 이것이 바로 문화의 일부이고, 환경이고, 우리 교회가 강조하는 것이죠. 이것이 헌신이에요." -타라(Tara), 24세

신화: 좋은 리더와 프로그램은 자동으로 우선순위를 정리해준다

나(브래드)는 달리기를 좋아해서 이른 아침은 보통 달리기를 하는 시간이다. 패서디나 로즈 보울 경기장 주변으로 사람들이 많이 찾는 둥근 고리 모양의 길이 있다. 늘 수많은 사람이 길을 따라 운동을 한다. 그렇지만 모습은 매우 다양하다. 사람들은 걷고, 달리고, 뜀뛰기를 하고, 스케이트를 탄다. 어떤 사람들은 매우 빠른 속도로 자전거를 탄다. 또 다른 사람들은 트랙을 따라 천천히 걷는다. 고등학교 크로스컨트리팀은 근처에 있는 오솔길로 달리기 전에 준비운동을 하며 몸을 푼다. 어린이들은 유모차 안에서 여행을 즐기고, 노부부들은 지팡이를 짚고 걸어간다. 한 남자는 절뚝거리는 걸음으로 걸어다니며 만나는 사람에게 "안녕하세요!"라고 인사한다.

큰 개는 빠른 걸음으로 주인을 끌고 가고, 작은 강아지는 끌려가고, 유모차를 탄 개들도 있으며(난 판단하지 않겠다), 목줄 하나에 매인 네 마리 강아지도 있다.

이 모든 일이 아침 6시에 일어난다!

그곳에서 '운동'은 매우 다양하게 정의되지만, 모든 사람에게는 한 가지 공통점이 있다. 운동을 위해 아침 일찍 일어나야 하는 수고다. 이것이 우선순위다. 당신이 일주일 중 며칠만 같은 시간에 그곳에 가 본다면, 곧 아침 운동을 우선순위로 하는 많은 사람을(그리고 개를) 보게 될 것이다.

이것이 우리가 젊어지는 교회에서 목격한 우선순위의 수준이다. 가끔

"내일 아침에 기분이 내킨다면 일찍 일어나서 운동이나 해야겠다"가 아니다. 전날 밤에 옷을 준비하고, 알람도 맞추고, 매일 그리고 매주 그것들을 계속하겠다고 다짐하는 꾸준한 수고다. 이런 교회들은 젊은이를 우선순위로 하는 것을 하나의 생활방식으로 만들었다. 그리고 젊은이들도 그것을 알고 있다. 교회가 자기를 사랑한다는 확신을 듣는 데는 5분 정도밖에 걸리지 않는다. 분명히 이것은 상호적이다.

그러나 우선순위에 두는 것에 관한 한 가지 신화가 있다. 보편적인 공동체에서 어떤 교우가 청소년과 청년을 우선순위에 두는 데 무엇이 필요하냐는 질문을 받게 된다면, 이 사람은 아마도 강력한 프로그램이나 좋은 지도자라고 대답할 것이다. 완전히 잘못된 것은 아니겠지만, 그 대답은 무엇인가를 놓치고 있다.

이 "무엇"은 공동체의 문화다. 그것은 교우 대부분이 생각하는 것보다 더 중요하다. 문화는 프로그램 목록으로 정의할 수 없다. 문화는 훨씬 깊다. 우리는 지도자들과 젊은이들 양편 모두에게서 그 이야기를 들었다. 그들은 교회가 젊은이에게 어떻게 효과적이었는지 말하면서, 목회자 3명의 중 2명은 특정한 프로그램이 아니라 교회의 태도와 특징을 언급했다. 왜냐하면, 목회자와 청소년 사역자의 우선순위가 뿌리를 내리고 자라기 위해서 교회 문화가 얼마나 큰 영향을 미치는지 알기 때문이다. 간단히 말해서, 교회 문화가 뒷받침되지 않으면 아무리 위대한 지도자라고 해도 우선순위를 만들어 갈 수 없다는 것이다. 우리 연구에서 교회가 자신을 우선순위로 둔다고 느꼈던 사람들은 자신을 위한 프로그램보다 교회의 관계, 전통, 그리고 의례와 같은 문화에 관해서 더 많은 말을 했다.

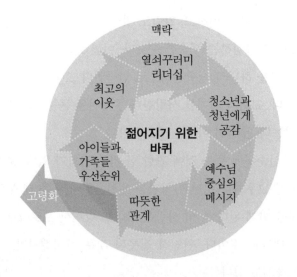

젊어지는 것 VS 나이 드는 것

맥락

열쇠꾸러미
리더십

최고의
이웃

청소년과
청년에게
공감

젊어지기 위한
바퀴

아이들과
가족들
우선순위

예수님
중심의
메시지

고령화

따뜻한
관계

젊어지기 위한 바퀴에서 벗어난 화살표의 의미는 젊은이를 우선순위에 두는 데 실패할 경우 교회는 나이 드는 궤도에 들어선다는 것이다. 실패하는 이유는 교회 문화의 진지한 변화 없이 표면적 변화만 있기 때문이다. 문화의 변화란 청소년과 청년에 대한 투자라는 전반적 정서를 만드는 것이다. 일찍 일어나 달리기를 하는 것과 같이, 시간이 지나면서 의도적으로 우선순위를 만들려는 노력은 공동체의 삶에서 자연스럽고 충실한 움직임이 된다.

신화: 선한 의도로 충분하다

비즈니스 세계에서 유명한 말 중에서 문화는 전략을 아침 식사로 먹는다는 말이 있다.[115] 당신이 조직을 위한 전략 계획을 설명하지만, 조직의 실제적인 문화는 매 순간 그 전략을 이긴다는 것이다. 단순하게 말하면, 당신의 진정한 자아가 당신이 이야기하는 자아를 지배한다는 말이다. 젊은이를 우선순위로 두는 것과 관련해서, 우리는 이 말을 다음과 같이 옮길 수 있다. "교회가 청소년과 청년을 속여서 우선순위로 두고 있다고 생각하게 할 수 없다."

목회자들이 공동체의 진짜 우선순위를 숨기고 청소년과 청년이 제일 중요하다고 입에 발린 말을 한다면, 그들은 바로 교회 밖으로 시선을 돌릴 것이다. 모든 세대 속에서 - 아마도 특히 요즘 세대 - 청소년과 청년은 당장에 거짓말을 알아챌 수 있다.

대부분 목회자의 동기는 은밀하지 않다. 우리는 젊은이에게서 진실을 숨기지 않는다. 오히려, 우리가 전략과 자원분배를 통해서 젊은이를 우선순위로 두기 위해서 할 수 있는 것을 하고 있다고 생각하겠지만, 사실 방해가 되는 것은 우리의 교회 문화다. 선한 의도만으로는 충분하지 않다.

교회는 어떻게 다른 그룹들을 배제하지 않으면서 젊은이를 높은 우선순위로 두는가?

젊은이와 그들의 가족을 우선순위로 둔다는 것은 공동체가 어른들을 무시한다거나 선교위원회를 열외로 둔다는 의미가 아니다. 그러나, 때론 예산 배정에서 어려운 결정을 내려야 한다는 의미가 되기도 한다. 젊어지는 교회들은 더 많은 예산, 인력, 공간을 청소년과 청년에게 배정하는 등의 큰 결정에 있어서 그 헌신을 함께 공유하는 다른 세대들이 변화를 만들어낸다고 하였다.

우리는 150년 된 공동체의 한 고등학생 그룹에게 그 교회의 노인들은 기꺼이 학생들을 받아들이기 위한 변화를 만들 만큼 왜 그렇게 많은 관심이 있는지 물었다. 학생들은 "노인분들은 저희가 여기에 있고 싶어 한다는 걸 알아요. 그래서 그분들은 저희가 여기에 있기를 원하죠."라고 답했다. 우리는 여러 공동체에서 젊은이들과 노인들의 대화에 똑같이 스며 있는 상호 존중과 필요를 발견했다. 어른들은 젊은이들에게 초점을 맞추도록 강요받지 않는다. 어른들은 그렇게 하기로 선택한다.

이런 역동성은 처음 373명의 목회자를 조사할 때 나타났다. 우리는 담임목회자들, 사제들과 청소년 또는 청년 담당 목회자들에게 교회의 다양한 특성을 평가해 달라고 요구했다. 평가는 다음과 같이 네 개의 눈금을 사용하였다. 목회자에게 특정한 특징이 얼마나 중요한가? 당신의 교회는 얼마나 이 특징을 의도적으로 요구하는가? 그리고 공동체의 몇 퍼센트가 실제로 요구에 참여하는가? 그 예는 다음과 같다.[116]

- 공동체가 또래 사이에 정직하게 나눌 수 있는 우정을 가꿔주는 것이 당신에게 얼마나 중요한가?
- 당신의 공동체는 얼마나 의도적으로 또래 사이에 정직한 관계를 가꾸도록 돕는 활동들을 계획하는가?
- 당신 공동체의 몇 퍼센트가 또래 사이에 정직한 관계를 가꾸는 일에 참여하는가?

압도적으로, 의도성이 중요성을 이겼고, 참여가 중요성과 의도성을 이겼다. 우리가 활력, 더 높은 신앙 성숙, 그리고 다양한 변수와의 상관관계를 분석했을 때, 이야기는 명백해졌다. 실천이 중요하다고 말하는 것과 의도적으로 실천을 생각하고 이야기하는 것은 별개였지만, 우리가 손과 발을 움직이기 시작할 때, 교회의 변화는 시작된다.

중요성 〈 의도성 〈 행동

우리는 중요성에서 행동으로 변화하는 증거를 나사렛 공동체에서 발견했다. 특별한 필요를 지닌 청소년과 청년에게 더욱 초점을 맞추려고 하는 선한 의도에도 불구하고, 교회는 장애를 지닌 아이들을 정말로 우선순위로 두지 못했었다는 것을 깨달았다. 아이들이 눈에 띄지 않게 되는 것을 원하지 않았으므로, 이 교회는 변화를 만들기 시작했다.

우리가 방문했을 때, 교회가 장애를 지닌 아이들을 중요하다고 여기는 말을 행동하도록 이어지게 하기 위해서 아이들과 어른들이 함께 이야기하는 방식을 보고 감동했다. 한 예로, 특별한 필요를 가진 아이들과 청소년들은 정기적인 프로그램을 위해서 친구들과 짝을 이루고 있다. 그 프로그램과 연결이 되었던 한 청년은 뇌성마비가 있는 두 명의 여자아이와 친구가 된 경험을 나눠주었다. 최근 청소년부 야외 활동에서, 한 교사가 두 명의 다른 학생에게 이 여자아이들이 휘플볼(whiffle ball) 게임을 할 수 있도록 휠체어를 밀어달라고 부탁했다. 여자아이들이 공을 치고 베이스를 돌 수 있도록 학생들이 도와주었을 때 모든 사람이 환호했다. 이곳의 청소년 사역은 우선순위를 실천하고 있었으며 교회 전체의 문화를 바꿔가고 있었다.

문화를 바꾸기가 쉽지 않지만, 8장에서 우리는 공동체 분열이 없이 청소년과 청년에게 초점을 맞추는 교회들의 사례를 통해 배울 수 있을 것이다.

청소년과 청년을 우선순위로 둘 때, 우리는 예수님을 따르게 된다

그날은 그들의 기대와는 매우 달랐다.

예수님의 제자들은 군중들과 끝없이 이어졌던 가르침과 고침, 그리고 전혀 그럴 것 같지 않은 사람들의 예수님 말씀을 듣게 해달라는 요구에 익숙했다. 제자들은 특별히 아이들을 고치기 위해 가던 길을 벗어나시는

예수님께 적응이 되어있었다(막 5:21-43; 7:24-30; 9:14-29). 이미 그들은 예수님께 세상과 하나님 나라에서 아이들이 가진 가치에 관한 가르침을 들은 적이 있었다. 예수님이 아이를 한 팔로 안으시고 "누구든지 내 이름으로 이런 어린아이 하나를 영접하면 곧 나를 영접함이요 누구든지 나를 영접하면 나를 영접함이 아니요 나를 보내신 이를 영접함이니라"(막 9:37)라고 말씀하셨을 때 말이다.

건물이 중요한가?

그렇기도 하고 그렇지 않기도 하다. 일부 젊어지는 교회들은 재정을 건물의 소유와 유지에 연결하지 않으려고 의도적으로 지역 공립학교에서 만난다. 매주 젊은이들은 유동적인 시설의 설치와 해체를 돕고 있다. 이 공동체의 한 부모는 이렇게 확신했다. "우리 교회는 건물이 아니라 사람에게 투자해요. 저희는 더 좋은 시설을 갖춘 교회들에 다녔었죠. 하지만, 지금보다 더 좋은 환경에 있어 본 적이 없어요."

어떤 공동체들은 건물이 매우 단순하다. 또 다른 경우, 섬세한 건물들 - 어떤 부분은 전통적이고 우아하지만, 어떤 부분은 새롭고 현대적이다 - 이 젊은이들을 효과적으로 대하는 데 도움을 준다.[117] 그렇지만 우리 연구 전반에 걸친 젊은이들의 반응을 본다면, 그들은 친구들에게 교회를 이야기할 때 건물에 대해 거의 언급하지 않는다.

그러나 젊은이들 - 특별히 고등학생들 - 을 위한 물리적 공간을 구체적으로 정해주는 것은 중요해 보인다. 우리는 현장 방문을 하면서 고등학생들이 특정한 공간에 대한 소유권을 갖는 것은 분명 중요하다고 느꼈다. 주일에 학교를 빌려서 모이는 한 교회는 주일 저녁과 주중에 정기적으로 청소년 그룹이 만날 수 있는 장소를 임대했다. 또 다른 교회는 젊은이들에게 평범한 공간을 제공했지만, 그곳이 자기 소유라는 것을 아는 것만으로도 깊은 영향을 미쳤다.

그럼에도, 여전히 제자들은 예수님께서 아이들과 이야기하시고 소통하신 방식을 붙들고 씨름하고 있었다. 정말로 예수님은 아이들을 영접하는 것이 예수님을 영접하는 길이며, 이것을 넘어서 아버지를 맞이하는 길이라고 의미하셨던 걸까? 분명 예수님은 과장해서 말씀하셨을 것이다.

구약 유대교는 아이들을 귀하게 여겼지만, AD 1세기에 이르면 아이들은 어른들과 동등하게 대접받지 못했다.

어린 시절은 그 자체로 삶의 중요한 단계가 아니라, 기껏해야 성인이 되기 위한 훈련장으로 여겨졌다.[118] 그러나 예수님은 어린이들이 자기에게 오는 것을 열렬히 환영하셨다. 예수님께, 예수님의 생각에, 그분의 능력에 다가가는데 우월한 자리를 차지했다고 생각한 어른들을 제쳐두셨다.

> "우리 공동체에는 한 노신사가 계시는데, 그분은 청소년 사역에 많은 돈을 후원하세요. 그것은 수입에 대한 문제가 아니에요. 청소년을 소중히 여긴다는 게 중요한 거죠. 그분은 자기가 가진 전 재산으로 청소년이 소중하다고 말씀하시는 것이었죠. 그래서 다른 사람들도 이 일에 함께하게 되었어요. 이 일은 청소년 담당 목회자가 사람들에게 청소년은 소중한 존재라는 것을 설득하려고 애쓰는 것보다 훨씬 더 강력한 힘이에요." -다니엘(Daniel), 교회 지도자

예수님을 이해하지 못했거나, 아니면 예수님을 아직 믿지 않았던 제자들은 이날 분명히 선을 넘는 선택을 했다. "사람들이 어린아이들을 예수님께 데려오고 있었다"(막 10:13). 아이들은 이제 그만! 그 아이의 부모님과 할머니, 할아버지들은 예수님이 아이를 만져주시기를 - 축복하거나 아니면 아마 병을 고쳐주시기 위해 - 원했다. 그러나 그 모습이 제자들의 심기를 불편하게 했다. 예수님은 여유가 필요했다. 제자들도 그랬다. 예수님은 더 중요한 문제들, 더 중요한 사람들에게 집중하셔야 했다. 그러므로 제자들은 그들에게 "엄하게 말했다."(NRSV).

예수님은 이것을 주목하셨다.

예수께서 보시고 노하시어 이르시되 어린아이들이 내게 오는 것을 용납하고 금하지 말라 하나님의 나라가 이런 자의 것이니라 내가 진실로 너희에게 이르노니 누구든지 하나님의 나라를 어린아이와 같이 받들지 않는 자는 결단코 그곳에 들어가지 못하리라 하시고 그 어린아이들을 안고 그들 위에 안수하시고 축복하시니라. (막 10:14-16)

예수님의 행동은 제자들뿐만 아니라, 아이들, 그리고 그곳에 모인 모든 사람을 놀라게 한 게 분명하다. 예수님께서 가르치시기 위해 아이를 품에 안으신 것은 이번이 처음이 아니었다(막 9:36). 그러나 이제 예수님은 아이들을 영접하라는 명령에서 아이들처럼 되어서 하나님 나라를 받으라는 명령으로 나아가셨다.

이 명령은 젊어지라는 초대처럼 매력적으로 들린다.

우리가 아이들처럼 되지 않으면 안 된다고 하신 예수님은 미성숙으로의 전환을 말씀하시는 것이 아니다. 예수님은 아이들이 하나님 나라를 받기에 적합하다는 것과, 아이들이 하나님 나라를 상속받는 사람의 모범이라는 것을 분명히 하신 것이다. 어떤 사람들은 아이들의 신실함, 기꺼이 받아들이는 믿음, 그리고 의존성이 모범의 이유라고 주장했다. 로마가톨릭 신학자인 칼 라너에 따르면, 아이들은 공동체 전체에 무한자(the infinite)에 대한 "무한한 개방성"(infinite openness)의 모범이 된다.[119] 아마도 바로 이런 성질이 우리 모두를 젊어지도록 고무시키는 것 같다. 다시 말해서, 아이들이 우리를 필요로 하는 만큼 우리에게는 아이들이 필요하다.

신학적으로, 우리 공동체는 언제 어디서나 젊은이를 우선순위로 둘 때

견고한 토대 위에 서 있게 된다. 예수님은 아이들에게 매우 주목하시고 그들을 중심으로 공동체의 방향을 재조정하시면서 우리를 그 길로 인도하셨다. 이것은 균형이 맞지 않는 우선순위였다. 지금 당신의 교회가 아이들, 청소년들, 청년들에게 이런 모습으로 다가간다면, 교회는 어떻게 될까?

실천 아이디어

다음 아이디어를 살펴보면서, 양쪽 여백에 메모하면 좋겠다. 그 아이디어가 우리 교회에 적합한지, 누가 실행해야 하는지(당신인가 아니면 또 다른 지도자인가), 그리고 지금 당장 할 수 있는지 아니면 나중에 해야 하는지 적어보는 것이다. 모두 하지 않아도 괜찮다. 대신, 당신이 지금 할 수 있는 두세 개의 아이디어가 목표이다. 그 후에 마지막 부분에 있는 전략적 질문을 사용해서 당신의 교회가 청소년과 청년을 우선순위로 두기 위한 구체적인 계획을 세워보는 것이다.

숫자를 정리해본다

숫자는 우리가 청소년, 청년과 함께하는 사역 안에서 그리고 그것을 통해서 하나님이 하시는 일에 다가가도록 돕는다.

- 우리 공동체에 있는 15-29세 젊은이의 비율 (당신은 고등학생, 대학생, 그리고 24-29세 청년으로도 나눌 수 있다.)
- 우리 공동체 주변과 지역사회에 있는 젊은이의 비율과 이 비율이 교회

안에서 반영되는 방식

• 젊은이를 위한 사역과 프로그램에 현재 우리 공동체가 사용하고 있는
예산 비율

• 젊은이를 위한 사역과 프로그램을 위한 인력 그리고 건물 공간의 비율

리더십들과 이 숫자들을 평가하고, 건강한 상태인지 아니면 조정할 필
요가 있는지 살펴보자.

단순한 질문을 던져본다

새로운 사역이 시작될 때 – 이상적으로는 브레인스토밍 단계에 있을
때 – 의도적으로 "젊은이들이 어떻게 이 일에 참여할 수 있을까?"라는 질
문을 해보는 것이다.

나(브래드)의 교회는 그룹 묵상 기도를 계획하고 있었다. 나는 기도에
관심 있는 중학생과 고등학생도 이 모임에 참여할 수 있을지 궁금해서 질
문했다. 어떤 사람도 이 부분을 생각해 본 적 없었지만, 아무도 반대하지
않았다. 그래서 이 그룹은 누구에게나 개방되었으며, 청소년이었던 나의
딸과 내 아내는 함께 참여했다. 지난 1년 동안 정기적으로 어른들과 기도
로 교제하는 것은 영적 여정의 특별하고 중요한 순간으로 남게 되었다.
이 기회로부터 우리 교회는 의도하지 않았지만 우리가 청소년과 청년에
게 질문하지 않기 때문에 젊은이들이 다른 사역에 참여할 기회들로부터
배제되어 온 것은 아닌지 생각해보게 되었다.

목적의식을 가지고 청소년과 청년 담당 사역자를 세운다

가끔 교회와 공동체는 청소년 담당 목회자를 빈자리 채우기나 전체 구조 안에서 일부 제한된 역할만 담당하는 방법으로 세운다. 젊어지는 교회들은 사역자를 세우는데 더 사려 깊은 자세를 갖는다.

한 감리교회는 효과적인 청소년과 청년 사역의 전환점은 안정된 목회자를 세우는 것이라고 이야기했다. 사역은 잘하지만 1-2년 정도 잠시 머물다 떠나는 목회자들이 연속해서 거쳐 간 후에, 이 공동체는 긴 호흡으로 사역을 이끌어 갈 베테랑 청소년 담당 목회자가 필요하다는 것을 깨닫게 되었다. 그것은 경험이 있는 목회자를 위한 더 많은 사례비가 필요하다는 것을 의미했다. 안정성에 대한 투자는 노련한 목회자의 멘토링과 지원을 받는 사역자 그리고 봉사자들로 이루어진 팀의 탄생으로 이어지게 되었다. 현재 이 목회자는 공동체에서 첫 10년 동안의 사역을 마무리하고 있다. 이 교회의 담임목사는 최근에 이렇게 말했다. "맞습니다. 경험이 있는 사람을 모시는 것은 비용이 더 들었지요. 하지만, 솔직히 말해서 우리는 기존에 함께 했던 공동체 식구들과 이 목회자 덕분에 나오게 된 새로운 식구들 때문에 틀림없이 재정의 투자를 보충하고도 남을 만한 것들을 가지고 있다고 자부합니다."

사역자를 세우는 것과 자원 배분을 생각해본다면, 당신은 청소년과 청년 사역이 장기적으로 지속할 수 있도록 도움을 주기 위해서 어떤 변화들을 만들 수 있을까?

누가 - 그리고 무엇을 위해서 - 후원하는지 다시 논의한다

청소년 사역 후원 행사들은 양날의 칼이다. 한편에서는, 돈을 후원받기 위한 노동은 젊은이에게 가치와 노동 윤리를 심어주었다. 우리 연구에 참여한 학생과 어른 양쪽 모두는 청소년 후원 행사를 긍정적으로 보았다. 왜냐하면, 교회 공동체 전체가 청소년과 청년을 말과 행동으로 지원하는 기회로 계획되었기 때문이었다.

다른 한편에서는, 청소년과 청년이 후원 받을 때마다 자존심에 상처를 주거나 동기를 상실하게 하는 느낌을 받게 했다. 특히, 아이들이 학교와 방과 후 활동과 관련된 후원 행사를 끊임없이 진행할 때, 부모들이 책임져야 할 부담은 말할 것도 없었다.

이런 딜레마에 빠져서 어떤 해결책도 얻지 못하고 있을 때, 우리 목회 자문위원 중 한 분은 젊은이를 우선순위로 둔다는 것이 그들 스스로 책임져야 하는 후원금의 상당 부분에 대한 부담을 줄여줘야 한다는 의미로 이해하는 부분에 의문을 던졌다. 그는 곰곰이 생각하다가 이렇게 말했다. "우리는 어르신들의 사역이나 선교 여행을 위한 후원을 받기 위해 그분들을 보내지 않습니다. 그럼 왜 우리는 학생들과 함께 이 일을 해야 할까요?" 좋은 질문이었다.

당신 교회의 후원 행사들을 평가해보자. 누가 그 행사들을 계획하는가? 그 행사들은 누구에게 그리고 무엇에 유익한가? 청소년, 청년과 함께하는 후원 행사 중에서 어느 것이 그들에게 교회를 우선순위로 여기게 하며, 주도적으로 후원을 받기 위해 노력해야 한다는 것을 알려줄 수 있을까? 젊은이를 위한 후원 행사에 어떤 어른들이 참여하며, 좀 더 큰 목적을 가지고 그들이 후원자로 참여할 수 있는 후원행사들이 우리 교회에는 있을까? 교회 전체 사역을 염두에 두면서 후원 행사를 계획해보자. 그리고 다시 생각해보아야 하거나, 아니면 완전히 잘라내야 할 것이 무엇인지 고민해보자.

가정의 고통과 아픔을 돕기 위해 지원한다

젊은이들과 그들의 가정을 우선순위로 둔다는 의미는, 그 가족이 겪는 고통과 아픔에 공감하고 참여 할 준비가 되어있다는 것을 의미한다.

이런 측변의 목회적 돌봄은 보통 목회자, 멘토, 주일학교 교사, 그리고 소그룹 지도자들에게 의존하지만, 우리는 젊어지는 공동체들이 더 많은 도움의 기회를 제공하고 있다는 것을 발견하게 되었다.

샌프란시스코의 한 교회는 공동체 안에서 일어나는 갈등 - 불안·중독·이혼·슬픔·유산·학대·만성적 고통 - 에 전문 상담과 일반 상담 그리고 돌봄 그룹들을 지원한다. 이 교회는 더 많은 지체가 돌봄 그룹에 참여하도록 일반 상담 프로그램을 만들었는데, 이 프로그램은 그룹 지도자가 되기 전에 9개월 동안 훈련과 실습 프로그램을 제공한다. 일반 그룹들이 전문적인 치료를 대신 하는 것은 아니지만, 이 교회는 더 많은 지체가 삶의 가장 어두운 곳을 지나는 서로를 도울 능력을 갖춘 공동체가 되어가기를 바라고 있다.

구조(프로그램·스태프·그룹)와 관계적 문화(따뜻함, 받아들임, 정직, 지원 등으로 이루어진 환경)로 다른 사람들을 돌보고 있는 당신의 공동체를 평가해보자. 가족의 고통과 아픔을 돕기 위해 더 많은 것을 지원함으로써 젊은이와 그들의 가정을 우선순위로 두고 있는 모습에는 무엇이 있을까?

"우리 교회는 하나님이 교회를 사랑하시듯이 저를 사랑했어요. 이 공동체는 저를 '이혼한 사람'으로 보지 않고, 지금의 나를 사랑해 주었어요. 그들은 제 눈을 열어서 베푸는 사랑과 헌신하는 사랑을 보게 했지요." -징어(Ginger), 29세

부모와 파트너가 되는 것을 우선순위로 둔다

FYI에 있는 우리는 "교회와 가정이 다음 세대의 신앙과 성격에 영향을 미치도록 이끄는"[120] 데 헌신 된 오렌지(Orange) 사역팀의 찐팬이다. 오렌지 사역의 전제는 오렌지색 그 자체와 연결된다. 그리스도의 빛을 상징하는 노란색과 가정의 중심을 나타내는 빨간 색을 섞으면 오렌지색이 만들어진다. 두 개의 영향력이 결합해서 각각 자체보다 더 큰 영향을 만드는 것이다. 그러나 이 결합은 단순히 가족들이 교회에 참석한다고 해서 일어나지는 않는다. 부모님이 가족의 영성 형성에 승리하도록 존중하고, 준비시켜주며, 도움을 주는 의도적인 파트너십으로부터 그 영향력은 만들어진다.

청소년, 청년 담당자들과 함께하는 사역을 하면서, 교회와 가족이 서로에게 좀 더 가까워질 수 있게 의도적으로 다음과 같은 몇 가지 단계를 제시해보자.

- 사역 일정을 검토한다. 시간과 에너지를 두고 가족들과 경쟁하고 있거나, 또는 일정이 서로 - 보완하기 보다는 - 충돌하기 때문에 가족들 사이에 긴장을 만들게 되는 청소년 또는 청년 프로그램이나 행사를 찾아본다.
- 부모의 마음을 얻는 리듬을 만든다. 당신이 매일, 매주, 매월, 매년 부모

님들과 함께 하는 사역을 살펴보고, 당신의 상황 속에서 지속 가능한 접촉점들을 만드는 것이다. 그렇지만 더 좋은 방법은, 부모님들이 얼마나 그리고 어떤 통로로 당신의 사역에 관해 듣고 싶은지 물어보는 것이다.

• 장년 교육 담당자와 파트너가 된다. 부모는 아이의 신앙에 가장 큰 영향을 미치므로, 장년 제자훈련이 젊은이 제자훈련에 직접적으로 영향을 미친다. 당신의 교회에서 어른들의 영적 형성을 이끄는 사람들과 파트너가 되어서 매일 부모님이 신앙에 관해 이야기 나누며 살 수 있도록 준비해보자.

• 부모님에게 효과가 있을 때, 부모 훈련을 제공한다. 그리고 부모의 관심 주제를 제공한다. 가끔 청소년 사역자들은 참석률이 저조한(그리고 주로 그런 훈련이 거의 필요 없는 부모들이 주로 참석하는) 모임과 훈련을 계획한다. 그런 계획 대신, 사려 깊은 사역자들이 우리에게 두 가지 전략을 공유해주었다. 첫째는 부모님이 교회 안에 있는 시간을 이용하는 것이다(청소년부 모임 중이나 모임이 끝난 바로 직후, 주일학교 예배 시간 또는 예배 바로 직후에 – 점심과 아이 돌봄을 제공하면서). 둘째, 부모님이 관심 있거나 원하는 주제들을 다루는 것이다. 예를 들어, 디지털 테크놀로지와 소셜 미디어, 중학교나 고등학교의 과도기, 그리고 성에 관해 아이들과 대화하는 방법 등과 같은 주제들을 제공함으로써 가치 있는 도움을 줄 수 있다.

• 부모님을 자원봉사에 참여하도록 초대한다. 부모님이 관중처럼 지켜보게 두기보다, 그들의 재능과 기술로 직접 청소년 사역을 섬길 수 있도록 하는 것이다. 식사를 준비하거나, 차량 운행과 같은 일 이상의 것들을 시도해볼 수 있다. 멘토링, 소그룹 활동 담당, 또는 청소년 사역 봉사자 훈련 등의 기회를 만들어 본다.

청소년 주일을 없앤다. 대신, 모든 주일을 청소년 주일로 만든다

청소년 주일은 많은 교회와 공동체의 오랜 전통이다. 그 날은 일 년에 한 번 청소년 부서가 찬양에서 설교까지 모든 예배를 기획하고 담당한다. 공동체의 일부는 청소년이 참여하는 모습을 보며 흐뭇하게 미소를 짓는다. 또 다른 지체들은 시끄러운 음악과 어색한 순서를 참아주기보다 한 주 빠지는 쪽을 선호한다. 청소년들에게 청소년 주일은 잡동사니와 같다. 어떤 아이들은 공동체와 함께하는 기회를 즐기는 반면, 다른 아이들은 전시장에 놓인 것처럼 자연스럽지 않은 행사에 참여하도록 선생님과 부모님이 압박한다고 느낀다.

젊어지는 많은 교회에게 청소년 주일은 지나간 과거이다. 청소년이 참여하거나 주도할 수 있는 기회를 주고 싶지 않아서가 아니다. 정반대다. 뉴잉글랜드 한 교회는 "십대 주일"이라고 불렀던 것을 버렸다고 했는데, 청소년을 일 년 중 단 하루만 참여시키는 데 만족하지 않았기 때문이라고 말했다. 지금 청소년들은 주일마다 참여한다. 예배 일부를 인도하는 것에서부터 음향 장비를 다루고, 어린이 사역을 돕는 일까지 젊은이들은 교회의 주일 사역에 참여하며 함께 짐을 나눠지는 역할을 한다.

교회 리더 그룹과 함께 주일 모임들이 일주일 동안 젊은이들이 가장 기대하는 자리가 되도록 꿈꾸면 좋겠다. 청소년과 청년은 어디에서 더 잘 어울릴 수 있을까? 그들과 함께 어울리기 위해서는 무엇이 필요할까? 이 일이 이루어지도록 얼마나 많은 것을 기꺼이 바꿀 수 있을까?

테크놀로지를 지렛대로 이용하지만, 그것에 집착하지 않는다

청소년과 청년은 디지털 네이티브(digital natives)다. 인터넷이 일상이
고, 스마트폰이 전자레인지보다 더 흔한 세상에서 태어났다. 젊어지는 교
회들은 테크놀로지가 그들의 삶에 미치는 역할을 비판적으로 보기보다,
연결과 제자훈련에 지렛대로 이용한다. 우리가 마음먹기만 한다면, 젊은
이들은 디지털 테크놀로지를 이용해서 놀라운 방식으로 공동체를 이끌
수 있다.

그렇지만, 청소년과 청년에게 다가가기 위해서 우리가 모든 새로운 장
치나 소셜 미디어 플랫폼을 받아들여야 한다는 의미는 아니다. 기억해야
한다. 그들은 번지르르한 공동체보다 따뜻한 공동체를 더욱 원한다.

더불어, 그들은 친구들과 만나는 공간에서 어른들과도 연결되는 것을
항상 반기지는 않는다. 당신 공동체에 있는 젊은이들에게 교회가 어떻게
테크놀로지와 소셜 미디어를 사용하면 좋겠다고 생각하는지 물어보면 좋
겠다. 마찬가지로, 어떤 부분에 에너지를 쏟지 않아도 된다고 생각하는지
물어봐도 좋겠다. 청소년과 청년들은 교회 사람들과 만나거나 신앙에 관
한 이야기를 나누는 공간으로 어떤 소셜 미디어 플랫폼을 사용하고 싶은
지, 아니면 사용하지 않는 게 나을지 질문해보자.

24-29세 청년들이 편안한 곳에서 만날 수 있도록 다양화한다

체플게이트장로교회(Chapelgate Presbyterian)는 20대 청년들의 현실과
필요를 맞추기 위해 애써 왔고, 거기에는 그만한 보상이 있었다. 청년 사
역은 서로 다른 삶의 단계 - 싱글이든, 결혼을 했든, 아니면 자녀가 있든

- 에 있는 사람들을 수용하도록 다양한 기회를 제공한다.

앵커(Anchor)는 매달 두 번 만나는 성경 연구 모임으로 공동체 어른들의 가정에서 하는 식사에 중점을 두고 있다. 펍 신학(Pub Theology)은 매주 목요일 바(bar)에서 모이며, 교회라는 공간을 부담스러워하는 친구들이 편안함을 느끼는 환경에서 대화하며 성경을 연구한다. 또한, 체플게이트교회는 이 또래 그룹을 위해서 주일학교 반을 만들어 주었다. 이 교회는 예비 청년이 있는 곳마다 찾아가서 관계 맺고, 그들이 교회와 세상 안에서 그들의 자리와 목적을 발견하도록 도와주고 싶어 한다.

당신 교회의 20대 중후반 청년 몇 명에게 그들과 가까워지려고 교회가 지금 하고 있는 것을 어떻게 평가하는지, 그리고 그들의 필요를 더 잘 파악하는 데 필요한 아이디어를 요청해보면 좋겠다. 청년들이 프로그램을 요청할 것으로 예측하지 말라. 몇몇 현장은 20대 청년들을 대상으로 하는 구체적인 사역 프로그램이 없었지만, 청년들을 공동체의 삶으로 통합하였다. 어디서나 젊은이를 우선순위로 두는 목적을 공유할 때, 무엇이 표면에 드러나는지를 보면 좋겠다. 심지어 청년들이 자발적으로 구조를 만들고, 스스로 사역이나 주도적인 일을 시작하는 것을 발견할 수도 있다. 분명한 것은, 청년들이 일할 때, 반드시 지도자들로부터 적절한 지원을 받도록 해야 한다는 것이다.

청소년과 청년을 우선순위로 두려고 개인적인 선호를 희생하는 어른들에게 감사한다

많은 경우, 청소년과 청년을 우선순위로 둔다는 것은 어른들의 선호를 제쳐두어야 한다는 의미라고 이해한다. 제일침례교회의 어른들에게 스페인어를 포기하는 것은 단순히 선호하는 것 그 이상이었다. 그것은 정체성을 상실할 위험을 무릅쓰는 것을 의미했다. 당신 교회에 있는 어른들은 잃을 것이 별로 없을 수 있지만, 이런 희생들은 계속해서 언급하고 기념해야 한다. 한 목회자는 이렇게 말했다. "저희는 강대상에서 어른들에게 끊임없이 감사를 표현합니다. 어른들이 젊은이들에게 다가가기 위해 복장, 음악, 격식과 같이 그들이 선호하는 것 중 일부를 기꺼이 포기한 것을 인정해주는 것이죠. 저희는 이런 선물을 주신 어른들께 감사드립니다."

참된 공동체의 정신 안에서, 때론 젊은이들도 전체의 유익을 위해서 원하는 것을 포기할 필요가 있다. 어느 세대가 그 대가를 지불하고 있느냐와 상관없이, 모든 공동체가 젊어지도록 돕기 위한 희생을 감당하고 있는 것에 대해 감사해야 한다.

이 장의 핵심

- 젊어지는 교회는 단순히 말이 아니라 매일 현실 속에서 젊은이를 기꺼이 우선순위로 둔다.
- 이 교회들은 그 일이 자동으로 일어난다고 생각하지 않는다. 전반적인 목회 철학, 예배 모임, 스태프 모집, 예산에서 젊은이들을 강조한다.
- 청소년과 청년을 우선순위로 둔다는 것은 그들의 가정을 우선순위로 둔다는 것을 의미한다. 부모님은 아이의 삶에 가장 강력한 영적 영향력을 미친다. 하지만 부모님에게는 교회의 지원과 파트너십이 필요하다.

- 청소년과 청년에게는 공동체의 짐을 나눠지는 역할이 필요하다. 이 것은 섬김 그리고 은사로 공동체에 헌신하는 것을 의미한다.
- 좋은 지도자와 프로그램이 자동으로 우선순위를 만드는 것이 아니 며, 선한 의도만으로도 충분하지도 않다. 모든 곳에서 청소년과 청 년을 우선순위로 두기 위한 공동체의 문화 변화가 필요하다.
- 예수님은 우리가 하나님 나라 상속의 본이 되는 아이들을 환영하고, 아이들처럼 되어서 젊어지는 공동체가 되도록 초대하신다.

당신이 어디서나 청소년과 청년을 우선순위로 두도록 도와주는 전략적 질문

연구 결과

1에서 5까지의 눈금으로(1은 "우리가 여기에서 어려움을 겪고 있다"는 것이고, 5는 "우리가 잘하고 있다"는 것이다), 이 장에서 제시한 연구 결과에 근거하여 당 신의 공동체를 평가해보자.

1. 우리 공동체는 교회 공동체의 생활과 사역에서 적극적으로 청소년 과 청년을 우선순위로 두고 있다.

1 .... 2 .... 3 .... 4 5

2. 우리 공동체는 청소년 그리고 청년과 함께 사역하기 위해서 프로 그램과 스태프 모집에 구체적으로 투자하고 있다(우리의 규모와 자원에

맞게).

1 ········· 2 ········· 3 ········· 4 ········· 5

3. 우리 공동체에 있는 부모님과 양육자들은 자녀의 양육과 영적 성장에 있어서 지원을 받는다고 느낀다.

1 ········· 2 ········· 3 ········· 4 ········· 5

4. 우리 교회의 젊은이들은 의미 있는 역할을 하고 있으며, 자신이 공동체에 필요하다는 것을 안다.

1 ········· 2 ········· 3 ········· 4 ········· 5

5. 우리 공동체의 문화는 어디서나 젊은이를 우선순위로 두는 것을 지원한다.

1 ········· 2 ········· 3 ········· 4 ········· 5

행동을 위한 아이디어

1. 당신 공동체가 어디서나 젊은이를 우선순위로 두기 위해 이미 하고 있는 일은 무엇인가?
2. 당신 교회의 문화가 젊은이를 우선순위로 두고 있다고 말할 수 있는 증거는 무엇인가?
3. 당신의 교회는 얼마나 의도적으로 부모님을 지원하고 그들과 파트너가 되는가?

4. 이 장에서 읽은 아이디어뿐만 아니라 앞부분에 있는 연구 결과의 평가를 고려할 때, 당신과 교회가 만들고 싶은 한두 가지 변화는 무엇인가?

5. 이 대화에 참여할 필요가 있는 또 다른 사람은 누구인가?

6. 이런 변화를 이뤄가기 위해서 앞으로 몇 주 또는 몇 달 동안 당신이 할 수 있는 일은 무엇인가?

7장. 최고의 이웃 되기

우리가 사는 세계를 사랑하고 가꾸기

기독교는 모든 것이 원래대로 회복되는 것에 관한 이야기입니다. 우리에게는 소망이 주어졌고, 우리는 구속되었으며, 우리에게는 하나님의 권위로부터 이 세상을 변화시킬 수 있는 능력이 주어졌습니다 -이사야(Isaiah), 20세

알렉시스(Alexis)는 대학 졸업증을 손에 들고 세상을 바꾸겠다는 확신 속에 워싱턴 DC로 이사했다. 많은 젊은 전문가들처럼, 그녀는 비영리 단체들의 집중률이 높고 국가적, 세계적 정책에 영향을 미칠 기회가 많은 미국의 수도에 마음이 끌렸다.

알렉시스의 해야 할 일 목록의 맨 위에는 "잘하는 것"이 있었다.

교회를 찾을까?

별로.

그곳에서 첫 주를 보내고 있을 때, 근처 공원에서 열린 축제의 음악 소리가 알렉시스의 궁금증을 불러 일으켰다. 그녀는 잔디밭을 이리저리 돌아다니면서 변화를 만들 수 있는 기회를 제공하는 수십 개의 지역 단체들을 발견하고 매우 흥분했다.

특별히, 알렉시스는 "이 도시를 양육하라"(Forster the City)라고 적힌 큰 배너가 있는 테이블이 마음에 끌렸다. 두 명의 청년 봉사자는 이렇게 말했다. "'이 도시를 양육하라'의 목표는 우리 도시에 있는 위탁보육시설 대기자 명단을 없애는 것 입니다. 워싱턴 DC의 위탁보육시설 시스템에 가정이 필요한 수백 명의 아이들이 대기하고 있어요. 우리는 집이 필요한 아이들보다, 아이들을 양육하기 원하는 가정을 확보하려는 거예요. 이것은 큰 문제이고, 거대한 목표지만, 우리는 꾸준히 일해 왔어요."

알렉시스는 서명할 마음이 생겼고, 할 수 있는 어떤 일이든 도울 준비가 되어있었다. 그녀는 입양할 상황은 아니었기 때문에 돈을 기부했고, 다른 사람들에게 이 일의 필요성을 나누겠다고 했다.

알렉시스는 대화를 나누면서 봉사자들이 비영리 단체 소속이 아니라는 것을 알게 되었다. 그들은 디스트릭트교회(District Church)에 다니는 사람들이었다.

개척한지 얼마 안 된 그 교회는 "도시를 위한 교회"로 살았고, 그것이 그 교회의 목회철학이었다. 그리고 "도시를 양육하라"뿐만 아니라, 주변 이웃들과 다른 몇 가지 사회 정의 활동도 하고 있었다. 교회의 활동이나 철학에 관해 들을수록, 알렉시스는 이 교회야말로 함께 해도 괜찮을 것 같은 곳이라고 느끼게 되었다.

처음에 교회는 알렉시스의 해야 할 일 목록 어디에도 없었지만, 디스트릭트교회는 어떻게 교회가 지역사회에 예수님을 보여줄 수 있을지 고민했기 때문에 그 목록의 맨 윗자리로 뛰어오르게 되었다.

1년 후에 우리가 다시 디스트릭트교회를 방문했을 때, 알렉시스는 예배 인도자와 소그룹 구성원으로서 깊이 참여하고 있었다. 교회의 어떤 점을 사랑하는지 묻는 질문에는 지역 공동체에 참여하는 것이라고 반복해서 말했다. 알렉시스는 이렇게 말했다. "이분들을 축제에서 만났다는 게 정말 좋았어요. 예수님을 찾아다닐 필요도 없었고, 이런 분들을 만나려고 교회를 찾아다닐 필요도 없었거든요. 자기 교회의 행사에 오게 하려고 애쓰는 많은 교회와 달리, 이분들은 저 밖에서 자기의 일을 하고 있었죠."

이 교회가 축제에 일차적으로 초점을 맞춘 이유는 주일 예배 홍보가 아니라, 도시를 더 좋은 곳으로 만들기 위해서였다.

알렉시스는 계속해서 이야기했다. "이 도시에 있는 사람은 누구나 세상을 바꾸고 싶어 해요. 하지만, 이 교회는 제가 과거에 어떤 교회에서도 전혀 본 적이 없는 방식으로 이 일이 손에 잡히도록 만들어가고 있죠. 어떻게 당신의 신앙을 문화에 적용해서 하나님 뜻에 따라 세상과 상호작용할 수 있을지를 가르쳐 주고 있어요."

디스트릭트교회는 문화에 긍정적으로 관여하고 세상에 변화를 만들면서, 깊이와 신학 어떤 것도 희생시키지 않고 있다. 그래서 알렉시스의 마음을 사로잡았고, 마찬가지로 수백 명의 젊은 전문가들과 어른들의 마음도 얻었다. 젊어지는 다른 많은 교회처럼, 이 교회는 자기의 이웃을 매우 사랑한다.

디스트릭트교회는 젊어지는 교회들이 지역적으로 그리고 세계적으로 최고의 이웃이 되려고 얼마나 노력하는지 강조한다. 그들은 문화 그리고 세상과 상호작용 하면서 현명하고 섬세한 균형을 유지한다. 한 편으로는, 주변 문화 속에서 보는 것을 자신의 삶과 활동에 무차별적으로 양식화하는 단순한 흉내 내기를 하지 않는다. 다른 한 편으로는, 세상과 완전히 다르게 되거나 분리된 채로 관계 맺는 능력을 상실하지 않는다.

핵심 가치: 최고의 이웃이 되기

(맥락)

(열쇠꾸러미 리더십)

(최고의 이웃)

(청소년과 청년에게 공감)

젊어지기 위한 바퀴

(아이들과 가족들 우선순위)

(예수님 중심의 메시지)

(고령화)

(따뜻한 관계)

"세상"과 "문화"란 말은 무엇을 의미할까요?

기독교 전통은 세상, 문화, 그리고 다른 동의어들을 폭넓게 사용하기 때문에 중요한 두 용어에 대한 우리의 이해를 간략히 설명하고자 한다.

세상: 우리는 이 용어를 부정적 함의를 지니거나 그리스도인들이 피해야 하는 나쁜 것으로 사용하지 않는다. 대신에, 우리는 "세상"의 의미를 교회의 담장 밖에 있거나, 그 밖에서 일어나는 것(또는, 당신 교회에 담장이 없다면, 공식적인 교회 모임 밖에서 일어나는 것)이라고 정의한다.

문화: 우리 사용하는 이 용어에는 가치와 이념(ideas), 윤리적 · 성적 정체성, (미디어 · 아트 · 패션 · 테크놀로지 · 음악과 같은)팝 문화, 정치, 그리고 (동성애자의 결혼과 이민 같은)열띤 논쟁들이 포함된다. 우리는 작가이자 풀러 청소년 연구소의 연구 고문인 앤디 크라우치(Andy Crouch)의 문화 정의, 즉 "세상으로 우리가 만드는 것"(what we make of the world)[121] 정의로부터 도움을 받았다.

대신에, 젊어지는 교회들은 거룩하라는 성경의 명령에 충성하는 것과 이웃에게 관심 갖고 사랑하는 것 모두를 가치 있게 여기는 신중한 춤

(careful dance)을 인식하고 있다. 이 춤은 봉사하고, 사회적 정의를 추구하고, 청소년과 청년에게 소명을 발견하도록 도와주고, 대중문화와 상호작용하고, 그리고 열띤 문화적 이슈에 반응하는 방식에 영향을 미친다. 이 교회들은 세심한 정책들을 발전시키거나 신학적 입장을 밝히는 글을 발표하기보다, 청소년과 청년들을 훈련시키고 그들이 복잡한 세계 속에서도 잘 자라도록 돕는 통합된 제자도가 스며들게 한다.

이것은 매우 단순하게 보인다.

하지만 현실은 그렇지 않다. 우리는 심지어 모범적인 교회들에서조차 청소년과 청년을 이웃에게 가까이 다가가도록 돕기 위한 친절한 길을 제공하는 것이 절대 쉽지 않다는 것을 발견했다. 젊어지는 교회의 목회자들에게 청소년과 청년을 담당하면서 직면하게 되는 가장 큰 도전을 조사했을 때, 3분의 1이 문화를 다루는 문제를 언급했다. 가장 자주 언급된 문화적 장애물들은 교회와 지속적인 관계를 맺는데 따르는 어려움과 대중문화 규범에 젊은이들을 순응시키고자 하는 압박이 있었다.

최고의 이웃이 되려는 목표를 가진 교회들의 이야기를 읽을 때, (1장에서 설명된 것처럼) 젊어지기 위한 바퀴에 있는 핵심 가치들의 순서가 유연하다는 것을 기억할 필요가 있다. 어떤 교회에서는 최고의 이웃이 되겠다는 가치가 젊어지는 문으로 들어가는 입구 역할을 한다. 다른 교회에서는 마지막이 되기도 한다. 젊어지기 위한 바퀴의 순서가 마지막이라고 해서, 당신의 교회도 이 가치를 마지막에 둘 필요는 없다.

연구 결과

최고의 이웃은 질문한다. "누가 나의 이웃인가?"

최고의 이웃이 될 수 있도록 젊은이들을 훈련하는 교회들은 예수님을 따르려고 애쓴다. 마태복음 22장에서 한 율법사가 가장 큰 계명이 무엇인지를 알려달라고 했을 때, 예수님께서는 신명기 6장 5절을 인용하시며 대답하신다. "네 마음을 다하고 목숨을 다하고 뜻을 다하여 주 너의 하나님을 사랑하라." 익숙한 유대인의 명령 너머로, 예수님은 두 번째 "가장 큰" 계명을 덧붙이시면서 레위기 19장 18절을 언급하신다. "네 이웃을 네 자신같이 사랑하라." 예수님에게 하나님 사랑과 이웃 사랑은 분리될 수 없다.

> "모든 교회가 지역사회와 사회적 환경을 이해하고, 사랑하고, 그것과 하나 되어야 하며, 동시에 그것들을 기꺼이 비판하고 또 도전할 수 있어야 한다."[122]
> -팀 켈러, 뉴욕 리디머 장로 교회(Redeemer Presbyterian Church) 목사

우리 교회 젊은이들은 요즘 문화적 이슈들, 그중에서도 특히 성(sexuality)에 관한 우리의 견해를 고려하거나 존중하지도 않는 것처럼 보인다. 우리 공동체는 청소년과 청년을 지키는 것과 우리의 신념을 버리는 것 사이에서 하나를 선택해야만 할까?

문화는 굉장히 빠르게 변하고 있어서 우리 대부분은 따라잡기 어려워한다. 청소년과 청년들의 소셜 미디어 계정들을 가볍게 훑어보기만 해도, 문화적 이슈에 관한 젊은이들의 접근이 예전과는 다소 또는 완전히 반대라는 것을 알게 된다.

가볍고 쉬운 답변은 없지만, 우리는 공동체들이 이런 차이를 젊은이들과 공감(3장 내용)하고 따뜻한 공동체(5장 내용)를 만드는 렌즈를 사용해서 바라보는 것을 제안한다. 예배와 가르침만을 위해서 모이는 개인들의 느슨한 연합은 열띤 논쟁에 직면하면 무너져 내리기가 쉽다. 대신, 이 시기를 서로에게 더욱 가까이 다가가서 관계 맺고, 서로 다른 세대와 관점을 넘어서 함께 삶을 나누는 기회로 여긴다면 젊어질 수 있다.

그 뒤에 이어지는 분명한 질문은 이것이다. "누가 나의 이웃인가?"

감사하게도, 예수님은 누가복음 10장 25-37절에서 선한 사마리아인이라는 유명한 비유로 이 질문에 답하신다. 예루살렘에서 여리고로 여행하는 한 유대인이 강도를 만나서 심한 공격을 받고 거의 죽게 되었을 때, 두 명의 종교 지도자들(제사장과 레위인)이 이 사람을 보지만 그냥 지나간다. 그가 목숨을 건지게 된 것은 사마리아인이 도와주려고 멈춰 섰을 때였다. 그 사마리아인은 원수처럼 지냈던 낯선 유대인의 상처를 치료하고 여관으로 데려가서 머물 수 있도록 비용을 지불했다. 종교적이지만 냉담했던 여행자들과 달리, 이 사마리아인은 참된 이웃 됨을 실천한다.

최고의 이웃이 되려고 애쓰는 교회들은 공동체 밖 사람들에게 이런 이타적인 자비를 보여준다. 그들이 친구든, 낯선 사람이든, 아니면 원수든 말이다. 이 교회들은 외면하거나 해를 가할 힘이 있을 때도 연민과 용서를 보여준다. 젊어지는 교회들은 이런 자비를 수많은 형태로 – 봉사와 사회적 정의를 위한 노력에서, 정치적 참여에서, 인종과 민족적 정체성에 관한 논의들에서, 그리고 팝 문화에 대한 반응에서 – 실천한다. 그런 모습을 통해서 교회를 비판만 하거나 폐쇄적이라고 치부해 버리는 문화가 귀 기울일 수 있게 한다.

"누가 나의 이웃인가?"라는 질문은 주변의 필요와 문화에 대한 젊은이들의 반응이 자기 축하의 자비 이상의 것에 토대를 두도록 도와준다. 우리 사역이 예수님의 구속 이야기 안에 있을 때, 선한 행위들이 복음 안에서 다시 자리를 잡게 된다. 27세 티나(Tina)는 어떻게 신학이 지역사회 안에서 그녀 공동체의 행동을 형성했는지 다음과 같이 요약했다. "우리 교회는 단순히 좋은 일을 하고자 하는 열망 그 이상의 것이 있어요. 저희는 선과 정의에 대한 필요가 복음에 관한 우리의 이해로부터 온다는 것을 알고 있죠. 복음은 단순한 첨가물이 아니라, 예수님이 누구이시고, 하나님이 누구이시며, 인생이란 무엇인지에 토대를 두고 있어요."

알렉시스와 많은 젊은이가 티나처럼 디스트릭트교회로 이끌리게 되는 것은 풍성한 복음 이해와 적용 때문이다. 워싱턴 DC가 자주 양극화된 도시로 표현되지만, 이 교회는 젊은이들을 훈련해서 신중한 춤에 참여하게 하며, 모든 사람 – 그들이 민주당원이든 공화당원이든, 부자든 가난한 자든, 동성애자든 이성애자든, 보수주의자든 자유주의자든, 또는 친구이든 이웃이 된 낯선 사람이든 – 에게 자비를 실천한다.

환대하는 이웃들은 선한 것을 중요하게 여긴다

뉴스 헤드라인들은 매일같이 세상이 마땅히 그래야 하는 과 거리가 멀다고 외친다. 이런 현실은 젊은이들에게도 마찬가지다. 오히려, 소셜 미디어는 이전 세대들에게는 알려지지 않았던 직접성과의 세계적 갈등을 중계한다.

우리 주변의 고통과 파괴를 고려하면, 악을 드러내서, 도전하고, 극복할 필요가 있다. 젊어지는 교회들은 세상의 문제들을 부정하지 않으면서도, 선한 것을 강조하고 신실한 삶 속에서 구현하고자 끊임없이 애쓴다.

그들은 청소년과 청년이 지지하는 것보다 반대하는 것으로 자신을 규정해버리는 공동체에 지쳐 있다는 것을 이해한다.

우리가 목회자들에게 "당신의 교회가 젊은이의 마음을 끄는 데 성공한 것은 무엇 때문이라고 생각하는가?"라고 물었을 때, 약 3분의 1은 타인에 대한 그리고 전반적인 문화에 대한 수용적이고 열린 태도라고 대답했다. 더불어, 청소년, 예비 성인, 부모, 그리고 교회 봉사자들에게 교회가 왜 젊은이에게 효과적인지를 물었을 때, 똑같은 비율로 이런 긍정적 자세를 언급했다. 알라바마(Alabama)에서 사역하는 한 목회자는 "우리는 문화와 연결을 유지하려고 확실히 애를 씁니다. 철학적으로 말한다면, 우리는 문화를 두려워하거나, 문화를 원수처럼 대하지 않죠."라고 설명했다.

뉴욕에 있는 교회에 다니는 한 20대 청년은 우리에게 다음과 같은 사실을 알려 주었다. "제가 사귀는 여자 친구는 무슬림으로 자랐고, 불가지론자였어요. 제가 그녀를 우리 교회에 처음 데려갔을 때, 저는 약간 신경이 쓰였어요. 그것이 미친 짓이라거나 그와 비슷한 짓이라고 생각하지 않기를 바랄 뿐이었죠. 하지만, 정말로 믿을 수 없는 경험을 했어요. 우리 교회의 전체적인 분위기는 교리보단 이해에 가까운데요, 그렇다고 해서 교리를 제쳐두는 건 아니에요…그녀는 너무 감동해서 예배 때 울기 시작했죠."

최고의 이웃이 되길 바라는 공동체들은 계속해서 레이더를 문화 그리고 교회 밖에 있는 사람들로부터 발견한 긍정적인 부분에 맞춘다. 그렇다고 해서 당신의 교회가 모든 것을 수용한다거나, 아무런 차이도 없는 척해야 한다는 것을 의미하는 건 아니다. 그러나 환대하는 이웃들은 지속적으로 대화하고 관계를 가꿔간다. 특히 의견이 다를 때 더 그렇다. 우리 연구에 참여한 교회들은 심지어 논쟁적인 문화적 이슈에 관해서도 대화를 시작할 수 있는 충분히 보편적인 토대를 마련하는 데 별다른 어려움을 느끼지 않았다. 결국, 시편 24:1이 "땅과 거기에 충분한 모든 것이 주님의 것이다."라고 선언하는 것과 같다.

긍휼히 여기는 이웃들이 세상을 더 좋게 만든다

최고의 이웃이 되려는 교회들은 주변에 좋은 이야기를 하는 것으로 그치지 않는다. 그들은 이웃과 세상에서 좋은 일을 하는 데 초점을 맞춘다. 대부분 목회자가 그 부분을 중요하게 생각하지만, 교회가 봉사, 긍휼히 여기는 행동, 선교, 그리고 사회적 정의에 참여하는 게 얼마나 중요한지는 아무리 강조해도 지나치지 않다.[123]

우리가 인터뷰에 참여한 사람들에게 그들의 교회가 젊은이에게 무엇이 효과적인지를 물었을 때, 거의 60%가 봉사활동, 선교 활동, 또는 일반적인 외부 활동을 언급했다. 게다가, 목회자들에게 "당신 공동체에서 젊은이들의 헌신이나 성장을 보여주는 실천적 행동은 무엇인가?"라고 물었을 때, 약 70%가 어떤 식으로든 봉사에 참여하는 것을 언급했다.

하나님은 세상에서 선이 풍성하게 발견된다고 해서 조금도 놀라지 않으신다. 네덜란드 신학자인 아브라함 카이퍼가 선언했다. "우리 인간 존재의 전 영역에서 만물의 주권자이신 그리스도께서 '나의 것'이라고 외치지 않으시는 곳은 단 1인치도 없다."[124]

마이애미에 있는 트리니티교회(Trinity Church)의 전화 인터뷰 참여자들은 "저희는 공동체에 헌신해요"라는 말을 규칙적으로 반복했다. 우리 팀은 직접 방문하려고 준비하면서 이 말이 사실인지 아니면 단지 진부한 구호인지 궁금했다. 그러나 마이애미의 부유하고 화려한 사우스 비치(South Beach)부터 절제된 도시인 마이애미 가든스(Miami Gardens)로 운전해가면서, 우리는 곧바로 그 말을 공동체가 구현했다는 것을 깨달았다.

목회자들은 교회의 전략을 이렇게 설명했다. "저희는 영적 필요를 육체적·감정적·사회적 필요와 분리하지 않아요. 저희는 이 공동체 전체가 번창하길 바랍니다. 그래서 이 일을 위해 필요한 것은 무엇이든지 하죠." 트리니티교회는 전체적인 지원을 할 수 있도록 다양한 사역을 통해서 지역사회에 투자한다. 이 교회의 피스메이커스 미니스트리(Peacemakers Ministry)는 이웃(이들 중 다수가 이민자이다)을 위해서 식품 저장소를, 교도소 수감자를 위해서 개인지도와 상담, 그리고 직업 개발 지원을 제공한다. 그리고 매년 온종일 진행되는 홉잼(Hope Jam)이라는 행사를 개최하기도 하는데, 이 행사는 수천 명에게 이발, 치과 진료, 건강보험 등록, 그리고 음식 등을 제공한다.

이 교회의 다른 목회자는 이렇게 강조했다. "저희는 언제나 교회 건물을 벗어나서 세상을 섬기려는 마음이 있었죠. 하지만, 때로는 세상의 긍정적인 부분을 교회 안으로 들여오려고도 합니다." 공동체는 사무 공간 중 일부를 정부 단체들과 다른 사회봉사 기관에 빌려주면서 이런 목적을 이뤄가고 있다. 교회 문으로 들어오는 사람은 누구나 적절한 기관과 연결되어 도움을 받을 수 있다. 그분은 "누군가 트리니티교회에 나타날 때, 그들은 우리가 영적 필요만을 채우는 것이 아니라, 음식도 받을 수 있고, 사회사업가와 대화할 수 있고, 그리고 다른 실제적 필요를 충족시켜줄 수 있다는 것을 알아요."라고 말했다.

이웃들을 향한 이 교회의 접근법은 7살 때 가족과 함께 캐리비언(Caribbean)에서 이주해 온 알레한드로(Alejandro)를 포함한 많은 사람의 삶을 변화시켰다. 아빠는 집에 계시지 않고, 엄마는 여러 가지 일을 하느라 바쁘셨기 때문에, 알레한드로는 9세에 처음 마약을 시도했다. 중학교 1학년 때, 그는 마약 거래를 하고 있었다. 중학교 2학년 때, 학교에서 학교폭력을 당했으며, 심지어 자살까지 시도했다. 정신 병원에서 자기 삶을 예수님께 드리고, 익명 알콜 중독자 프로그램을 마친 알레한드로는 고등학교 신입생으로 돌아왔다. 감사하게도, 곧바로 학교 캠퍼스에서 만난 기독교 동아리와 연결되었으며, 트리니티 교회 학생들이 그를 이끌어 주었다.

> "…이웃으로서 역할이 우리 정체성의 일부임을 강조하면서, 공유하고 있는 문화와 지리적 공간들, 그리고 가까이 있다는 것은 책임을 동반한다는 사실을 상기시켜 주죠. 심지어 이웃을 사랑하라는 예수님 말씀을 제쳐두고라도, 우리의 공동 번영이 서로에게 달려 있다는 것을 알아요."[125] –마코토 후지무라(Makoto Fujimura), 아티스트, 작가, 그리고 풀러 신학교의 예배·신학·예술을 위한 브렘 센터의 감독(director of Fuller Seminary's Brehm Center for Worship, Theology, and the Arts)

몇 주 지나지 않아서, 알레한드로는 매주 트리니티교회 예배를 드렸고 신앙이 있는 멘토를 만나게 되었다. 그는 우리 연구 팀에게 이렇게 말했다. "저는 이 교회가 좋아요. 트리니티는 제가 자신에 대해 가지고 있던 모든 부정적 이미지를 버릴 수 있다는 걸 보여줬거든요. 왜냐하면, 하나님이 무슨 일이 있어도 저를 사랑하시기 때문이죠. 누구나 최악의 날에 이 교회에 찾아올 수 있고, 그 일은 당신의 삶을 완전히 바꿔줄 거예요."

알레한드로는 다른 상처 입는 젊은이들을 향해 시선을 향하고 있으며, 그들의 말을 들어주고 격려하면서 도와주고 있다. 몇 년 전에, 교회가 자기에게 해 주었듯이 말이다.

인내하는 이웃은 목적지만큼이나 여정을 존중한다

전화 인터뷰 참가자들을 대상으로 기독교인 친구에게 자기 교회를 어떻게 설명할 것인지를 물었을 때, 43%가 교회의 수용적인 분위기에 초점을 두었다. 우리는 이 사실을 현장 방문을 하면서 확인했고, 알렉시스와 열두 공동체의 약 200명에 가까운 젊은이들이 자기 교회가 문화적 이슈들과 어떻게 상호작용하는지 알려주었다. 청소년과 청년은 특정한 믿음, 입장, 진술에 도달하게 하는 과정과 여정에 교회가 얼마나 큰 관심이 있는지 일관되게 설명했다. 특히 정치, 종교 간 대화, 또는 동성애 같은 뜨거운 문화적 이슈에 대해 교회가 이미 정해놓은 입장은 젊은이들이 소화하기 어려울 수 있다. 교회가 대화에 폐쇄적인 것처럼 보일 때, 젊은이들은 자기가 가장 중요하게 여기는 이슈에 마음이 맞는 대화 상대를 찾아서 다른 곳으로 눈을 돌린다.

우리 연구에 참여한 교회들이 결코 신학적으로 얄은 것은 아니지만, 그럼에도 그들은 다른 의견에 관대한 마음을 보여준다. 인터뷰 참여자들이 자기 교회를 묘사할 때, 교회에 있는 믿음의 유사성보다는 다양성을 8배 정도 더 많이 언급했다.

"회복을 이해하지 못하면, 당신은 다음 세대 그리스도인을 이해하지 못할 겁니다. 그들은 정의와 자비와 평화와 긍휼과 관용을 세상에 불어넣기 위해서 하나님과 파트너가 되어 자기 자신이 선교하고 있다고 보거든요."[126] -게이브 라이언스(Gabe Lyons), 저술가이자 큐 아이디어들(Q Ideas)의 설립자

플러드교회(Flood Church)의 젊은이들은 친구를 편하게 데려올 수 있다

고 느낀다. 그 이유는, 교회의 가르침이 아직 진리를 받아들일 준비가 되지 않은 사람들을 판단하지 않고 말씀을 선포한다는 것을 알기 때문이라는 것이었다. 한 고등학교 1학년 학생은 "우리 교회 청소년 담당 목사님은 '너답게 오면 돼'(Come as you are)라고 말씀하는 걸 좋아하세요. 아직 그리스도인이 아니라는 이유로 판단 받지 않기 때문에 친구들이 편하게 약속하죠"라고 말했다. 젊어지는 교회들은 어떤 신학적 스펙트럼에 있든지, 다양한 차이를 과장하기보다는 공유할 수 있는 본질적 믿음에 강조점을 둔다. 이런 방법으로, 교회와 신앙이 일치하지 않는 사람들도 적어도 대화에 참여하면서 환영받는다고 느끼게 된다.

흥미로운 점은, 우리가 만난 몇몇 젊은이들이 한두 가지 논쟁적 이슈에 교회의 입장과 완전히 일치하지는 않지만, 의사결정 과정을 존중하기 때문에 여전히 교회에 남아 있다고 했다. 미네소타에 사는 한 18세 청년은 이렇게 말했다. "저희는 중요한 사회 이슈들을 이야기해요…우리가 분명 그 이슈들과 관련 있으니까요. 하지만, 사람들에게 그런 문제를 어떻게 생각해야 하는지는 말하지 않아요. 이 부분을 제가 정말 좋아하죠. 저는 목회자분들에게 '이것을 어떻게 생각하세요?'라고 물으면서 이상하다고 느낀 적이 전혀 없어요. 그분들이 제가 정확히 어떻게 생각해야 한다고 말하지 않을 거라는 걸 알기 때문이죠. 대신, 그분들은 저를 대화 속으로 초대해요. 그런 과정에서 우리는 믿음을 삶으로 실천해야 하는 방식들을 함께 끌어낼 수 있게 되죠."

대화는 더 많이. 결론은 더 적게.

요즘 미국 교회에서 가장 치열하게 논쟁 중인 두 가지 주제인 성적 정체성과 동성애자의 결혼을 다룰 때, 이 여정을 존중하는 것이 특별히 중요해 보인다. 해결책을 제시하는 것은 이 책의 범위를 넘어서긴 하지만,

이 논쟁들은 거의 모든 젊어지는 교회에서 논의 주제이다.

우리 연구에 참여한 교회들이 복잡한 이슈의 모든 "면"을 심하게 비판했지만, 이 교회들은 정보에 근거하고, 공손하며, 사려 깊은 대화에 헌신하며 하나가 되었다. 예를 들어, 한 교회는 동성애 문제에 관한 모든 대화를 시작할 때 모든 사람에게 하나님의 은혜가 공통적으로 필요하다는 사실을 상기시켰다. 또 다른 교회는 어떠한 갈등이나 논쟁보다도 더 크신 하나님을 강조하면서, 과거에 교회가 성급하게 판단하고 은혜가 부족했던 것에 대해 동성애 공동체에게 공개적으로 용서를 구했다.

더 나아가, 젊어지는 교회들의 목회자들은 대화의 문을 닫는 것으로 인식되는 결정을 내리거나 특정 신학적 견해를 밝히는 것에 민감하다. 그들은 지도력 공백 속에서 결정들을 내리기보다, 특별히 LGBTQ 정체성을 가지고 있거나, LGBTQ 성향을 가지고 있거나, 또는 매력을 느낀다고 여기는 사람들과 마주치며 살아가고 있는 젊은이들을 둘러싼 이런 이슈들의 긴장을 인식하고 있다. 목회자들은 두리뭉실하게 말하는 것을 피하는 대신, 관련된 모든 사람이 하나님의 형상으로 창조되었다는 사실을 존중하려고 한다. 그들은 모두의 – 젊은이와 늙은이 둘 다 – 질문, 믿음, 경험을 나눌 수 있도록 안전하고 정직한 대화 공간을 마련한다.

용기 있는 이웃들은 윤리적 다양성을 포용한다

윤리적 다양성은 청소년과 청년의 레이더에 있다. 아마도 다른 또래 그룹들보다 훨씬 더 예민하다. 그들에게 교회를 묘사해 달라고 부탁했을 때, 24-29세 사이의 5명 중 1명꼴로 윤리적 다양성을 언급했다. 그러나 그 아이들 교회의 목회자들이나 어른들은 10명 중 1명만이 다양성의 강조를 선택했다.

"미국 교회는 불가피한 것과 마주하고, 역사의 다음 단계를 준비할 필요가 있어요. 우리는 가까운 미래에 백인이 아닌 사람이 다수인, 다민족적인 미국 기독교를 보게 될 겁니다. 불행히도, 이런 급격한 인구 변화에도 불구하고, 미국 복음주의는 낡은 그리고 점점 더 무관해지는 문화적 포로상태를 반영하고 세계적, 지역적 현실 둘 모두와 단절된 교회론 및 가치 체계에 빠져있습니다."[127] -라승찬(Soong-Chan Rah), 노스파크 신학교(North Park Theological Seminary)

우리가 3장에서 보았듯이, 인종적·민족적 다양성은 요즘 젊은이들에게 일상이다. 그런데도, 미국의 대부분 교단과 교회들은 압도적으로 단일 문화 집단으로 나타난다.[128] 많은 교회에서 인종적·민족적 다양성의 결핍뿐만 아니라 이런 다양성에 대한 젊은이들의 인식을 고려하여, 우리 연구팀은 참여하는 교회들의 약 3분의 1을 다인종 교회로 정하게 되었다.

국제적 다민족 공동체인 펠로우십 멤피스(Fellowhsip Memphis)의 모든 대화는 두 가지 주제로 되돌아가는데, 복음과 인종적 화해다. 첫 번째 없이 두 번째는 절대 언급되지 않는다.

"인종적 화해는 목표가 아니에요. 목표는 복음이죠. 복음은 당신의 근처, 일터, 그리고 체육관에 있는 사람들을 사랑하는 거죠. 이들이 우리가 복음을 삶으로 실천하면서 함께 하라고 요구받는 사람들이에요. 우리는 교회에서 다음과 같은 질문을 받아요. '당신의 저녁 식탁은 어떠한가? 당신의 가정에 누구를 초대하고 있는가?' 당신의 식탁에 당신과 다른 사람들이 함께 있을 때, 삶의 변화가 오게 되죠. 화해는 복음의 일부거든요." -자마(Jamar), 29세

학교나 좋아하는 카페에서는 자신과 다른 사람들과 만나게 되지만 예배 시간에는 자기와 똑같이 보이는 사람들만 보게 될 때, 젊은이들은 혼란과 당황스러움을 느끼게 된다. 펠로우십 멤피스 공동체에서 지체들의 다양성은 멤피스라고 하는 다양성의 도시를 반영한다. 이 공동체의 한 고등학생은 이렇게 말했다. "제가 다니는 공립학교에서는, 모두 하나가 됩니다. 하지만 교회를 생각해보면, 이 도시에는 너무도 많은 분열이 있어요. 우리 교회는 오히려 학교와 비슷해요. 제가 친구를 데려가면, '와우, 이 교회는 내가 다니는 교회와는 다른데'라고 말하죠."

청소년과 청년의 민족적 다양성과 효과는 복합적인 그림을 제공한다

우리가 높은 다양성을 가진 교회들의 효과성을 조사했을 때, 그 결과는 복합적이었다. 여러 분석에 걸쳐서, 우리 연구에 참여한 다양성을 가진 교회(80% 또는 그보다 낮은 수준의 같은 민족 교인들, 적어도 20%가 하나 또는 그 이상의 다른 민족성을 지니고 있다는 것을 의미한다)가 젊은이들의 신앙 성숙뿐만 아니라 교회의 건강 평가에서 다양하지 않은 교회들보다 더 나았다.[129] 그러나 교회가 80% 이상의 다양성을 가질 때(같은 민족을 대표하는 교인이 70%나 60% 정도인 공동체로 가까워질 때), 교회들은 점차 더 낮은 수준의 건강과 신앙의 성숙을 보고했다.

이런 결과에 대해서 우리는 공동체가 20% 이하의 다양성을 이룰 때, 중요한 부분이 - 적어도 젊은이들의 마음을 끄는 것과 관련해서 - 상실된다고 해석했다. 그러나 공동체가 다양성을 높이고 단일 인종과 민족을 대표하는 지체들이 절반(또는 그 이하)에 점점 가까워질 때, 교회 생활 및 사역은 더 힘들어진다. 이 결과를 우리 프로젝트의 백인이 아닌 자문위원들과 이야기했을 때, 그들은 다양성이 증가하면서 복합성도 증가한다고 하

는 도전에 공감했다.

한 예로, 우리 연구에 참여한 다인종 공동체 설립자인 한 목회자는 공동체를 약 70%의 백인과 젊은이로 시작했는데, 시간이 지나면서 교회가 압도적으로 아프리카계 미국인을 대표하는 쪽으로 변했다고 말했다. 아프리카계 미국인 목회자가 이 틈을 메우는 데 도움이 되었다. 그러나 이 교회가 다민족화 될수록, 인종·계급·이민·언어 등의 이슈들이 더욱 표면으로 드러났다. 이 목회자는 이렇게 회상했다. "당신은 제자도에 대한 깊은 헌신을 화해에 대한 깊은 헌신과 분리할 수 없습니다. 목회자가 이런 수준의 긴장을 다룰 수 없다면, 그들은 내부파열을 두려워한 나머지 화해로 깊이 들어가지 않은 채로 하나 됨과 조화에 대해 말할 거예요. 그래서 당신은 서로의 짐을 짊어지는 데 제한을 받게 될 겁니다." 높은 수준의 다양성에는 많은 도전이 있지만, 우리는 점점 많은 수의 교회와 목회자가 이런 다양성을 추구하고, 이런 다양성을 복음의 실천적 확장으로 인식한다는 사실에 힘을 얻게 된다.

인종적 불의: 행동이 뒤따르는 이해를 목표로 둔다

소셜 미디어에서 정보를 얻는 요즘 청소년과 청년은 인종적으로 비난을 받는 폭력 행위나 잠재적인 인종 차별 행위가 공개되면 즉시 알게 된다. 그들은 대화를 나누고, 어려운 이슈들을 진솔하게 말하고, 직접 영향을 받는 사람들을 위해서 애통하며 기도할 수 있는 공간을 원한다. 교회들(특히 백인이 압도적으로 많은 교회들)이 아무 반응도 보이지 않을 때, 이런 침묵은 많은 것을 시사한다.

우리 자문 위원들과 다양성에 관해 이야기할 때 상당한 혼란이 있었다. 일부는 계획을 세웠음에도 불구하고 사역이 바라던 것처럼 또는 미국이라는 나라만큼 다양하지 않았기 때문에 좌절감을 - 심지어 죄책감을 - 느꼈기 때문이었다. 이 토론은 버지니아 워드 박사(Dr. Virginia Ward)의 통찰력 덕분에 긍정적으로 바뀌게 되었다. 워드 박사는 과거에 인터바서티 크리스찬 펠로우십을 위한 뉴잉글랜드 블랙 캠퍼스 미니스트리 디렉터(New England Black Campus Ministries Director for InterVarsity Christian Fellowship)였고, 지금은 고든 콘웰 신학교에서 리더십과 멘토드 미니스트리의 디렉터(Director of Leadership and Mentored Ministry)로 섬기고 있다. 버지니아 박사는 현명하게 제안했다. "우리는 당신이 이해하지 못한다는 걸 알아요. 우리는 당신이 이해하지 못한다는 것을 알게 되기를 기다리고 있어요. 우리에게 와서 '내가 이해하도록 도와줘요'라고 말해보세요."

당신이 "이해하도록" 도울 수 있는 사람들뿐만 아니라 당신이 "이해하지 못하는" 방식들을 생각할 때, 앞으로 대화에서 도움을 구하는 자세를 어떻게 연습할 수 있을까?

> "우리 교회는 모든 민족이 하늘에서 함께 예배하는 것을 성경이 얼마나 강조하는지를 이야기해요. 우리 교회는 이것을 반영하는 교회죠. 그것은 매우 다양하고, 어떤 것이라고 말하기도 쉽지 않아요. 당신은 한 명의 사람이고, 저도 한 명의 사람이죠. 그 사이에는 아무런 장벽이 없어요." -도슨(Dawson), 18세

공정한 이웃들은 사회경제적 다양성을 추구한다

젊어지는 교회들은 민족적 다양성에서 멈추지 않는다. 그들은 사회경제적 다양성을 추구한다. 한 로마 가톨릭 지도자는 이렇게 말했다. "우리 교구가 좋은 점이 있어요. 최근에 미사를 드리는 동안, 뒤쪽 자리 중 한

곳에 제가 알기로 집이 없는 어떤 남자가 앉아 있었다는 겁니다. 그 바로 옆자리에 미국에서 큰 제약 회사 중 한 곳의 부회장이 앉아 있었죠. 한 사람은 수백만 장자이고 한 사람의 거의 무일푼인 사람이지만, 그들은 같은 회중석에 앉아 있었어요. 이것이 우리 교구의 모습이에요."

우리가 직접 방문한 12개의 공동체는 사회경제적 다양성을 각기 다른 방식으로 추구하고 있었지만, 그것은 거의 모든 교회에서 증명된 가치였다. 최고의 이웃이 되려고 하는 교회들은 특별히 가난한 사람들에 대한 사역과 그들을 받아들이는 것에 관해 알고 있는 것처럼 보인다.

현명한 이웃들은 청소년과 청년이 소명을 발견하도록 도와준다

3장에서 강조했듯이, 요즘 25세는 15세 같고, 그 반대이기도 하다. 삶의 목적을 발견하려고, 그들은 직업적 소명과 공동체를 섬기는 소명 둘 모두를 위한 바른길을 찾으려고 애를 쓴다. 목적지에 이르는 6가지 다른 길을 제시하는 네비게이션처럼, 삶은 청소년과 청년이 선택하기 어려운 매우 많은 선택지를 제공한다. 이런 혼란의 한 가운데에서, 우리는 아이들이 하나님께서 미래를 계획하신다는 것을 발견할 수 있도록 돕는 데 있어서 교회가 학교 상담사보다 훨씬 좋은 위치에 있다고 믿는다.

젊어지는 교회들은 청소년과 청년이 거대한 이야기에 비추어서 자기 존재와 직업을 찾아가도록 도와주는 직업 안내를 제공한다.[130] 이 이야기는 단순히 "월급을 주는 직업을 발견하는 것"보다 더 큰 의미와 목적을 가진다. 우리가 인터뷰한 200명의 그리스도인 젊은이 중 다수는 기독교 이야기가 그들의 가장 큰 질문과 꿈을 어떻게 형성하고 어떤 맥락을 제공하는지 강조했다. 기독교 이야기는 초 개인주의와 소비주의에서 물러나, 하나님께서 이 세상에서 하고 계신 일에 참여하도록 도와준다. 또, 청소년과 청년에게 왜 항상 계획에 만족할 수 없는지에 관한 안내를 제공하며, 지루한 사실주의(jaded realism)의 부정적 효과를 막아준다.

최근에 대학을 졸업한 24세 토냐(Tonya)는 이렇게 말했다. "제가 다니는 교회는 젊은이가 그냥 중요한 존재가 아니라, 교회라는 몸에 없어서는 안 되는 존재라고 느끼게 해줘요. 우리 교회는 이렇게 말해주죠. '넌 중요하고, 지금 너의 시간은 그 어느 때보다 중요하단다.' 이 메시지가 늘 저와 함께했고, 그저 제 삶이 시작되기만을 기다리고 있는 것처럼 느껴질 때 제 뒤에서 필요한 응원을 보내주는 선한 목소리였죠. 이 메시지는 청년으로서 나의 삶과 삶의 목적을 바라보는 관점을 바꿔주었어요."

젊어지는 교회들은 청소년과 청년의 은사를 알아보고, 젊은이들이 자기 정체성을 발견하고, 소속감을 키우며, 목적을 발견할 수 있도록 돕는 멘토링 공동체 역할을 한다. 이 교회들은 젊은이들 앞에 셀 수 없는 선택지가 놓여 있을 때, 자기다운 직업을 찾도록 도와준다. 교외에 있는 중간 규모의 한 교회는 청년 성경 공부를 직업과 소명에 관한 질문들을 탐구하는 소그룹으로 바꾸면서 이 일을 해냈다. 또 다른 작은 공동체는 이와 비슷한 주제들로 젊은이들이 목적에 맞는 일을 찾아가는 여정에서 경험이 많은 어른들과 함께 할 수 있도록 매년 반복하는 10주 시리즈를 개발했다.

좋은 이웃들은 흔한 함정들을 피한다

우리 세계와 관계 맺는 데 있어서, 젊어지는 교회들은 다른 공동체를 넘어지게 하는 네 가지 흔한 함정을 성공적으로 피한다.

완벽을 목표로 삼기

인터뷰 참가자들에게 교회의 특정한 발언이 얼마나 진실한지 평가해 달라고 했을 때, 낮은 등급(5점 중 3.72점) 중 하나는 "사람들에게 문화적, 사회적 이슈들과 상호작용하는 법을 가르치는 것"이었다. 힘 있고 건강한 교회에서조차, 참여자들은 문화적 참여라는 부분에 성장이 필요한 공간이 있다고 느낀다. 그러나 교회가 얼마나 진실하게 사회적 정의나 궁핍에 처한 사람들을 섬기는 것을 강조하는지 물었을 때, 응답자들은 자기 공동체에 5점 중 4.47점을 주었다.

젊은이들은 좋은 이웃이 되기 위한 자기 교회의 선한 의도와 행동을, 심지어 완벽하지 않을 때조차 높이 평가하는 것으로 보인다.[131] 미국 북동부에 사는 한 청년은 이렇게 말했다. "제 친구들과 저에게는 세상과 넓은 문화가 준 냉소주의 이상의 것이 필요해요. 우리 교회는 그 이상을 제공하죠. 바로 그것이 우리 교회가 젊은이들의 마음을 끄는 이유입니다."

따라하기와 경쟁하기

진정성에 높은 가치를 두고 속이는 사람이나 속임수를 알아채는 청소년과 청년의 묘한 능력을 고려하면서, 젊어지는 교회들은 주변 문화를 따라하거나 엔터테인먼트 산업과 경쟁하려 하지 않는다. 우리 조사에 참여한 젊은이들이 연관성을 가지려고 지나치게 애쓰는 교회들에 대해 회의적인 반응을 보인 것을 보면, 이것은 현명한 일이다.

플로리다에 있는 젊은 목사 그레이스(Grace)는 이렇게 표현했다. "젊은이를 즐겁게 하려는 유혹에 저항하는 것은 단순하게 저희가 엔터테인먼트 문화 속에 있기 때문입니다. 만약, 저희가 젊은이들을 즐겁게 하려고 애쓴다면, 그들은 진정성이 없다고 느끼고 교회를 떠나려고 할 거예요. 교회 밖에는 즐길 수 있는 더 좋은 것들이 있으니까요."

정죄하기와 비판하기

청소년과 청년들은 우리 교회가 무엇에 반대하는지를 안다. 우리를 믿어라. 소위 기독교적 명언인 "죄인을 사랑하고 죄를 미워하라"는 문장은, 적어도 그 문장의 뒷부분 만큼은 자기 역할 이상을 해냈다.

때론 정죄와 비판이 유용하지만, 젊어지는 교회에게 그런 자세는 드물게 보인다. 연구 자문위원인 앤디 크라우치는 더 긍정적인 전략을 이야기한다. "문화를 바꾸는 유일한 길은 더 많은 문화 만드는 것…이웃을 설득해서 우리의 새로운 제안에 따르도록 하려면 기존의 문화 상품을 버리게할 수 있는 것을 만들어야 해요."[132]

"더 많은 문화"를 만드는 시도를 디스트릭트 교회가 하고 있다. 워싱턴 DC라는 위치를 고려할 때, 이 교회는 서로를 정죄하고 비판하는 그룹들에 둘러싸여 있다. 하나의 부정적인 목소리를 더해서 끝없는 논쟁에 들어가기보다, 이 교회는 더 넓은 세상에서 일어나고 있는 일에 귀를 기울이려고 한다. 그 후에 그리스도인 공동체가 할 수 있는 독특한 공헌이 무엇인지를 묻고, 이 물음에 대한 답변을 현실로 만들려고 한다. 이런 자세가 알렉시스와 다른 젊은이들의 마음을 교회로 이끈 것이 틀림없다.

하나의 "올바른" 프로그램, 의미, 또는 사회적 정의 이슈 발견하기

한 지도자 그룹에게 이 내용을 발표했을 때, 우리는 다음과 같은 논리의 질문을 받았다. "세상에서 차이를 만든다는 부분에서, 당신의 연구는 지역적으로 섬기는 것이 더 좋다는 것을 보여주나요, 아니면 세계적으로 섬기는 것이 더 좋다는 것을 보여주나요?"

짧은 대답은 "아니다"이다.

좀 더 길게 대답하면 우리 연구에 참여한 교회들은 보편적으로 섬김의 중요성에 대해 말했지만, 정확히 어떻게 섬기느냐 하는 방법은 매우 다양했다. 교회들은 해외·국내 선교 여행에 참여하고, 교회에서 봉사하고, 교회 밖을 섬기고, 노인들을 위해서 낙엽을 긁어모으고, 무료급식소에서 자원봉사를 하고, 집을 짓고, 변호하는 일과 이민을 지원하고, 성매매에 반대하는 노력을 조직화하고, 인종적 화해를 실천하고, 환경을 돌보고, 도시에서 휴지를 줍고, 그리고 사회적 기업가 정신을 탐구하는 것 등의 좋은 이웃이 되는 일을 실천한다.

"올바른" 의미를 찾는 것보다 더 중요한 것은, 그 이슈가 관련된 사람들에게 의미가 있다는 것이다. 젊어지는 교회의 목회자들이 의미를 발견할 수 있는 이유는 공동체와 지역사회에 있는 사람들의 말에 귀를 기울이기 때문이다. 그들은 "정말로 이 이슈에 관심이 있어요."라거나, "제가 그곳을 섬길 때, 살아있다는 느낌을 받았어요."와 같은 말들에 주목한다.

젊어지는 교회들은 주변 사람들에게 의미 있는 것에 귀를 기울이면서 전략적으로 이미 빡빡한 교회 일정이나 예산에 새로운 의미를 끝없이 추구하는 일을 피한다. 또한, 교우들이 거대한 하부구조를 지탱해야 한다는 느낌을 받지 않으면서 그들의 관심이 새로운 사역의 싹을 틔울 수 있도록 돕는다. 이런 촉매 역할을 하는 교회들은 권한을 나누며 풀뿌리와 같은 초기 단계에서 또 다른 의미를 발견하게 하거나, 이미 좋은 일을 하고 있는 공동체 조직에 합류할 수 있게 한다. 초교파 교회에 다니는 23살의 저스틴(Justin)은 이렇게 말했다. "우리 교회는 모두 각자 관심 가지는 것이 있어요. 그 일을 하려는 열정을 교회에 허락받을 필요는 없죠. 저희가 원하는 환경은 사람들에게 권한이 주어져서 관심 있는 것을 자유롭게 추구하고, 그 일에 다른 사람들이 참여하도록 이끄는 것이에요. 그래서 우리 교회에는 밀매에 반대하는 소그룹, HIV/AIDS 소그룹, 또 다른 다양한 소그룹들이 있어요."

실천 아이디어

다음 아이디어를 살펴보면서, 양쪽 여백에 메모하면 좋겠다. 그 아이디어가 우리 교회에 적합한지, 누가 실행해야 하는지(당신인가 아니면 또 다른 지도자인가), 그리고 지금 당장 할 수 있는지 아니면 나중에 해야 하는지 적어보는 것이다. 모두 하지 않아도 괜찮다. 대신, 당신이 지금 할 수 있는 두세 개의 아이디어가 목표이다. 그 후에 마지막 부분에 있는 전략적 질문을 사용해서 당신의 교회가 최고의 이웃이 되기 위한 구체적인 계획을 세워보는 것이다.

이웃을 이해한다

최고의 이웃이 되는 것은 이웃의 존재를 이해하는 것에서 시작된다. 당신 이웃 가정의 수입, 민족·연령의 다양성, 그리고 가난과 교육의 수준을 살펴보자. 당신을 놀라게 하는 것들이 있는가? 그 결과가 당신 교회의 교인 통계와 어떻게 연결되는가? 지역사회의 데이터를 바탕으로, 당신 교회의 어떤 부분이 달라지기를 기대하는가?

인구조사자료로 알게 된 것을 기초로 더욱 집중해서 지역사회를 연구할 수 있는 그룹을 모아볼 수 있다. 이웃들과 모임을 만들고, 지역사회 구성원들의 필요를 비공식적으로 조사해보고, 자치단체 공무원들과 만나고, 그리고 비영리 사역에서부터 다른 지역에서 이루어지는 사역까지 목록을 정리해보자.

주변 공동체와 조화되는 단계에서 다양성을 추구하는 것은 단지 좋은 일로 그치는 것이 아니다. 그것은 교회의 미래에 대단히 중요한 일이다.

접촉을 다양화한다

당신은 교회가 더 많은 다양성을 갖길 바라지만, 그 목표를 이루는 방법에 대해서는 확신하지 못하는가? 교회에 초점을 맞추기 전에, 먼저 자신의 접촉 범주에 초점을 맞춰볼 수 있다. 핸드폰을 꺼내서 통화 목록을 위아래로 훑어보고, 그중에서 지난주에 이야기를 나눈 사람들의 숫자 또는 당신과 다른 민족인 두 사람의 이름을 적어보자.[133]

만약에 그 숫자가 당신의 기대보다 작다면, 다른 민족 사람들과 관계 맺을 수 있는 계획을 세워보는 것이다. 출발점으로 적어도 다섯 명과의 우정을 목표를 세우면 좋겠다(또는 당신의 상황에 따라 더 높게 조정해도 된다). 아마, 당신이 사는 도시나 교단 안에서 다양한 민족성을 가진 교회 지도자들과 만날 수 있을지도 모른다. 만약 부모라면, 자녀 친구의 부모 중 한 명과 커피를 마시거나 저녁 식사를 할 수도 있다.

체계적인 경청을 통해서 문화를 다시 공부한다

당신은 아직 비디오 카세트 녹화기(VCR)를 가지고 있는가?
당신은 "스마트"하지 않은 핸드폰을 사용해 본 적이 있는가?

누군가 "쿠키"라고 말할 때, 당신의 마음에 떠오르는 첫 번째 이미지는 먹는 것인가?

당신이 이 질문 중에서 하나라도 "네"라는 대답을 했다면, 요즘 문화에 대한 관점이 조금은 새로워질 필요가 있다. 젊어지는 교회들의 특징은 주변 세상에 정기적이고 체계적인 경청을 실천한다는 것이다. 이 교회들은 개인적인 실천뿐만 아니라, 목회자들과 봉사자들이 함께 모여서 다양한 대화에서 들었던 것을 들여다본다. 다음은 당신도 시작할 수 있는 몇 가지 제안이다.

- 지금 당장 요즘 가장 인기 있는 노래를 몇 곡 들어보자. 혼자 듣든 다른 사람들과 함께 듣든 상관없다. 그 노래는 문화에 관해 무엇을 말해주며, 지난주에 그 노래를 들은 수백만 명의 사람에게 중요한 것은 무엇일까? 그 노래가 자연스러웠다면, 다음 설교나 소그룹에서 아티스트의 이름을 이야기해보자. 당신은 청소년과 청년들이 얼마나 빨리 활력을 되찾는지 보고 나서 놀랄 수도 있다!
- 당신 핸드폰에 일기나 메모 앱을 설치하고 교회 주변 이웃들을 45분 정도 산책하며 둘러보자. 어떤 이웃들이 있는가? 그들에게 중요해 보이는 것은 무엇인가? 어떻게 하면 교회가 그들과 좀 더 가까워질 수 있을까?
- 쇼핑몰에서 어느 정도 시간을 보내보자. 그냥 고객이 아니라, 문화 탐정으로서 말이다. 저녁 식사 시간 무렵에 푸드코트 옆 벤치에 앉아서 지켜보자. 보통 그냥 지나치는 가게들, 특히 청소년 문화와 관련된 가게에 들어가 보자. 당신 주위의 간판, 패션, 그리고 대화 주제는 무엇을 전달해 주는가?

"목사로서 성경과 신학을 알 필요가 있지만, 이것 때문에 당신은 사람들과 자연스럽게 단절될 수 있어요. 당신은 사람들을 알고, 사람들의 말에 귀를 기울이며, 단지 책상 앞이 아니라 거리에서 당신의 신학을 형성할 필요가 있는 거죠."

–유진 조(Eugene Cho), 퀘스트 처치(Quest Church)

설문조사에 따르면…

공동체 설문조사를 해볼 수 있다. 우리 연구에 참여한 교회 중 하나는 해마다 설문조사를 하는데, 그 이유는 교회 지체의 비율이 단기간 머무르는 젊은 전문가들이 많아서 공동체가 끊임없이 변하기 때문이다. 어느 공동체든지 조사 결과는 설교와 소그룹 주제, 스태프 모집, 그리고 프로그램 제공에 대한 안내로 제시할 수 있다.

다음은 한 젊어지는 교회의 부목사 샘(Sam)의 사례이다.

저희는 교회를 전반적으로 조사하고 나서, 얼마나 많은 싱글이 우리 공동체에 있는지 알고 충격을 받았어요. 설교와 프로그램 대부분은 아이를 가진 기혼 부부에게 초점이 맞추어져 있었거든요. 그래서 교회는 싱글들의 필요를 더욱 잘 헤아리는 목사님을 모시게 됐고, 이 사역은 성장하고 있죠. 담임 목사님도 설교 예화에 싱글들을 포함하는 방향으로 조정하셨어요. 그동안 성 또는 데이트 주제를 다뤄왔지만, 앞으로 더 많이 말할 필요가 있다는 것도 깨달았죠. 그 시리즈 주제 때문에, 평소보다 네 배나 많은 사람이 찾아왔어요. 이런 이야기를 교회가 거의 다루지 않는다는 것이야말로 저희에게는 하나의 교훈이었죠.

돈을 받고 설문조사를 해주는 회사들이 많이 있다. 아니면, 팀을 꾸려서 스스로 설문조사를 디자인할 수도 있다. 대학에서 마케팅을 전공하는 청년이 공동체에 있다면 학점 때문에라도 그 일을 진행해 줄 수도 있다. 어떤 방식을 택하든, 연령·젠더·교육 수준·민족성·혼인 상태·수입 수준·출생지와 같은 개인적인 인구학상의 정보를 모아야 한다. 다른 부분을 파악할 수 있는 질문들은 다음과 같다.

- 당신은 우리 교회에 언제부터 다녔는가?
- 당신은 우리 교회에 얼마나 자주 참석하는가?
- 당신은 어떤 프로그램과 활동에 참여하는가? 당신들은 그것들을 어떻게 평가하는가?
- 당신을 우리 교회로 이끈 것은 무엇인가(친구/가족, 인터넷 검색, 설교, 예배 스타일, 봉사 기회, 지역 공동체에 알려진 이름, 또는 그 외의 어떤 것)?
- 우리 교회의 어떤 면을 좋아하는가?
- 우리 교회가 당신의 삶에 어떻게 긍정적 영향을 미쳤는지 나눌 수 있는 이야기가 있는가?

문화 신학을 만든다

당신의 문화 신학을 알고 있으며, 어떻게 이 신학이 당신의 교회가 교회 밖 세상과 상호작용하는데 이바지하는지 알고 있는가? 당신 교회의 청소년과 청년은 비록 신학이란 용어를 사용하진 않더라도 당신의 신학을 감지할 수 있다.

세 가지 중요한 질문을 이야기할 수 있도록 리더십팀이나 자원봉사팀

(그리고 아마도 몇몇 청소년이나 청년도)을 모아보자.

- 우리의 현재 활동과 대중적인(공식적인) 커뮤니케이션(웹사이트, 입장 표명서 등)은 주변 문화와 세상을 향한 우리의 자세에 대해 (명시적으로든, 암묵적으로든) 무엇을 드러내는가?
- 우리의 교회가 주변 문화 및 세상과 어떻게 상호작용해야 하는지에 대해 실제로 우리가 믿는 것은 무엇인가? (당신이 이 질문에 답할 때, 4장에 있는 이야기에 대한 우리의 강조를 활용하라, 138-40페이지).
- 우리가 실제로 믿는 것과 우리가 현재 소통하는 것을 비교할 때, 최고의 이웃이 되기 위해 우리 교회가 바꾸어야 할 두세 가지는 무엇인가?

어려운 주제는 은혜로 다룬다

당신이 소그룹, 봉사자, 리더십팀, 또는 교회 전체와 얘기하고 싶지 않지만, 마땅히 필요하다고 느끼는 당면한 어려운 주제는 무엇인가? 우리가 방문한 일부 교회에서, 그것은 돈이었다. 다른 교회들에서, 그것은 이민 개혁이었다. 주제들이 다양하긴 하지만, 젊어지는 교회들은 이런 이슈를 회피하지 않는다. 그들은 오직 그리스도 안에 있는 유대를 통해서만 이루어지는 하나 됨으로 대화의 맛을 더한다.

이런 하나 됨을 강조하는 방식 중 하나는 토론으로 넘어가기 전에 시간을 내서 (우리에게 성찬식으로 알려진) 주님의 만찬을 함께 나누는 것이다.

내가(제이크) 다녔던 교회의 목사는 어떤 중요한 토론을 갖기에 앞서 주님의 만찬을 나누는 것을 지지했다. 그는 우리 공동의 죄와 구원의 원천을 인식하면서 그리스도의 몸과 피를 함께 나누는 것보다 더욱 하나가 되게 하는 것은 없다고 생각했다.

우리가 그리스도 안에서 지닌 하나 됨을 모든 사람이 기억하게 돕는 역할을 하는 한 사람을 지명한다. 어려운 주제들을 다룰 때, 긴장이 끓어 오르기 시작한다면, 멈춘다. 지명된 사람이 모든 사람에게 방금 함께 나누었던 그 의식을 기억하게 한다. 대화가 격렬해질 때도, 주님의 만찬을 통해서 증명된 공동의 유대는 우리 사이에 있는 차이를 덮는다.

모두가 예수 그리스도의 하나 되게 하시는 능력에 대해 생각할 수 있도록 잠시 침묵 시간을 갖는다.

그 후에 토론을 계속하고, 필요하다면, 반복한다.

지역적으로 시작한다: 단지 대중적(인기를 위한) 슬로건이 아니라, 연구로 주도되는 교회 전략

알렉시스와 같은 젊은이들이 먼 곳으로 가는 선교 여행을 가치 있게 여기고, 세계적으로 인식하는 경향이 있지만, 이들은 또한 자기 뒤뜰에서 차이를 만드는 것 역시 가치 있게 여긴다. 연구원으로 우리가 방문한 교회들이 지역 사회에서 놀라운 일을 하고 있다고 생각했을 때도, 이 교회의 청소년과 청년은 자기 공동체가 훨씬 더 많은 일을 하고 있기를 바라고 있었다.

한 규모 있는 교구는 젊은이들이 지역 공동체를 섬기고자 하는 열정이 집 없는 이웃들에게 음식과 옷을 제공하는 넓은 범위의 사역으로 흘러가게 했다. 집 없는 사람들에 대한 이런 관심은 이제 단순한 프로그램이나 사역 전략이 아니라 그 이상이다. 이것이 교회 전체의 마음과 관계를 형성했다. 한 청년은 노숙인 교회 친구 중 하나가 교회에서 열린 자기 결혼식에 참석했다고 말했다. 직장 동료(이 교회에 참석하지 않는)가 신랑에게 와서 이렇게 말했다. "부랑자 한 명이 네 결혼식에 참석한 거 봤니? 넌 이게 믿어지니?"

신랑은 이렇게 답했다. "그는 부랑자가 아냐. 그는 우리 공동체 중 한 명이야."

당신이 다가가고 섬길 수 있는 집 없는 사람들이 당신 교회의 이웃일수 있다. 또는, 당신은 학생들을 도시에 머물며 일하는 선교 "여행"에 데려갈 수도 있다. 당신이 무엇을 선택하든, 그 결정이 지역 이웃의 말에 주의 깊게 귀 기울이는 것에 기초를 두도록 해야 한다.

세계적으로 확장한다: 쌍방향(쌍무적) 관계로서의 선교와 정의

지역적으로 시작하는 게 중요하지만, 최고의 이웃이 되는 것은 전 세계의 이웃도 포함된다. 당신의 교회는 아마도 다른 나라의 교회들과 국제 선교 및 구호 단체들로부터 많은 요청을 받을 것이다. 우리 연구를 토대로, 이런 봉사를 하는 당신에게 조언 한마디를 하려고 한다.

> "온 세상에 다가가는 비결은 먼저 당신의 세계에 다가가는 겁니다. 당신의 세계에 다가갈 때, 그 세계가 세상에 다가가기 위해서 얼마나 확장되는지를 보고서 놀라게 될 겁니다" –어윈 라파엘 맥마누스(Erwin Raphael McManus)

이 주제를 우리 프로젝트 자문 위원들과 논의했을 때, 일부 지도자가 많은 교회 안에 만연해 있는 "구원자 콤플렉스"를 강조했다. 우리는, 마치 우리(모든 것을 함께 가지고 있는)가 그들을(우리의 도움을 절박하게 필요로 하는) 구원하기라도 하는 듯이 말하고 행동한다. 교회가 젊어지기를 바라는 우리는 반대 자세를 취해야 한다. 구원하시는 분은 예수님이시라는 것과 우리는 베푸는 것보다 더 많은 유익을 받고 있다는 것에 있어서, 모든 세대에게 정직할 필요가 있다.[134]

당신이 해외 선교(세계적으로 여행할)팀을 준비할 때, 다음 질문들을 고려해야 한다.[135]

• 우리는 어떻게 "영적 관광"을 넘어서는 섬김으로 나아갈 것인가?
• 우리의 섬김이 어떻게 하나님 나라 공의의 일부가 될 수 있을까?
• 우리의 섬김을 통해서 엮어져야 하는 가장 중요한 신학적 실타래는 무엇인가?
• 섬김은 청소년 및 청년의 정체성 발달에 어떻게 도움을 주는가?
• 우리가 섬기는 사람들과 참된 상호적 파트너십을 발전시킨다는 것은 어떤 것인가?

파트너가 된다

당신의 교회가 모든 공동체 봉사 활동을 자체적으로 운영하고 있다면, 당신은 스스로 과중한 압박을 가하고 있거나, 전략적인 파트너와 함께 할 때보다 더 낮은 질의 봉사를 제공하고 있을 가능성이 있다. 퍼시픽 노스웨스트(Pacific Northwest)에 있는 한 교회는 부모들에게 울화를 다루는 것에서부터 대학 진학 계획에까지 이르는 주제로 실천적인 훈련을 제공하고 싶어 했다. 지역 YMCA가 비슷한 사명을 가지고 있다(공유한다)는 것을 알게 된 후에, 그들은 YMCA와 파트너가 되어서 해마다 몇 차례 6주간의 부모 훈련을 제공하기로 했다. 공동체의 부모들은 중립적인 장소에서 세미나를 참석하는 데 더욱 편안함을 느끼며, 교회 스태프와 봉사자들에게는 지속적으로 이웃들과 관계 맺을 기회가 생겼다. 나아가, 부모와 교회 스태프 모두는 YMCA의 선생님들을 통해서 자기 전문분야를 넘어서는 영역에 관해 중요한 지식을 얻게 되었다.

당신이 어떻게 최고의 이웃이 될 수 있을지 생각할 때, 새로운 사역을 혼자 진행하는 대신에 리더십 팀이나 선교 위원회와 함께 파트너가 될 수 있는 지역 사회 단체들을 브레인스토밍하면서 시간을 보내는 것이 좋다. 그렇지만 더 좋은 방법은 당신 팀의 각 구성원이 하나의 지역 위원회나, 테스크포스팀, 학교 협의회 등에 가입해서 지역 사회가 필요로 하는 것들의 기초 단계 들어갈 수 있게 것을 고려해보는 것이다.

젊어지고 있는 다민족 교회 한 곳은 지난 10년 동안 지역 학교에서 모임을 가져왔다. 이 교회 목회자들은 교회 건물을 짓는 것이 아니라, 빌딩 캠페인을 계획하고 있다고 말했다. 그들은 그 교회가 공간을 임대할 커뮤니티 센터를 짓기를 원한다. 주 중 엿새 동안, 이 건물은 지역 사회에 기초를 둔 활동을 진행한다. 주일과 주중 가끔 비어있는 날에는 교회 활동을 한다. 이런 식으로, 이 교회는 주인이라기보다 손님으로서의 정체성을 유지한다. 이 목회자는 교회가 지나친 안락함에 빠지지 않도록 하기 위해 이런 사고방식이 매우 중요하다고 본다. 이것은 또한 "교회 안"과 "교회 밖" 사이의 선을 지우도록 도와주며, 교회 공동체가 지역 공동체와 연결을 유지하도록 해준다.

고등학교 강당에서 예배를 드리는 또 다른 큰 교회는 학교와의 파트너십을 선한 이웃이 되는 것으로 본다. 목회자들과 학교 운영자들은 끈끈한 관계를 맺어왔다. 교장 선생님이 실제로 한 명의 목사에게 캠퍼스에서 정규 근무를 할 수 있도록 장소를 제공해 줄 정도의 강한 관계였다! 이 교회는 역으로 학교에 필요한 것들을 기부하며, 졸업식에는 주차 봉사자들을 보내준다. 이 교회와 고등학교는 심지어 고등학생들과 교회 지체들이 스태프로 참여하는 일 주일간의 초등학생 대상 여름 스포츠 캠프를 공동 후원하는데, 여기에 참여하는 교회 지체 중 다수는 일 년 중 가장 의미 있는 한 가지 사역에 참여하기 위해서 휴가를 낸다. 세계적으로 영향을 미치고 있는 이 교회의 목사는 이렇게 표현했다. "때로 젊은이들은 저희를 놀라게 하죠. 저희는 고등학교와 협력하는 여름 캠프를 열어서 공동체에 선한 이웃이 되는 것이 그렇게 중요하리라고는 생각하지 못했습니다. 하지만 젊은이들은 이 캠프를 우리 교회에 대해 사랑하는 것이라고 했죠."

소명 그룹을 만든다

많은 교회처럼 당신의 교회도 20대 젊은이들이 사역에 동참하게 하려고 애쓸지 모른다.

소명을 찾고 싶은 청년들의 바람뿐만 아니라 이리저리 직업을 옮겨 다니는 경향을 고려하면서, 젊어지는 교회들은 소명과 사명에 관해 분명히 말한다. 우리 연구에 참여한 한 교회는 소명 그룹들을 통해서 이런 대화의 자리를 마련한다. 젊은이들이 소명·은사·경력·직업에 관해 듣게 되는 혼란스러운 메시지 사이에서, 그룹은 혼란을 세세히 살피고 명료해지도록 도와준다.

청소년과 청년에게 "당신은 원하는 대로 될 수 있다"라고 말하기보다, 하나님이 그들을 어떤 존재로 또 어떤 일을 하도록 부르셨는지 발견하는 여정에 함께 하면서 돕는 것이다. 그 여정의 출발점이 될 수 있는 아이디어는 다음과 같다.

- 의도적으로 시간을 낸다. 젊어지는 교회 중에서 일부는 의도적으로 젊은이들이 장기간 헌신하게 한다. 왜냐하면, 이런 헌신이 더 깊은 영향을 준다고 생각하기 때문이다. 또 다른 교회들은 긴 헌신을 요구하는 대신, 6주에서 8주 정도를 목표로 세운다. 이 정도 기간이 리듬을 만들고 가치를 나누기에 충분하고, 바쁘거나 주저하는 청년들도 가볍게 참여할 수 있을 만큼 길지 않다고 본다. 이 기간 끝나면 지속에 대한 선택권은 항상 그룹이 결정한다. 변두리 지역에 있는 한 교회는 이런 그룹을 만들기 시작했는데, 직업적인 지원과 안내에 절박했던 교회 밖 지역사회 젊은이들의 마음을 끌기 시작했다. 당신 교회에 적절하다고 느끼는 속도를 찾고, 그곳에서부터 시작하면 된다.

- 커리큘럼 구성에서 소명과 직업을 언급하는 성경 구절을 연구하는 데 시간을 들여야 한다.[136] 함께 소망과 두려움을 나누고 서로를 위해서 기도해야 한다. 다른 대안으로, 풀러 신학교 학장인 마크 래버튼의 책 『제일 소명』(IVP에서 번역 출간되었다-옮긴이)은 또 하나의 좋은 출발점이다. 래버튼은 소명의 근거를 "와서 나를 따르라"는 예수님 말씀에 두고, 사람들이 예수님의 초대를 받아들이고 살아낼 수 있는 실천적인 단계들을 제공한다.[137] 당신이 책을 사용하든, 성경을 공부하든, 아니면 완전히 다른 콘텐츠를 개발하든, 그룹 구성원들이 정직하게 이야기 나눌 수 있는 시간과 공간을 만들어주어야 한다. 그리고 당신의 소명을 향한 여정 가운데에서 하나님을 경험하게 해달라고 함께 기도해야 한다.

- 청소년과 청년들이 신앙의 간증을 함께 나누도록 격려한다. 그리고 그 이야기에서 서로 다른 직업과 사역의 관심사에 하나님께서 어떻게 응

답하셨는지 보여주는 측면들을 발견하도록 도와준다. 다양한 직업을 가진 어른들을 초대해서 이야기를 나눌 수 있다. 비슷한 직업적 관심과 꿈을 가지고 있는 젊은이들을 어른들과 연결해서 단기적 또는 장기적인 멘토링 관계를 만들어준다.

- 교회에 유급 또는 자원봉사 인턴십을 제공한다. 인턴십은 청년들에게 자연스러운 변화를 경험하는 시기에(예를 들어, 고등학교를 졸업한 해 여름, 대학 생활 동안의 여름, 그리고 대학 졸업 후에 바로) 관심 있는 직업과 관련된 일을 경험할 수 있는 귀한 시간을 제공한다. 우리 연구에 참여한 한 교회는 1년 동안 인턴십에 참여하여 스스로 재정을 마련하는 젊은이에게 교회에서 무료로 집을 제공한다. 또 다른 인턴십 프로그램은 대학생들과 졸업생들이 목회자들에게 멘토링 받을 수 있기 때문에 성공적이었다. 한 여자 청년은 이렇게 말했다. "저희는 진정한 책임감을 갖죠. 신뢰를 받고 있으니까요."

이유를 준다

청소년과 청년 다수는 차이를 만들고 싶어 한다. 당신 교회와 공동체는 왜 이런 열정을 느끼는지 이해하도록 도울 수 있는 능력이 있다. 이 열정을 하나님의 구속적인 복음 이야기 안에 두는 것이다. 설교나 소그룹을 준비하면서, 청소년과 청년이 최고의 이웃이 되고 싶어 하는 열정을 다가올 하나님의 새로운 창조뿐만 아니라 하나님께서 창조하실 때 의도하셨던 것과 연결하는 방법을 고민해야 한다.

디스트릭트교회의 한 목사는 우리가 방문한 주말에 바로 이 일을 했다. 설교 주제는 "왜 교회인가?"였으며, 교회가 세워진 이유와 미래에 향한 교회의 소망을 설명했다. 30대인 그 목사는 워싱턴 DC에 사는 사람들이 믿고 있는 커다란 거짓말은 그들이 기독교 공동체 밖에서 세상을 바꿀 수 있다는 것이라고 말했다. 반대로, 그는 우리 스스로 세상을 바꾸는 것이 어렵다고 하더라도(또는 거의 불가능하다 하더라도), 이 일은 신앙 공동체가 정의하고, 지속하며, 성령의 능력으로 시도하는 것이 최선이라고 말했다.

알렉시스와 이 공동체에 있는 수백 명의 청년이 고개를 끄덕이는 모습을 볼 때, 그 설교는 마음에 닿았던 것 같았다.

이 장의 핵심

- 젊어지는 교회들은 지역과 세계에서 최고의 이웃이 되려고 애쓴다. 이 교회들은 거룩하라는 성경의 명령에 충성하는 것과 이웃에게 관심 갖고 정성스럽게 사랑하는 것 모두를 가치 있게 여기는 신중한 춤을 인식하고 있다.
- 청소년과 청년이 이웃에게 가까이 다가가도록 돕는 친절한 길을 제시하기는 쉽지 않다. 우리 연구에 참여한 교회 중 36%가 문화를 다루는 도전을 젊은이 사역의 큰 장애물이라고 말했다. 이런 혼란 속에서, 우리는 최고의 이웃이 되려고 하는 교회들의 공통된 몇 가지 자세를 발견했다.
- 최고의 이웃이 된다는 것은 공동체들이 마 22:34-40과 눅 10:25-37에서 예수님이 보여주신 모범들을 따르면서 담장 밖에 있는 사람들에게 자비를 베푸는 것을 의미한다.
- 젊어지는 교회들은 선한 것을 중요하게 여기고, 세상을 더 좋게 만

들며, 목적지뿐만 아니라 여정을 존중함으로써 좋은 이웃이 된다. 이 공동체들은 민족성과 사회경제적 지위의 차이보다 더 큰 이웃 사랑을 보여준다.

• 청소년과 청년들이 소명을 찾아 나서는 가장 중요한 시기에 교회와 공동체는 소명을 발견하고 선한 이웃이 되도록 도와줄 멘토링 그룹을 만나게 해줄 수 있는 유일한 위치에 있다.

당신이 최고의 이웃이 되도록 도와주는 전략적 질문

연구 결과

1에서 5까지의 눈금으로(1은 "우리가 여기에서 어려움을 겪고 있다"는 것이고, 5는 "우리가 잘하고 있다"는 것이다), 이 장에서 제시한 연구 결과에 근거하여 당신의 공동체를 평가해보자.

1. 우리 교회는 예수님께서 가르치시고 보여주신 이타적인 자비의 모범을 따르면서 청소년과 청년이 최고의 이웃으로 자라나도록 의도적으로 훈련한다.

1 ········· 2 ········· 3 ········· 4 ········· 5

2. 문화를 향한 우리 교회의 자세는 선한 것을 중요하게 여기고 주변 세계가 나아지도록 하는 것이다.

1 .... 2 .... 3 .... 4 5

3. 우리 공동체는 결론 자체뿐만 아니라, 우리의 입장과 결론에 도달하기 위한 여정에도 초점을 둔다.

1 .... 2 .... 3 .... 4 5

4. 우리 교회는 공동체의 민족적, 사회경제적 다양성 수준에 만족한다.

1 .... 2 .... 3 .... 4 5

5. 우리 공동체는 청소년과 청년이 세상에서 자기의 소명을 발견하도록 도와준다.

1 .... 2 .... 3 .... 4 5

행동을 위한 아이디어

1. 당신은 주변의 문화와 접촉하기 위해 개인적으로 무엇을 하고 있는가?
2. 당신의 공동체가 세상에 최고의 이웃이 되기 위해서 하고 있는 긍정적이며 생명을 나누는 일은 무엇인가?
3. 이 장에서 읽은 아이디어뿐만 아니라 앞부분에 있는 연구 결과의 평가를 고려할 때, 당신과 교회가 만들고 싶은 한두 가지 변화는 무엇인가?
4. 이 대화에 참여할 필요가 있는 또 다른 사람은 누구인가?

5. 이런 변화를 이뤄가기 위해서 앞으로 몇 주 또는 몇 달 동안 당신이
   할 수 있는 일은 무엇인가?

8장. 자신의 삶의 자리 안에서 젊어지기

변화의 계획을 세우는 방법

우리 교회는 변화가 필요하다는 것을 알아요. 그렇지 않으면, 저희는 죽게 될 겁니다. –크리스틴(Kristin), 행정 목사

이 교회는 변화하는 교회이고, 저희는 변화하는 세계의 일부죠. 저는 세상과 함께 변할 수 있을 만큼 충분히 클 필요가 있다는 것을 배웠어요. –항크(Hank), 76세

성 요한 가톨릭교회는 젊어지는 것이 선택이 아니라 필수라는 것을 알고 있다.

인디애나폴리스의 첫 로마 가톨릭 교구로 1871년에 세워진 성 요한 교회는 풍부한 역사를 갖고 있다. 도시의 비즈니스 구역 중심에 있는 이 교회의 높이 솟은 첨탑들은 140년 넘게 지평선의 랜드마크가 되어왔다. 이 교회는 18명의 사제와 함께 어려운 시기를 이겨냈는데, 이 중 일부는 30년 이상 교회를 섬겼다.

그러나 1980년대와 1990년대, 이 교회의 미래는 어두웠다.

거주자들이 도심에서 교외로 이동하는 흐름 때문에 지난 30년 이상

성 요한 교회는 큰 영향을 받아 왔다. 1980년대에 이르러 교인 수가 감소했다. 대부분 출석 교인은 출퇴근하며 일하는 사람들이었으며, 정오 미사에 참석했다. 한 사제는 이렇게 회상했다. "30년 전, 교회 문은 미사 시간에 열렸다가, 미사가 마치면 다시 잠겼죠." 노인들과 비즈니스 전문가들만 조금 남아 있을 뿐, 아이들이나 젊은이들은 거의 출석하지 않았다.

많은 교회처럼, 성 요한 교회 역시 늙어가고 있었다. 교회 건물들과 캠퍼스도 그랬다. 더 마음이 불편한 것은, 교인의 평균 연령이 점점 높아지고 있었다는 것이다.

우울했던 어느 해, 교회는 거의 문을 닫게 되었다. 영원히.

그리고 2009년에, 전환점을 맞이했다. 사람들이 너무 나이 들었다거나, 도로가 너무 불편하다거나, 때가 너무 늦었다는 것을 핑계대지 않고, 교회는 젊어지기로 했다.

지지하는 움직임 중 하나로, 가톨릭 대교구(Catholic Archdiocese)는 성요한 교회 청년 사역을 우선순위로 두겠다는 결정을 내렸다. 최근에 시내지역은 개발이 완료되었으며, 이와 함께 공동체가 다시 활성화될 수 있는이상적인 시간을 맞이했다. 현명하고 재능 있는 지도자인 릭 신부(Father Rick)는 교회와 멀지 않은 곳에 있는 인디애나 대학교 캠퍼스 중 하나로부터 부탁을 받고 교목(the campus chaplain)으로 섬기게 되었다. 청년들을 위한 새로운 활동들이 시작되었는데, 그중에는 그들을 공동체와 가까워지도록 하기 위한 주일 저녁 미사와 주중 모임들이 있었다.

젊은이들은 천천히 교회와 다시 관계를 맺기 시작했다. 전반적인 출석인원이 늘어났고, 평균 연령은 낮아지기 시작했으며, 사역은 더 깊고 넓어지게 되었다.

성 요한 교회는 젊어지고 있었다.

예상하겠지만, 젊어지기 위한 움직임에는 늘 시련이 있었다. 오랫동안 교회를 출석한 어르신 분 중 일부는 자신들이 무시당한다고 느꼈다. 또 다른 사람들은 젊은 사람들과의 연결 자체가 도전적인 일이라는 것을 알게 되었다.

오랫동안 교회에 출석하고 있는 어르신인 글레디스(Gladys)는 이렇게 회상했다. "젊은이들이 나를 무서워하는 것처럼 보이기도 하고, 늙은이와 말하고 싶어 하지 않는 것처럼 느껴졌죠."

감사하게도, 그녀는 이런 염려를 릭 신부에게 편안하게 말할 수 있었다. 릭 신부는 그녀를 비롯한 다른 어르신들이 젊은이들의 정체성, 소속감, 삶의 목적에 관한 탐구에 공감하도록 도와주었다. 젊어지는 것은 쉬운 일이 아니었다. 젊은이와 어르신 양쪽 모두에게 상당한 시간이 필요했다. 그러나 교회의 리더십 팀은 견고했으며, 자체 위원회, 소그룹, 그리고 봉사팀을 다양한 연령층으로 구성했다. 그리고 어른들과 대학생들을 연결해 주는 "학생 입양"(adopt a student) 프로그램을 시작했는데, 그들은 비슷한 직업에 관한 관심과 취미를 공유했다. 글레디스와 다른 교우들은 도움의 손길을 베풀 방법들을 계속해서 찾았으며, 결국 세대를 가로지르는 관계가 더 깊어지게 되었다.

그러나, 이 교회는 매우 자주 둘로 갈라진 듯한 느낌을 받았다. 캠퍼스 교목으로 섬기던 릭 신부는 이런 딜레마를 교회 리더십 팀에게 표현했다. 이에 대한 답변으로, 릭 신부는 교회의 지도 목회자로 임명되어서 두 공동체를 통합하는 일을 맡게 되었다. 교회가 시간제로 대학생 스태프들을 고용했기 때문에, 그는 자기 시간의 대부분을 공동체 전반에 쏟는 동시에 대학 교목이라는 역할을 할 수 있었다. 쉬운 일이 아니었지만, 릭 신부와 그의 팀은 굳은 의지를 가지고 교회를 한 몸으로 연합시키기로 결심했다.

그 팀은 전략적으로 어르신들이 정기적으로 참석하는 주간 마이너리그 야구 경기와 같은 행사를 목표로 삼았다. 그들은 젊은이들에게 야구 경기 뿐만 아니라 전통적으로 경기에 앞서서 교회 정원에서 모이는 야외 식사 둘 모두에 참석하도록 권유했다. 그 덕분에 경기에 참석하는 교인 수가 세 배나 늘었다. 더 중요한 것은, 젊은이와 어르신이 껄끄럽지 않고 즐거운 분위기 속에서 연결될 수 있었다는 점이었다.

특별히 청년들은 집이 없는 주변 이웃들을 섬기는 교회 사역을 포함해서, 사회적 정의를 위한 노력에 매력을 느꼈다. 그들은 매일 수십 명의 굶주린 사람들에게 꾸준히 식사를 대접했던 자원봉사팀에 합류했다.

역동적인 청년 공동체는 곧 싱글들과 결혼한 부부들이 어우러진 형태로 발전하게 되었는데, 그 부부 중 다수는 성 요한 교회에서 만난 사람들이었다. 그들이 자녀를 갖기 시작하자, 공동체는 이에 대한 반응으로 젊은 가족들이 새로운 생활 단계에 적응하도록 돕는 훈련과 소그룹을 개발했다.

몇 년 동안 이런 점진적인 변화를 만들어가던 어느 날, 한 방화범이 교회에 들어와서 불을 질렀다. 기적처럼 불은 빨리 꺼졌지만, 불길은 교회 입구를 태웠고 질식하게 만들 정도의 심한 연기가 예배당을 가득 채워서 400,000달러 이상의 손해를 입게 되었다.

위기는 성 요한 교회의 진짜 모습이 드러나는 순간이었다.

방화범을 향한 증오와 분노를 표현하는 대신, "교구 지도자들이 저희에게 화내지 말고 방화범을 위해서 기도해 달라고, 그리고 복음을 증명해 달라고 요청했어요."라는 말로 한 20대 청년은 그때를 회상했다. 교회는 "화재로 인한 시험"(Tested by Fire)이라는 모금행사를 열어서 선교에 다시 초점을 맞췄고 손상된 건물을 복구해 나갔다. 비극을 헤쳐나가고 교회의 회복을 위해서 모인 교우들의 열정은 세대 차이를 초월했으며, 더 나아가 이 교회가 한 가족이 되게 했다.

이제 성 요한 교회는 젊어지기 위해서 어떤 모습이어야 하는지 모범을 보여주는 성공적인 교회이다. 모든 교회처럼, 성 요한 교회 역시 나름의 지속적인 장애와 모난 부분이 있었다. 그러나, 이제 사람들은 "성 요한 교회는 제가 본 가장 활력 있는 교회 중 하나입니다."라고 이야기한다. 실제로, 1,500명 넘는 교우가 있으며, 1,000명 가까이 청소년이거나 청년이다. 거의 문을 닫을 뻔했던 교회였던 것을 생각하면, 나쁘지 않은 모습이다.

성 요한 가톨릭교회로부터 구체화 된 여섯 가지 핵심 가치

앞 장들에서, 우리는 젊어지는 교회의 공통적인 여섯 가지 핵심 가치를 깊이 다뤘다. 그 가치들이 어떻게 성 요한 교회가 젊어지게 하는 촉매 역할로 구체화 되었는지 주목해보려고 한다.

열쇠꾸러미 리더십을 발휘한다. 릭 신부는 능력 있는 지도자였지만, 지배하지 않았다. 교회 사람들에게 권한을 부여함으로써 공동체의 비전을 이루는 데 그들의 은사를 사용했다.

요즘 젊은이들을 공감한다. 처음, 글레디스와 공동체 사람들은 젊은이들과 연결되지 않았다. 그러나 요즘 청소년들과 청년들이 다루고 있는 도전들을 주의 깊게 보고, 인식함으로써 관계를 발전시켰다.

예수님의 메시지를 중심에 둔다. 성 요한 교회는 예수님의 메시지를 끊임없이 말했으며, 지금 여기 삶의 자리에 신앙을 적용했다. 방화범에게 분노를 표출하고 정죄하기보다, 리더십들은 은혜와 회복을 설교했으며 모범이 되어주었다.

따뜻한 공동체를 이룬다. 교회의 하나 됨을 위해서 봉사만 의존하는 대신에, 목회자들은 전략적으로 온 교회가 관계를 맺으며 연결되도록 행사를 계획했다.

어디서나 젊은이와 그들의 가족을 우선순위로 둔다. 대교구는 성 요한 교회의 청년 사역을 우선순위로 결정했으며, 캠퍼스 교목인 릭 신부를 대교구의 사제로 임명했다. 더불어, 공동체는 부모라는 새로운 삶의 자리를 맞이하는 젊은 가정을 돕기 위한 훈련과 소그룹들을 개발했다.

최고의 이웃이 된다. 소외된 사람들을 섬기는 헌신의 예로, 성 요한 교회는 매일 집이 없는 수십 명의 이웃들에게 식사를 대접했다. 그리고 그 일을 계속하고 있다.

당신의 교회를 위한 엄청난 소식 : 변화는 가능하다

나이 들어가는 수많은 교회들은 고민할만한 충분한 이유가 있다.

그러나 패배했다고 생각할 필요는 없다.

어쩌면 당신 공동체의 미래가 암울해 보이기 때문에, 당신은 지금 이 책을 읽고 있을 수도 있다.

아니면, 당신의 교회는 문을 닫을 만한 위기는 아니지만, 그렇게 될 가능성이 있다고 생각할 수 있다.

당신의 교회가 고령화되는 것은 아니지만, 젊어지지 않고 있거나 청소년과 청년의 에너지와 활력이 주는 이익을 최대한 끌어내지 못하고 있을지도 모른다.

이런 시나리오 중에서 어느 하나라도 관련되어 있다면, 이 마지막 장은 어떻게 교회를 변화시킬 수 있을지 계획하는 것과 변화를 위해서 필요한 것 그 이상을 향해 나아가도록 지원해 줄 것이다. 실제로 많은 공동체는 어떻게 변화를 일으킬 것인지에 관한 질문을 더 어려워한다.

맥락의 역할

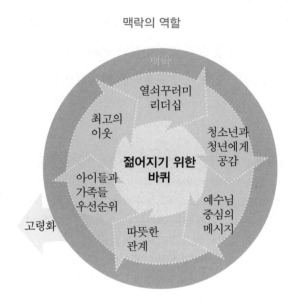

젊어지기 위한 바퀴에서, 어두운 색깔의 바깥 테두리는 "맥락"이라고 부른다. 이것은 당신의 교회가 – 그리고 모든 교회가 – 6가지 핵심 가치를 특정한 상황 속에서 어떻게 구현해야 할지 이해할 필요가 있기 때문이다. 당신은 분명 다른 공동체의 경험으로부터 배울 수 있지만, 그들에게 효과적인 것이 당신의 도시 또는 함께하는 청소년과 청년에게 효과적이지 않을 수도 있다.

또한, 각 장에서 일부 아이디어만 골라서 지속 가능한 변화를 일으키려는 것도 역시 효과적이지 않을 수 있다. 6가지 핵심 가치를 아무렇게나 적용한다면 별 도움이 안 될 것이다. 그래서 우리는 당신이 전략적으로 적용하도록 돕고 싶다.

성 요한 교회의 이야기가 분명히 보여줬듯이, 6가지 핵심 가치는 빠른 해결책이나 손쉬운 단계 이상이 필요하다. 다행인 것은, 당신의 교회가 독특한 계획을 어떻게 개발할 것인지 고민할 필요가 없다는 것이다. 우리 연구와 손꼽히는 전문가들의 집단 지식에 기반을 두면 된다. 게다가, 우리는 프로그램, 시스템, 그리고 전반적인 교회 문화 등에서 지속적으로 성공적인 변화를 이룬 수백 개의 교회들을 관찰했으며 그들과 함께 일했다.[138]

우리는 연구를 하는 동안 풀러 신학교 리더십 개발의 휴 드 프리 교수(Hugh De Pree Professor of Leadership Development at Fuller Theological Seminary)인 스캇 코모드 박사(Dr. Scott Cormode)와 가까이에서 일할 수 있는 특권이 있었다. 스캇 교수의 글, 가르침, 함께 나눈 대화는 이 프로젝트 전체에 상당한 정보를 제공했으며, 특별히 맥락적 변화 원리에 도움을 줬다.

우리의 목적이 이 책의 핵심 가치들을 당신이 실천하도록 돕는 것이라고 볼 때, 이 장의 포맷은 약간 다르게 되어있다. 보통 각 장 마지막 부분에 있던 "행동을 위한 아이디어"는 연구 내용에 포함했다. 이 연구로부터 당신이 변화의 길을 열어갈 때, 공동체가 젊어지도록 자율권을 부여하기 위한 전체적인 계획에 이 책에서 얻은 통찰과 아이디어를 적용하기 바란다.

정말 중요하고 멋진 소식은 깊고 지속적인 변화가 가능하다는 것이다. Growing Young 연구에 참여한 교회들이 이것을 증명한다. 인터뷰 참가자들에게 교회가 젊은이에게 항상 효과적이었는지 물었을 때, 많은 사람은 자기 교회가 처음부터 그렇지 않았다는 것을 인정했다. 교회의 역사를 아는 청소년과 청년, 어른 중에서, 3분의 1 이상이 상당한 변화를 겪었다고 보고했다.

6가지 핵심 가치를 온전히 구현하고자 하는 용기 있는 움직임은 교회의 여러 영역에서 유익이 된다. 가장 큰 유익은 활력이다. 젊은이들의 에너지, 흥미, 열정은 교회를 열광하게 하고 희망찬 미래를 향해 나아가게 할 수 있다.

그러나 젊어지기 위한 변화를 시도하는 교회에게 실제적인 위험이 따르기도 한다. 어떤 교회는 많은 교우의 마음을 상하게 하는 위험을 감수해야 할지도 모른다(심지어, 재정의 기둥 역할을 하는 사람들까지 말이다). 교우들이 실패를 인식하여 교회 리더십들에게 불만과 좌절을 안겨줄 수도 있다. 목회자들은 일자리를 잃을지도 모른다. 사역을 조율하기 전에, 이런 잠재적 대가를 계산하는 것이 분명 현명할지도 모른다.

그러나 결국 가장 중요한 것은, 젊어지기 위한 결정이 통계나 전략에 뿌리를 두고 있지 않다는 것이다. 그 뿌리는 기도하면서 우리 공동체를 향한 하나님의 부르심을 찾는 데 있다. 그러므로 기도로 하나님의 인도하심을 구하면서 목회자, 봉사자, 리더 그리고 청소년과 청년에게 관심이 있는 사람을 누구라도 모아야 한다. 지난 2,000년 동안 수없이 많은 교회가 새로운 현실에 적응하며 중요한 장애물들을 성공적으로 다루었다는 사실에서 용기를 얻어야 한다. 당신의 교회도 그렇게 할 수 있다.

젊어지기 위한 변화를 시도하는 교회에 대한 세 가지 신화

먼저, 교회가 젊어지는 데 도움이 되지 않는 세 가지 신화를 제거할 필요가 있다. 세 가지 신화 중 하나라도 의지하는 것은 6가지 핵심 가치를

받아들이려고 하는 교회의 노력을 멈추거나 방해할 수 있다.

신화 #1: 단 하나의 묘책이 있다

교회 전체가 젊어진다는 것은 한 발자국도 쉽게 내디딜 수 없고 한 가지 문제만 고친다고 되는 것도 아니다. 우리 연구에 참여한 사람들에게 교회의 무엇을 변화시키고 싶은지를 물었을 때, 반응은 굉장히 다양했다. 그리고 10% 이상이 하나 이상의 부분을 언급했다. 이런 반응은 교회가 자유롭게 실험하고 배우도록 할 수 있지만, 리더들에게는 교회만의 독특한 길을 만들도록 도움을 주는 나침반인 그 반응에 귀를 기울이라는 압박으로 다가오기도 한다.

신화 #2: 더 크거나 자원이 많은 교회들이 더 빠르고 쉽게 변할 수 있다

커다란 건물, 최신 기술, 많은 스태프, 또는 여유 있는 재정을 소유하면 교회가 빠르게 변화를 만들어낼 수 있을까? 그럴까?

우리 연구에 따르면 그렇지 않다. 수백 명의 목회자를 대상으로 젊은 이에게 더 효과적인 교회가 되는데 가장 큰 도전이 무엇인지를 물었던 설문에서, 10명 중 1명만이 교회의 물리적 자원의 부족을 언급했다. 그것은 모든 교회가 풍족한 자원을 갖추었기 때문이 아니었다. 우리가 만났던 가장 혁신적이고 흥미 있었던 교회들은 상당히 작고, 엄청난 예산이나 많은 스태프 그리고 화려한 건물도 없었다.

신화 #3. 이 자리를 만든다면 문제를 해결할 것이다

"이 자리"라는 부분에 많은 역할이 들어갈 수 있을 것이다.

새로운 목회자, 청소년 담당 목회자, 외향적인 어떤 사람, 젊은 사람. 경험이 많은 사람. 능력 있는 상담사.

특정한 역할을 담당하는 자리는 적어도 분명 단기적인 단기적인 도움이 될 수 있다. 그러나 교회에 필요한 대부분의 혁신은 외부로부터 또는 하향식으로 강요될 수 없다. 진정한 혁신은 교회 전체가 인정하고 참여할 필요가 있다. 내부로부터 그리고 때로는 상향식으로 말이다.

변화를 위한 교회의 계획 세우기

당신은 현재 교회가 어디쯤 있는지 알고 있을 것이다(다이어그램의 왼편에 있는 이미지로 대표된다.) 교회는 이러지도 저러지도 못하고 있거나, 나이가 들고 있거나, 아니면 잘하고 있지만 교회가 지닌 최대 잠재력은 끌어올리지 못하고 있을지도 모른다. 지금쯤, 당신은 아마 교회가 젊어진다면 어떤 모습일지 그려보았을지도 모른다(오른쪽 이미지로 대표된다.). 이제 당신의 목표는 "왼쪽"에서 "오른쪽"으로 나아가는 변화를 위한 계획을 세우는 것이다. 경청, 스토리텔링, 변화의 도구를 다루는 아래 내용들은 당신이 6가지 핵심 가치를 구현하고 우리 교회 맥락에 맞는 계획을 세우는 능력을 갖추도록 도와줄 것이다.

변화를 위한 교회의 계획 세우기

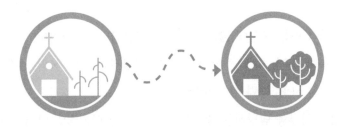

젊어지기 위해서는 적응력이 있는 변화를 목표로 삼아라

이런 신화들이 효과가 없는 이유는 젊어지기 위해서 요구되는 변화의 유형은 적응력이 필요한 도전이기 때문이다. 하버드의 리더십 교수인 로날드 하이페츠(Ronald Heifetz)가 만든 표현인 적응력이 필요한 도전은 지도자가 문제를 해결하기 위해서 새로운 방식을 배우는데 요구되는 태도·가치·행위의 변화를 포함한다. 하이페츠 교수는 적응력이 필요한(adaptive) 도전을 지도자가 노하우를 가지고 자기 딜레마를 해결할 수 있는 기술적인(technical) 문제와 대조한다.

기술적인 문제를 팔이 부러진 사람이라고 생각해 보자. 의사는 뼈를 맞추고, 깁스를 해서 보통 몇 주 후에 문제를 해결할 수 있다. 운전 같은 활동들은 좀 더 어려울 수는 있겠지만, 행위와 가치에서 의미 있는 변화를 요구하진 않는다. 적응이 필요한 일은 어떤 사람에게 담배를 끊도록 설득하는 것과 비슷하다. 의사들은 위험성을 안내하고 금연에 도움을 주는 몇 가지 제안을 할 수 있지만, 그 사람을 위해서 담배를 끊을 수는 없다. 나아가, 배우자나 친구도 그 사람을 위해서 담배를 끊을 수 없다. 궁극적인 결정은 흡연자의 가치와 행위의 완전한 변화에 달려 있다. 이 원리를 단체들에게 적용하면서, 하이페츠 교수는 이렇게 말한다. "우리가 확인할 수 있었던 단 하나의 공통적인 리더십 실패의 원인은 - 정치나 공동체 생활, 사업, 비영리 분야에서 - 사람들, 특히 권위를 가진 자리에 있는 사람들이 적응력이 필요한 도전을 기술적인 문제처럼 다룬다는 것입니다."[139]

수백 개의 교회를 연구하고 시스템, 구조, 문화의 복잡성을 목격한 후, 우리는 적응력이 필요한 변화의 능력을 강력히 옹호하는 자들이 되었다. 젊어지길 원하는 교회들이 직면하는 중요한 장애물 대부분은 공동체 안에 있는 사람들의 태도, 가치, 행위의 변화를 포함한다. 이 책 전체는 교회를 가장 젊어지게 하는 적응력이 필요한 변화의 원리들을 제시한다. 우리는 나중에 이 장의 "당신의 교회가 변하도록 도와주는 도구들"이란 부분에서 적응력이 필요한 변화를 더 구체적으로 다룰 것이다.

리더십은 경청과 함께 시작된다[140]

젊어지기 위한 바퀴에 있는 6가지 핵심 가치가 이미 무엇을 해야 하는지를 분명히 보여줬기 때문에, 앞으로 나아가도록 도와주는 단계를 실천하고 싶은 유혹을 받기 쉽다. 우리는 즉시 플랫폼에서 공식적으로 선언을 하거나, 정교한 전략 계획을 개발하거나, 아니면 새로운 스태프를 고용하려는 경향을 보인다. 그러나 목회자들이 공동체의 말을 경청하기 전에 앞으로 나아간다면, 그것은 공동체의 필요를 이미 알고 있으며 이해한다는 것을 암시하는 것이다. 나아가려는 동력은 변화를 이끄는 데 굉장히 중요하긴 하지만, 먼저 우리 교회의 고유한 맥락 속에 있는 특정한 장애물과 기회를 인식하며 조절해야 한다.

다른 사람의 말을 듣지 않는다면, 우리는 교회의 건강과 필요를 공동체 평가에 사용했던 "세 개의 B들"(건물, 몸, 그리고 예산, Building, bodies, and budget)-과 동일시하는 잘못에 빠지기 쉽다. 각각은 하나의 유익한 그림을 제공할 수는 있겠지만, 교회의 과거, 현재, 미래는 이런 단순한 범주 밖에 있다.

"학생들은 학교, 숙제, 과외활동, 스포츠 등에 사로잡혀 있어요. 제가 느끼기에 많은 교회가 지나치게 통제하고 계속 압박을 가하는 것 같아요. 우리 교회가 잘 하는 것 중 하나는 그냥 들으려고 한다는 것이죠." -트레버(Trevor), 27살

젊어지는 교회들은 청소년과 청년의 필요를 이해하고 반응하는 데 시간을 쓴다. 사실, 목회자가 "젊은이 사역과 관련해서 교회가 직면하고 있는 가장 큰 도전 세 가지는 무엇입니까?"라는 질문을 받았을 때, 응답자의 거의 절반(45%)이 강조했던 것은 그들이 바쁘거나 일시적이라는 것이었다. 그 특징을 이해하고 그들의 소리를 경청하기 시작한 교회들은 청소년과 청년만의 독특한 일정에 맞춰 사역을 개편했다.

경청에 초점을 두는 사역은 성 요한 교회가 정말 탁월했다. 교우들은 릭 신부를 "접촉을 잘하고, 관계를 맺을 수 있는" 사람이라고 설명했으며, "그가 사람들과 연결되어 있는 것은 분명하다"고 말했다.

우리는 어떻게 경청을 시작할 수 있을까?

잘 듣는 데 헌신하는 팀을 만드는 것부터 시작해야 한다. 교회가 정말로 젊어지기를 바란다면, 지금의 맥락과 현실에 대한 이해 없이는 앞으로 나아가지 않겠다고 함께 마음을 모아야 한다.

계획을 세울 때, 얼마나 많은 시간을 경청에 써야하는지에 대한 의견은 공동체마다 다르다. 그러나 어떤 진전된 행동 단계를 결정하기 전에, 적어도 두 달은 귀 기울여 듣는 시간으로 고려해야 한다. 유연성이 없는 시간표를 짜기보다, 계속해서 진행 과정을 평가해야 한다. 당신과 팀 사람들이 충분이 들었다고 느낄 때가 있을 것이다.

누구의 말에 귀를 기울여야 하는가?

여기 명단이 있다. 의심할 것 없이, 당신은 교회와 관련된 개인이나 그룹을 생각할 것이다.

- **하나님.** 당신 생각대로다. 하나님에게 귀 기울이는 것은 협상의 여지가 없다. 한 팀으로 기도하는 일에 시간을 쓰거나, 성경을 읽거나, 하나님의 음성을 듣도록 도와주는 다른 영적 실천에 참여한다.
- **청소년과 청년.** 이것 역시 협상의 여지가 없다. 그들의 관점을 갖기 위해서 적어도 몇 명의 젊은이들과 앉아서 이야기하기 전까지는 어떤 변화도 시도하지 않아야 한다.
- **당신 자신의 마음.** 교회를 변화시키고 핵심 가치들을 받아들도록 돕는 과정 속에서 당신의 생각과 감정을 자세히 살피는 시간을 가져야 한다. 몇 주 동안 일기를 쓰거나, 테이블에 앉아 각 사람의 견해를 나누는 팀 미팅에 시간이 필요하다.
- **젊은이들에 대한 연구.** 3장에서 요즘 세대의 정체성, 소속감, 삶의 목적 추구에 관한 최고의 연구를 접할 수 있다. 특별히 동기부여를 받았다고 느낀다면, 3장에서 언급된 책들과 자료들을 더욱 깊이 파고 들어야 한다.
- **부모, 양육자, 주일학교 교사, 그리고 청소년과 청년 사역 봉사자.** 청소년과 청년이 성장하도록 곁을 지키고 있는 사람들의 특별한 관심을 살펴보고, 적어도 몇 명의 부모, 선생님, 봉사자들을 귀 기울이는 여행에 참여하도록 초대한다.
- **어른 세대.** 우리가 본 성공적인 교회 중 일부는 어른들의 열정과 지원을 수용해서 젊은이에게로 향하도록 했다. 이것은 경험이 풍부한 세대에게 귀 기울이고 존중할 때 가장 잘 일어날 수 있다.

- 교회의 이웃들. 목적에 따라서 이 내용의 활동 범위를 넘어서는 것일 수도 있다. 그러나 신앙 공동체 밖에 있는 사람들에게 주의 깊게 귀 기울이는 것은 가치 있는 통찰력을 제공할 수 있다.

최고의 경청 방법은 무엇인가?

경청에 사용하는 방법은 전적으로 당신에게 달려 있다. 우리가 연구한 일부 교회는 상세한 조사 능력을 활용한다. 다른 교회들은 주로 포커스 그룹들과의 일대일 대화에 의존한다. 또는 목회자가 집에서 매달 두 번씩 새 교우에게 저녁식사를 대접한다. 처음 온 방문자들은 교회에 관한 이야기와 의견을 나눌 수 있도록 기존 교우들과 함께 초대 받는다. 이런 방법 중 하나를 시도하거나, 당신의 공동체에 어울린다고 생각되는 자기만의 좋은 아이디어들을 실험해볼 수 있다.

"저희는 정말 혁신이나 변화에 초점을 두지 않고, 그냥 관계를 통해서 아이들의 말에 귀 기울이는 데 초점을 둬요. 나머진 그저 자연스럽게 따라오죠." -토니(Tony), 청소년 사역 봉사자

어떤 방법을 선택하든, 다양한 대화에 누구나 활용할 수 있는 공통 질문을 만들기 위해서 팀과 협력해야 한다. 당신의 시작을 돕기 위한 다음 질문들을 참고해보면 좋겠다.

- 당신은 우리 교회를 어떻게 알게 되었나요?
- 당신을 우리 교회로 이끈 것은 무엇이었나요?
- 우리 공동체의 특징 중에서 당신이 가장 좋아하는 것은 무엇인가요?

- 우리 공동체의 특징 중에서 당신이 가장 좋아하지 않는 것은 무엇인가요?
- 우리 교회를 발전시킬 수 있는 한 가지 아이디어가 있다면 무엇인가요?
- 최근에 당신의 삶에서 일어난 흥미로운 일은 무엇인가요?
- 최근에 당신의 삶에서 일어난 힘든 일은 무엇인가요?
- 당신이 누구인지 제가 이해하도록 도움을 줄 수 있는 삶의 이야기 하나가 있다면, 그것은 어떤 이야기이고 이유는 무엇인가요?
- 당신이 희망하거나 꿈꾸는 것은 무엇인가요?

다른 사람들에게 다가가려고 한다면, 마치 교회의 미래가 경청에 달려 있다는 듯이 들어야 한다. 정말 그렇기 때문이다.[141]

질문에 대한 반응 중에서 무엇을 경청해야 하는가?

경청은 피상적인 대화 이상을 목표로 해야 한다. 사람들의 소망과 꿈에 대해 물어야 한다. 삶에 있는 고통과 밤을 지새우게 하는 질문들에 귀를 기울여야 한다. 자신의 상황 속에서 이런 일을 해나감으로써, 교회는 청소년, 청년, 그리고 그들의 가족의 정말 중요한 바람과 상실에 반응할 수 있는 자리를 마련하게 될 것이다.[142]

청소년들이 당신과의 대화를 피할까 봐 두려운가? 다시 생각해 보자. 청소년들이 실제로 관심을 보이는 스트레스나 데이트, 어떤 일을 끝까지 버티면서 하는 법과 같은 주제를 이야기 나누려고 애써야 한다. 또는, 그들을 잘 아는 어른에게 아이들을 만나는 자리에 함께해달라고 도움을 요청할 수도 있다.

더불어, 어떤 교회가 될 수 있을지 또는 무엇을 할 수 있을지 아이디어를 들어보자. 특히, "해야 한다"와 같은 단어들을 들을 때, 교회를 향한 그들의 기대를 파악해야 한다. 관심이나 열정에 불꽃이 일어나게 하는 것에 주목해야 한다. 6가지 핵심 가치의 존재(또는 결핍)에 관해 들어보아야 한다. 리더십들의 소망과 좌절, 청소년과 청년에 대한 공감, 예수님 중심의 메시지 이해, 공동체의 지원, 교회의 우선순위들, 그리고 좋은 이웃이 되는 것에 주목해야 한다.

무엇보다 중요한 것은 이것이다. 이야기에 귀를 기울여라. 젊어지기 위한 여행의 의미와 함께, 그 여행의 이야기가 공동체의 태도와 가치에 전달해주는 것들을 생각해 보자.

우리는 경청을 어떻게 사용해야 하는가?

회의를 할 때, 각 사람마다 귀 기울여 들었던 핵심 주제들을 다시 설명하게 해보자. 특히, 생생하게 그리고 반복해서 말하는 주제나 구절의 의미를 확인하고 생각해보자.

우리는 언제 경청을 멈춰야 하는가?

그런 일은 절대 없다.

경청은 절대 끝나지 않을 것이다.

심지어 당신이 경청의 첫 번째 단계를 마치고 구체적인 행동 계획을 세워나갈 때에도, 경청은 모든 변화 과정 내내 계속되어야 한다. 사실, 우리가 권하는 것은 필요한 질문과 이야기를 모으기 위한 적절한 시간 간격을 두고 위 그룹들을 다시 돌아보라는 것이다.

비전은 미래의 소망을 공유한 이야기다

지난 수십 년에 걸쳐서 교회 리더십과 관련된 컨퍼런스나 책들은 비전의 중요성을 깊이 강조해왔다. 젊어지는 교회들에 대한 우리 연구는 비전이 시간과 에너지를 투자해야 하는 현명한 장소라는 것을 확언해준다. 그들에게 교회의 역사를 물었을 때, 우리 교회가 젊은이에게 더욱 효과적으로 되었다고 응답한 사람 중에서 31%는 교회의 비전이나 전략의 변화 때문이라고 말했다. 이것은 교회 스태프의 변화에 조금 못 미치는, 두 번째로 높은 반응이었다.

비전이 중요하지만, 교회의 "비전"에 대한 정의와 "비전 진술"을 규정하는 이해는 매우 다양하다. 스캇 코모드는 비전을 "미래의 소망을 공유한 이야기"라고 정의했다.[143] 이 정의는 생성적 비전의 세 가지 필수적인 요소를 포괄하는데, 공유한, 이야기들, 그리고 미래의 소망이다.

첫 번째 필수적 요소인 '공유한'은 비전이 한 사람 – 또는 몇 사람 – 의 정신에서 나오는 것이 아니라는 것을 의미한다. 세 번째 필수적 요소인 '미래의 소망'은 예수님이 온 세상을 위해 좋은 소식을 가져오시고, 그 결과 어떤 교회든 몇 달, 몇 년, 또는 몇 십 년에 걸쳐 젊어질 수 있다는 것을 나타낸다.

중요한 이야기들

이런 정의를 힘 있게 만드는 것은 두 번째 핵심 요소인 '이야기들'이다. 하나님 이야기, 당신 이야기, 그리고 교회 이야기는 연결되어 있으며, 강력한 '우리의 이야기'를 가져온다. 비전을 이야기에 연결하면 즉시 개인과 연결될 수 있고, 이 개인을 어떤 한 사람만이 아닌 그보다 훨씬 더 큰 이야기 속으로 끌어갈 수 있다. 이야기는 사람들에게 도전을 주고, 용기를 주며, 하나님이 세상에서 하고 계신 것에 관한 구속사적 복음 내러티브 속으로 더욱 깊이 들어가게 한다.

교회, 가족, 좋아하는 스포츠팀 팬들은 모두 고유한 정체성을 부여하는 이야기를 말한다. 교회와 관련해서, 사회학자인 낸시 앰머만은 이렇게 제안한다.

그러므로 이야기는 우리를 서로 연결하는 공통 요소들과 다양성 속에 계속 닻을 내리고 있게 하는 고유한 정체성을 제공한다. 이야기는 반복해서 전해지고, 과거와 연결하며, 각각 새로운 이야기로 발전할 수도 있다…적극적이고, 의도적인 스토리텔링은 모든 공동체를 세워온 온 기초이며, 이것은 공동체가 매우 유동적이고 연약한 오늘날에도 마찬가지이다.[144]

잠시, 교회에서 (또는 당신이 과거에 다녔던 교회에서) 활기찬 신앙을 가진 한 사람을 생각해 보자. 자신의 정체성을 하나님의 은혜에 뿌리를 두고, 자기가 기독교 공동체의 사랑 안에 있다는 것을 알고 있고, 하나님이 주신 삶의 목적을 선교 지향적 열정에 두고 살아가는 젊은이 또는 어른을 상상해 보자. 이제 그 사람의 삶과 경험의 이야기를 오늘날의 이야기가 되도록 만들어보는 것이다.

이제 스스로 또는 다른 사람들과 함께 다음과 같이 꿈꿔보자. "우리 교회 젊은이들이 위에서 떠올린 사람들과 동일한 경험을 하게 된다면, 우리 교회는 어떤 모습이 될까?"

성 요한 교회 리더십 팀은 글레디스와 같이 연세 있는 교우의 이야기를 선택할 수도 있었다. 글레디스는 이 교구가 번창하고 있던 1940년대와 1950년대에 그곳에서 성장했다. 아마도 열쇠꾸러미 목회자들은 그녀의 잠재력을 알아차렸으며 기회를 주었을 것이다. 왜냐하면, 목회자들은 글레디스와 같은 젊은이와 그들의 가족들을 우선순위에 두었기 때문이다. 이 공동체의 어른들은 청소년이었던 글레디스의 별난 행동을 보았고, 따뜻한 공동체는 그녀를 품어서 소망과 관심에 공감했을 것이다. 글레디스의 가장 깊은 열정들은 교회의 생기 있는 가르침과 소그룹에서 나누었던 예수님 중심의 메시지들을 통해 깨어나고 불붙게 되었을 수 있다. 글레디스가 집이 없는 이웃들을 위한 교회의 사역을 시작하도록 도운 것은 바로 이런 열정이었을 수 있다. 이 모든 핵심 가치가 바로 글레디스가 여전히 성 요한 교회의 오늘(St. John's today)인 이유일 것이다.

리더십 팀은 다음과 같은 질문을 했을지도 모른다. "어떻게 글레디스 삶의 형성적인 경험들이 요즘 청소년과 청년의 삶에서 드러날 수 있을까" 그렇다. 포장과 전달은 현재 교회의 문화와 맥락에 맞게 업데이트될 필요가 있다. 그러나 지도자들이 글레디스와 같은 사람들의 이야기에서 지배적인 주제들을 인식한다면, 교회의 모든 사역과 프로그램은 전체를 융합하는 것 속에 뿌리를 두게 된다.

교회에서 이야기들이 효과를 발휘하도록 하기

경청했던 내용에 기초해서, 당신이 바라는 교회의 미래 모습에 관한 짧은 문장(한두 페이지)을 써 보는 것도 좋다. 당신은 개인에게 초점을 둔 이야기를 쓰는 것부터 시작하는 것이 도움이 된다는 것을 알게 될지도 모른다.

예전에 당신은 활기찬 신앙을 가진 한 명 또는 그 이상 사람들과 실제적인 삶의 이야기를 풀어놓았다. 이제 당신의 창조성을 발휘해서, 실제든 아니면 가상이든, 한 젊은이의 미래를 생각해 보자. 그 젊은이가 당신의 교회에서 자라난다면, 삶에 무엇이 일어나기를 소망하고 꿈꾸는가? 당신 교회의 6가지 핵심 가치가 그의 신앙과 삶을 어떻게 만들어가기를 바라는가?

한 명, 또는 몇 명의 젊은이에 대한 짧은(한두 페이지) 이야기를 써보면 좋겠다. 그리고 공동체 모든 사람들에게 반복해서 이야기하면 좋겠다.

다른 목회자가 예배 후에 당신을 붙잡고 무엇에 그렇게 흥분했는지를 묻는다면, 이야기를 나누면 좋겠다.

교회 위원회로부터 보고를 요청 받는다면, 이야기를 나누면 좋겠다.

공동체에 새로 나온 사람과 만나서 당신이 가진 미래의 큰 꿈을 알게 해주고 싶다면, 이야기하면 좋겠다.

그 이야기는 이미 하나님이 공동체의 젊은이들 안에서 하신 일에 관한 이야기이거나, 아니면 하나님이 앞으로 공동체 안에서 이루실 비전에 관한 이야기일 수도 있다. 어느 쪽이든, 이 이야기들이 퍼져나가서 어떻게 교회 문화를 변화시키는지 지켜보는 것이다.

교회의 변화를 돕는 도구들

당신 팀은 교회가 지금 어디에 있는지 이해하기 위해서 최선을 다해 경청했다.

당신은 교회가 젊어지면서 갖게 될 모습을 그리기 위해서 미래의 소망을 나눈 이야기들을 작성했다.

만약 위의 두 가지를 잘 했다면, 변화를 위한 계획을 개발하는 마지막 단계를 더욱더 수월하게 해줄 것이다.

쉽지 않다.

그러나 더 쉽다.

우리 연구를 기초로, 우리 팀은 당신의 공동체가 젊어지는 여정의 정상부터 계곡 구석구석까지 살펴보도록 돕는 네 가지 안내 원리를 제시한다.

당신이 가장 큰 영향력을 가진 곳에서 시작한다

우리는 젊어지는 교회의 목회자들에게 젊은이에게 더욱 효과적으로 다가가는 것을 방해하는 주요한 도전을 이야기해달라고 요청했다. 우리는 청소년 문화의 특징이나, 아니면 그들 가족의 자질, 요즘 젊은이들의 속성을 지적할 것으로 추측했다.

젊은이와 가까워지는 공동체의 가장 큰 도전

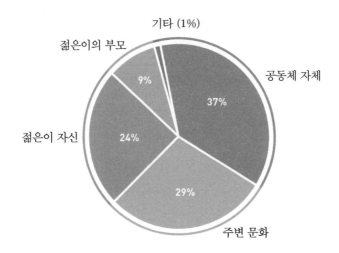

기타 (1%)

젊은이의 부모

공동체 자체

9%

37%

젊은이 자신

24%

29%

주변 문화

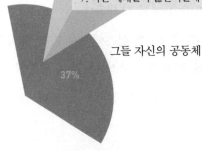

교회와 관련된 상위의 도전들 (순서대로)

1. 세대 차이
2. 일관성이 없거나 실존하지 않는 봉사자들
3. 효과적인 교회 전략의 부족
4. 물리적 자원의 부족
5. 기꺼이 변하고자 하는 의지의 부족
6. 예배 스타일
7. 다른 세대들이 젊은이들에 대해 최악의 것을 가정한다

그들 자신의 공동체

37%

위의 모든 도전이 언급되었지만, 이것들은 첫 번째가 아니었다. 최고의 장애물은 자기 공동체였다. 다이어그램에서 나타나듯이, 목회자들은 자기 공동체에서 세대 차이, 일관되지 않거나 실존하지 않는 봉사자들, 그리고 효과적인 교회 전략의 부족에 가장 큰 방해를 받는다고 느꼈다.

이런 장애물이 주눅 들게 할지도 모르지만, 우리는 젊어지는 많은 교회가 – 심지어 크고 복잡한 교회들도 – 그것들을 민첩하게 다루는 방식에 깊은 인상을 받았다. 효과적인 지도자들은 (주변 문화의 영향처럼) 교회의 통제 밖에 있는 장애물에 초점을 맞추기보다, 공동체 안에서 자기가 영향을 미칠 수 있는 것 (예를 들어 자신의 열쇠꾸러미 리더십이나 공통의 비전을 중심으로 교회를 연합하는 것에) 초점을 맞춘다.

수용적 환경을 만든다

이 장 앞부분에서, 우리는 적응력이 필요한 도전과 기술적인 문제를 구분했다. 하이페츠 교수는 지도자들이 "수용적 환경"을 만들고 운영함으로써 적응력이 필요한 도전을 가장 잘 해결할 수 있다고 믿는다.[145]

그렇다고 해서 지도자들이 무력하다는 의미는 아니다. 그들은 주요한 변화를 이끌고 장려할 수 있는 수용적 환경을 만들 수 있다. 수용적 환경이란 변화를 일으키기는 불편하지만, 변화에 대한 교회의 불안이 지나치게 예민해지지 않을 정도로 안전하게 그 문제를 계속해서 주시하는 공간이다. 목회자의 역할은 그 문제가 진지하게 다뤄지도록 관심을 높이고, 긴장이 지나치게 높아져서 끓어 넘치려 할 때 열기를 낮추는 것이다.

지도자들이 수용적 환경이란 용어를 알든 모르든, 우리가 연구한 교회 중 다수는 그들의 상황 속에서 납득할 수 있는 속도로 어떻게 변화를 이끌어야 하는지에 대해 날카로운 직관을 보여주었다. 예를 들어, 대부분의 공동체는 모든 진행 단계에 곧장 젊은이를 우선순위에 두지 않았다. 대신, 설교와 모임, 일대일 대화를 하면서 교회가 변하지 않으면 고령화의 위험에 처할 것이라고 강조하며 서서히 열기를 높였다.

때론 변화가 매우 빠르고 격렬하게 나타나서 교회가 그 열기를 낮출 필요가 있다. 한 교회는 너무 많은 사역을 시작하고 예배 포맷을 너무 자주 바꾼 나머지, 공동체가 변화에서 오는 피로를 경험했다. 이렇게 피로가 커지는 것을 알아차리고, 목회자들은 행사를 멈춘 다음 의도적으로 몇 개월의 여유를 가진 후에 새로운 것을 도입했다. 이렇게 함으로써 교인들에게 기운을 회복할 기회를 주었다.

가장자리에서 시작하라[146]

핵심 가치를 당신의 상황 속으로 가지고 올 때, 교회 전체에게 즉시 그리고 공개적으로 꺼내놓고 싶은 유혹을 받기 쉽다. 비교적 덜 공개적인 방법으로 시작하는 것을 생각하면 좋겠다. 안에서부터 밖으로 변화를 이루기보다, 밖에서부터 안으로 당신의 공동체가 흠뻑 젖게 해보자. 다시 말해서, 교회의 중심부보다, 주변에서부터 시작하는 변화의 기회를 찾아보는 것이다. 주일학교 반, 소그룹, 소수 학생들과 함께, 또는 전체 공동체에게 전시되지 않는 곳이라면 어디든 새로운 아이디어를 시도하는 것이야말로 주변에서부터 시작하는 실험이 될 수 있다. 주일 오전 예배는 변화의 출발점으로서 적합하지 않다.

물론, 예배의 변화와 동시에 주변에서부터 실험하도록 도와줄 전략들이 있다. 한 시골 교회의 리더십 팀은 음악 스타일을 정면으로 문제 삼는다면 길고도 지저분한 싸움의 불씨가 될 수 있다는 것을 알았다(당신 중 다수는 이 리더십 팀에 동의하여 고개를 끄덕일 것이다.). 그래서 주변부 실험 중 하나로, 리더십 팀은 청년들에게 예배 밴드를 시작하도록 권유했고 그 밴드는 주일 예배 후에 곧바로 연습에 들어갔다. 공동체는 커피와 쿠키를 먹으면서 밴드가 연습하는 것을 보고 들을 수 있었다.

얼마 지나지 않아서, 급진적이고 즉각적인 음악 스타일의 조정에 반대했던 일부 지체들이 주일 오전 예배에서 밴드가 한두 곡의 찬양을 담당하면 안 되겠냐고 질문했다. 느리지만 확실하게, 이 교회는 새로운 스타일을 수용했으며, 이것은 젊어지기 위한 여행에서 생성적인 단계가 되었다.

절제하면서 계속 주목하라

내가(제이크) 20대 초반에 청소년 담당 목회자로 사역을 새롭게 시작했을 때, 우리 교회를 변화시키는 일이 빠르고 쉬울 것이라고 생각했다. 교회의 리더십 팀과 함께 며칠에 걸친 전략 계획 회의에 참여했을 때, 나는 성급한 마음에 이렇게 질문했다. "모두 뭘 기다리고 있는 거죠? 왜 더 빨리 바꾸지 않는 거예요?" 그리고 나는 5년에 걸쳐서 교회가 한 명의 외부 컨설턴트와 두 명의 행정 목사에게 변화를 이끌도록 위임하는 것을 지켜봤는데, 의미 있는 결과는 별로 없었다. 많은 사람과 마찬가지로, 나는 지속적인 변화를 수행하는 데 필요한 시간과 관심에 대해서는 근시안이었다.

많은 교회가 변화를 시작하는 데 있어서 주된 장애는 열망의 부족이 아니라, 이 전환을 현실로 만드는 데 필요한 장기적 헌신과 훈련이다. 젊어지는 교회들은 절제된 관심을 지속함으로써 자신을 궤도에서 이탈하도록 위협하는 장애물이나 함정에 맞서 성공적으로 싸운다.[147] 절제된 관심을 지속하는 지도자들은 핵심적인 5가지 전략을 통해서 의도적으로 자신과 팀이 까다로운 질문과 어려운 변화들에 계속해서 초점을 맞추게 한다.

젊어지는 팀을 개발하고 모임을 시작한다. 교회가 젊어지기 위한 단계를 밟을 준비가 되었을 때, 교회 위원회나 리더십 팀과는 별개의 지도그룹을 만들도록 한다. 스태프나 장로, 집사를 포함하여 이 팀을 섬길 수 있는 존경받는 다양한 사람들을 모집한다. 교우, 부모, 젊은이, 그리고 교회를 대표할 수 있는 사람이라면 누구라도 좋다. 3주나 4주마다 만나서, 매번 팀이 해야 할 다음 단계는 무엇인지, 누가 다음 단계를 책임지고 진행할지, 그리고 다음 단계는 언제 완성되어야 할지 반드시 확인한다.

갈등을 다룰 수 있는 계획을 세운다. 첫 모임을 하면서 어떻게 갈등을 다룰 것인지(또는 현재 다루고 있는지)를 의논한다. 이것은 변화에 있어서 피할 수 없는 측면이다. 자신이 갈등의 수렁에 빠져 있는 것을 발견할 때, 왜 처음부터 이런 조정을 추구해왔는지 스스로 상기시키기 위해서는 비전으로 가득한 이야기에 의존해야 한다. 최고의 경청을 실천하고, 교회를 하나 되게 하는 그리스도 안에서의 연합에 의지한다. 무엇보다 중요한 것은, 하나님이 당신의 공동체를 부르신 미래의 소망에 대한 공유된 이야기를 굳게 붙드는 것이다.

실패를 배움의 문으로 활용한다. 큰 단체들이 자주 실패한다. 큰 교회들도 그렇다. 핵심은 실수를 피하는 것이 아니라, 가능한 한 빨리 그런 실수로부터 배우면 더 나은 방향으로 나아갈 수 있게 된다는 것이다. 단지 개인뿐만 아니라, 단체로서 은혜의 복음을 추구해야 한다. 당신이 하나님의 은혜, 사랑, 선교에 깊이 젖어 든다면, 조직의 실패에 대한 교회의 관용이 높아진다는 것을 발견하게 될 수 있다.

작은 승리의 힘을 지렛대로 활용한다. 교회가 목표에 "도달"했으며 젊어졌다는 것을 말해주는 하나의 표시에 초점을 맞추기보다, 계속해서 측정하고 축하할 수 있는 작은 승리를 확인해야 한다. 팀이 계속해서 잘 듣고 있다면, 당신이 축하할 수 있는 긍정적인 삶의 변화에 관한 이야기들이 지속될 것이다. 25세 소그룹 지도자인 테레사(Theresa)는 다음과 같이 강조했다. "우리 교회는 '그러나 이제는'이라는 성명서를 따르고 있어요. 사람들이 '저는…하려고 했지만, 그러나 이제…하려고 해요'와 같은 말을 할 때, 우리가 앞으로 나아가고 있고, 사람들은 신앙이 젊어지고 있다는 것을 알게 되죠. 저희는 이것을 축하해요!"

우리는 젊어지기 위한 당신의 여정에 계속해서 함께 하기를 원한다. 특히, 당신이 장애를 만났다거나, 원하는 만큼 빠르게 앞으로 나아가지 못하고 있다면 말이다. 여정에서 만나는 장애물을 다루는 방법에 대한 조언을 듣고 싶다면 ChurchesGrowingYoung.org를 방문하면 된다. 그곳에서 당신은 젊어지기 위해서 같은 방향의 길을 가고 있는 다른 목회자들을 찾을 수 있을 뿐만 아니라, 무료 평가 자료와 다양한 컨설팅 및 훈련을 이용할 수 있다. 또한, 젊어지는 일에 함께 헌신하는 혁신적인 교회 공동체인 그로잉 영 코호트(Growing Young Cohort)에 가입하는 것도 생각해 볼 수 있다.

길게 생각한다. 우리가 연구한 교회 중 다수는 몇 달 만에, 또는 일 년 만에 놀라운 움직임을 보였지만, 보통 한 교회의 폭넓은 문화 변화는 몇 년이 걸린다. 물론, 몇 주 또는 몇 달에 걸쳐 초반 계획에 중점적으로 집중할 필요가 있지만, 당신의 교회가 나아가야 할 장기적인 궤도를 마음 한편에 가지고 있어야 한다. 진행되는 과정을 축하해주고 그 속에서 만나는 장애물을 해결하기 위해서는, 아마 지금부터 일 이년은 하루 종일 진행하는 회의를 계획해야 할 것이다.

이 장의 강조점

어느 교회나 젊어지기 위해 변할 수 있다. 연구 참여자 중 약 3분의 1은 자기 교회가 상당한 변화를 겪었으면서 젊은이들에게 더욱 효과적으로 되었다고 말했다.

- 교회들의 젊어지기 위한 변화는 묘안을 찾거나, 규모와 많은 재정을 의지하거나, 아니면 문제를 해결하기 위해 자리를 만드는 일이 아니다.
- 젊어지기 위한 여정에 있어서 중요한 초기 단계는 모든 세대의 말을 신중하고 체계적으로 경청하며 그 여정의 독특한 맥락을 이해하는 것이다.
- 미래 소망의 이야기들을 공유하면서, 공동체는 젊어지기 위한 비전을 발전시키고 그 비전을 주고받을 수 있다.
- 젊어지기 위한 변화를 좀 더 쉽게 이루기 위해서는 가장 영향력 있

는 곳에서부터 시작하고, 수용적인 환경을 만들고, 가장자리에서부터 시작하며, 절제하면서 계속 주목하는 것이다.

당신의 교회가 젊어지기 위한 계획을 세우도록 도울 수 있는 전략적 질문

현재의 당신의 교회

• 교회가 젊어지도록 돕기 위해서 리더십 팀이나 변화를 선도하는 팀에 필요한 핵심 인물은 누구인가?

• 리더십 팀은 누구의 말을 경청해야 하는가? 개인이나 그룹의 목록을 만들고, 경청해야 할 사람들의 이름을 적어보자.

• 눈에 띄는 4~6가지 주제는 무엇인가?

• 이 책을 다시 훑어보고, 각 장의 마지막에 있는 질문들에 당신이 준 점수와 답변을 재검토해보자. 당신이 메모한 것과 공동체로부터 들은 것에 기초하면, 6가지 핵심 가치 중에서 어느 두 가지가 내년에 당신 교회의 시간과 관심의 초점이 되어야 하는가? 아래의 젊어지기 위한 바퀴에서 당신은 어디에 초점을 맞추고 싶은지를 적어보자.

젊어지고 있는 당신의 교회

• 귀 기울이며 들었던 내용 중에서, 고무적이었던 이야기 한 가지는 무엇인가?

• 공동체의 한 젊은이를 위한 당신의 소망 또는 꿈에 초점을 두고, 미래의 희망에 관한 공유된 이야기를 적어보자.

• 공동체 전체를 위한 당신의 소망 또는 꿈에 초점을 두고, 미래의 희망에 관한 공유된 이야기를 적어보자.

• 당신이 발견하고 발전시킨 이야기들을 고려할 때, 그 이야기를 어떻게 공동체와 공유해서 교회가 젊어지고 싶도록 만들 수 있는가? 당신은 누구와 그리고 언제 이야기들을 공유할 수 있는가?

변화를 위한 당신의 계획

- 당신이 개선하고 싶은 첫 번째 핵심 가치를 발전시키기 위해서, 당신의 팀이 할 수 있는 두세 가지 단계는 무엇인가? 이 단계에 누가 참여해야 하며, 그 일은 언제 일어나게 될 것인가?
- 당신이 개선하고 싶은 두 번째 핵심 가치를 발전시키기 위해서, 당신의 팀이 할 수 있는 두세 가지 단계는 무엇인가? 이 단계에 누가 참여해야 하며, 그 일은 언제 일어나게 될 것인가?
- 당신이 마주할 수 있는 잠재적 갈등이나 방해들은 무엇인가? 이런 장애물들을 극복하기 위한 계획은 무엇인가?
- 변화의 여행을 하는 동안, 교회가 주목하고 축하할 수 있는 작은 표시들은 무엇인가? 당신은 어떻게 그것들을 축하할 것인가?

부록

연구 방법과 절차

이 책에 제시된 결과들은 젊은이들의 마음을 사로잡는 교회들 (Churches Engaging Young People, 또는 '킵'[keep]으로 발음되는 CEYP) 프로젝트 에서 온 것으로, 이 프로젝트는 2012년에서 2015년까지 풀러 신학교의 풀러 청소년 연구소가 실시한 것이었다. 이 부록은 연구 방법과 절차를 축약해서 기술하고 있다. 조사 도구나 눈금, 인터뷰 프로토콜, 그리고 보다 상세한 연구 문서를 포함하여, 연구 방법을 보다 심도 있게 다루는 내용에 관해서는 Churches GrowingYoung.org를 방문하기 바란다.

광범위한 예비적 작업과 문헌 검토에 기초해서, 연구팀은 한 가지 주요 질문과 두 가지 이차적인 질문을 찾아냈다.

- 예비적인 연구 질문: 공동체의 어떤 실천들이 젊은이들의 마음을 효과적으로 사로잡는가?
- 이차적인 연구 질문: 젊은이들의 마음을 사로잡는 것은 번창하는 교회에 어떻게 기여하는가? 젊은이와의 더 효과적인 사역을 향해서 변화를 일으키고 싶어 하는 공동체를 위한 과정들은 무엇인가?

이 프로젝트 초기에, "젊은이 마음을 효과적으로 사로잡기"라는 표현을 명확히 하기 위해서 실용적 정의를 규정했다. 효과적인 교회란 젊은이들이 예수 그리스도에 대한 활기 있는 믿음을 발전시키도록 도와줄 뿐만 아니라, 젊은이들이 교회 공동체 활동에 참여하고 그곳에 머물도록 하는 교회로 규정되었다. 젊은이들이 공동체 활동에 참여하고, 그곳에 계속 머물고 있는지 확인하는 일을 훨씬 쉬웠지만, 우리 팀은 예수 그리스도에 대한 활기 있는 신앙을 이해하고 측량할 수 있는 다양한 방법을 활용했다.[148]

기존 문헌 검토를 토대로, 연구팀은 효과적으로 젊은이의 마음을 사로잡는 교회 안에 존재하는 특징에 대한 최초의 실용적 목록을 (1단계를 시작하기 전에) 개발했다. 연구의 세 단계에 걸쳐서 이런 특징들을 자세히 살피고, 평가하며, 수정하고자 양적 항목과 질적 항목 모두가 개발되었다.

추천자 선별 과정

교회들이 어떻게 그리고 왜 젊은이의 마음을 사로잡는지를 이해하려면, 먼저 이런 묘사에 맞는 교회들을 확인하는 것이 반드시 중요했다.[149] 2013년 6월에서 11월까지 35명이 넘는 추천자에게 온라인 설문을 진행하여 주목할 만한 교회의 이름을 15개까지 보내 달라고 부탁했다.[150] 추천자들에게 했던 요구는 교회가 미국 안에 있어야 한다는 것과 목회자가 설문과 그리고 이후에 있을 수 있는 조사와 인터뷰를 영어로 할 수 있어야 한다는 것이 포함되었다. 교회 추천의 기준은 다음을 토대로 했다.

• 수적으로 성장하고 있는 젊은이들(15-29세)의 마음을 효과적으로 사로

잡거나,[151] 공동체의 규모와 비교해서 많은 젊은이의 마음을 효과적으로 사로잡고 있는 교회들. (추천자 한 명당 10교회까지)

• 흥미진진하거나 선교적인 어떤 일이 젊은이들과 함께 계속되지만, 그들의 인원이 많거나 늘어나지 않는 것처럼 보이는 교회들. (추천자 한 명당 5명까지).

추천자들은 그 교회를 추천하는 이유에 대한 간략한 설명뿐만 아니라, 각 공동체에 대한 기본적인 인구 통계 정보를 제공했다.[152]

이런 추천 과정을 토대로, 363개의 주목할 만한 공동체의 이름이 연구를 위해 제출되었다.

연구 방법과 절차

1단계 연구

개관과 도구

2013년 11월에 시작된 이메일과 전화 연락을 통해서 연구팀은 각 교회의 (유급이든 자원봉사든) 목사와 청소년, 청년 지도자와 접촉하고 연구에 참여하도록 초대했다. 참여하는 지도자들은 온라인으로 전달된 양적, 질적 설문지를 완성했다. 참여자들은 반드시 익명으로 답해야 했으며, 이들에게는 참여에 대한 감사로 50달러짜리 선물 카드가 제공되었다.

1단계 조사에는 교회의 규모·출석·성장 패턴·젊은이들의 존재·사회경제학·민족적 다양성·영적 활기에 대한 지도자의 정의(그리고 젊은이들

가운데 활기가 넘친다는 증거) 등의 질문이 포함되었다. 이에 더하여, 공동체에 있는 젊은이들의 신앙 성숙을 평가하는 등급뿐만 아니라,[153] 젊은이들의 마음을 효과적으로 사로잡는 것과 연관되어 있다고 예상되는 8가지 공동체적 특징을 평가하기 위한 등급이 개발되었다.[154] 열린 질문들은 지도자들이 믿기에, 젊은이의 마음을 사로잡는 데 있어서 성공을 설명해 주는 특징, 젊은이들의 사역과 관련해서 직면한 도전, 그리고 젊은이들이 공동체의 건강과 성장에 기여하는 것에 있어서 그들이 목격한 방식을 기술해 달라고 부탁했다. 약간 다른 형태의 조사를 목회자들과 청소년, 청년 지도자들에게 실시했다. 특히 담임목사에 대한 조사에서 신앙 성숙도 조사를 제외한 것인데, 담임목사는 젊은이들의 영적 성숙을 담당 목사나 지도자보다 적게 알 수 있다고 생각했기 때문이다.[155]

참여자

1단계의 데이터를 모으는 일이 2014년 2월에 마무리되었다. 추천된 259개의 주목할 만한 공동체에서 전체 373명의 교회 지도자들이 참여했다. 참여하는 공동체에 대한 상세한 인구 통계적 정보를 위해서는 1장을 보기 바란다. 이에 더하여, (보고하는 교회가 기술한) 공동체의 사회경제적 다양성과 관련하여, 7%는 그들이 주로 상류층이라고, 41%는 주로 중상류층이라고, 41%는 주로 중류층이라고, 8%는 주로 중하류층이라고, 그리고 3%는 주로 하류층이라고 기술했다.

연구 각 단계의 데이터 분석 방법과 관련해서 상세한 기술에 관해서는 ChurchesGrowingYoung.org를 보기 바란다.

2단계 연구

개관, 선별 과정, 그리고 도구

1단계의 분석 결과를 토대로, 연구팀은 2단계에서 보다 심도 있는 탐구를 위한 몇 가지 질문을 찾아냈다. 이 연구는 2014년 4월에 시작되었는데, 535명의 청소년과 청년, 그들의 부모, 교회 스태프, 그리고 청소년, 청년 사역 봉사자들과의 1시간 분량의 인터뷰로 이루어졌으며, 이들은 1단계에 참여한 259개 공동체 중 41개의 모범적인 교회에 속해 있었다(각 교회마다 20번까지의 인터뷰가 진행됐다). 2단계에 참여한 41개의 모범적인 공동체는 다음 과정을 통해서 선별되었다.

그룹 1: 젊은이의 참여 비율(15-29세까지의 젊은이의 전체 수를 교회의 전체 성도 수로 나눔)과 젊은이의 신앙 성숙도를 기초로 전체 점수가 최고로 높은 15개 교회가 선별되었다. 이 두 가지 기준 각각에 똑같은 무게를 두는 공식이 고안되었으며, 2단계 참여를 위해서 상위 15개 교회가 선별되었다.

그룹 2: 교회를 특징짓는 8가지 질문 전체의 평균 점수에서 가장 높은 점수를 받은 교회들을 토대로 15개 교회가 선별되었다.[156]

그룹 3: 다음으로, 개별적인 8가지 특징적인 질문 각각에서 최고 점수를 받은 14개의 교회가 선별되었다. 이 중 두 교회는 "복음을 주고받는 것"[157]과 관련된 특징을 제외한, 나머지 각각의 특징 때문에 포함되었다.

그룹 4: 마지막으로, 전문적인 질적 분석을 통해서 14개 교회가 선별되었는데, 이 분석은 1단계 조사에서 나타난 내러티브와 교회가 지닌 고유한 또는 모범적인 특징에 대한 연구팀의 검토를 토대로 한 것이었다.

연구팀은 58개의 모범적인 교회를 연구의 2단계에 참여하도록 초대했으며, 41개 교회가 동의했다. 각 교회에서 교인 중 한 명이 대표로 선별되었으며, 공동체의 지도자들과 함께 교인 중에서 누가 인터뷰에 참여할지를 결정하는 일을 맡게 되었다. 온라인 선별 형식을 사용해서, 이 대표자는, 각 교회마다 전부 40명까지, 인터뷰에 참여할 18-29세의 젊은이들,[158] 청소년들과 청년들의 부모들, 교회 스탭, 그리고 청년 사역 봉사자들을 확인했다. 20명이 인터뷰에 참여하겠다고 동의할 때까지, 추천된 교인들에게 인터뷰 초대장을 보냈다. 기존 연구원과 풀러 신학교의 신학과, 심리학과, 그리고 선교학과 등의 졸업생 14명의 연구원을 포함한 풀러 청소년 연구소의 연구팀은 대략 60분으로 구성된 전화 인터뷰를 실시했다. 인터뷰 담당자들은 이 프로젝트의 선임 리서치 자문위원들로부터 폭넓게 훈련 받았다. 모든 인터뷰는 녹음되고, 기록으로 옮겨지고, 암호화되었다.

2단계 인터뷰는 개인적으로 진행했으며, 다음의 몇 가지 질문이 포함되었다. 즉, 인터뷰 참여자의 인구통계학적 정보, 교회에서 섬기고 있는 부서들, 교회에 대한 묘사, 교회가 젊은이들에게 효과적인 이유에 관한 참여자의 견해, 젊은이들이 교회에 기여하는 방법, 조사보고서로 확인된 교회의 특징들에 토대를 두고서 이루어진 리커트 척도를 통한 평가(Likert scale ratings)와 열린 질문,[159] 참여자의 믿음과 신앙 실천에 대한 리커트 척도를 통한 평가와 열린 질문들,[160] 그리고 참여자가 중요하다고 여기는 다른 정보를 공유할 수 있는 기회 등이다. 참여자의 익명성은 보장되었고, 알아볼 수 있는 개인 정보는 모두 제거되었다. 젊은이에게 사용할 인터뷰 템플릿이 하나 만들어졌고, 부모, 봉사자, 교회 스태프에게는 약간 다른 형태의 템플릿이 사용되었다.

참여자

교파에 소속되어 있지 않다고 주장하는 7개의 공동체 외에, 14개 이상의 교회들이 2단계에 대표로 참여했다. 구체적인 5개의 가장 큰 교파로는 침례교회(7교회), 연합 감리교회(4), 로마 가톨릭(4), 나사렛교회(3), 그리고 복음주의 언약교회(3)다. 공동체에 활동적으로 참여하는 사람들의 교회 규모는 다음과 같이 다양했다. 100명 이하(2%), 101-250명(20%), 251-500명(17%), 501-1000명(24%), 1001-3000명(20%), 3001명 이상(17%). 미국의 인구통계 지역에 비추어서, 이 교회들은 중서부(29%), 서부(29%), 남부(27%), 그리고 북동부(15%)로 할당되었다. (조사보고서 교회들을 토대로) 민족적 다양성에 비추어서, 교회들의 48%가 "주로 백인"으로, 34%가 "다인종"(이것은 서로 다른 두 개의 민족적/인종적 그룹이 20% 이상 공동체에 포함되었다는 것을 의미한다)으로, 8%가 "주로 아프리카계 미국인"으로, 5%가 "주로 아시아계"로, 그리고 5%가 "주로 히스패닉/라티노계"로 확인되었다. (조사보고서 교회들을 토대로) 사회경제적 지위와 관련하여, 37%가 주로 중상류층이고, 47%가 주로 중산층이며, 14%가 주로 중하류층이라고 보고했다.

다음 교회들이 2단계에 참여했으며, 이 프로젝트와 관련해서 교회의 이름을 언급하도록 허락해주었다(2단계에 이어서 3단계 리서치에도 참여한 공동체들은 *로 표시했다).

1. Centenary United Methodist Church, Winston-Salem, NC

2. Chapelgate Presbyterian Church, Marriottsville, MD*

3. The Church at Brook Hills, Birmingham, AL

4. College Church of the Nazarene, Nampa, ID

5. Covenant Congregational Church, Boston, MA

6. The District Church, Columbia Heights parish, Washington, DC*

7. Epic Church, Fullerton, CA

8. Faith Lutheran Church, Lacey, WA

9. Fellowship Memphis, Memphis, TN*

10. Fellowship Monrovia, Monrovia, CA

11. The First Baptist Church of Chicago, Chicago, IL*

12. First Baptist Church of South Gate, South Gate, CA*

13. First Covenant Church Minneapolis, Minneapolis, MN

14. First Presbyterian Church of Berkeley, Berkeley, CA

15. First United Methodist Church, Tulsa, OK*

16. Flood, Kearny Campus, San Diego, CA*

17. Frontline Community Church, Grand Rapids, MI

18. Ginghamsburg Church, Tipp City Campus, Tipp City, OH

19. The Highway Community Mountain View, Mountain View, CA

20. The Hills Church, North Richland Hills Campus, North Richland Hills, TX

21. Holy Apostles Episcopal Church, St. Paul, MN

22. Holy Trinity Orthodox Church, San Francisco, CA

23. Immanuel Church of the Nazarene, Lansdale, PA*

24. Lifeway Church, Indianapolis, IN

25. Mars Hill Bible Church, Grandville, MI

26. Metro Community Church, Englewood, NJ*

27. Millennium Revival Center, Raleigh, NC

28. Mountainside Communion, Monrovia, CA

29. Our Lady of Mount Carmel Church, Ridgewood, NJ

30. Our Lady of the Immaculate Conception, Dayton, OH

31. Redeemer's Church, Reedley, CA

32. Saints Constantine and Helen Greek Orthodox Cathedral, Richmond, VA

33. St. Andrew United Methodist Church, Highlands Ranch, CO

34. St. Francis of Assisi Parish, Fulton, MD

35. St. John the Evangelist Catholic Church, Indianapolis, IN*

36. St. Paul's Episcopal Church, Fayetteville, AR

37. Sugar Creek Baptist Church, Sugar Land Campus, Sugar Land, TX

38. Trinity Church, Miami Gardens Campus, Miami, FL*

39. Trinity Grace Church, East Village parish, New York, NY

40. Upper Room, Edina, MN

41. Volga Christian Reformed Church, Volga, SD*

2단계 개인 인터뷰에 참여한 535명 중 60%가 남성이고, 40%가 여성이었다. 교회에서 보고된 나이나 역할은 (연구를 위해서 이들이 추천된 이유를 토대로) 18세(6%), 19-23세(17%), 24-29세(21%), 청소년/청년 사역 봉사자(19%), 청소년이나 청년의 부모(14%), 그리고 교회 지도자(23%)로 나뉘었다. 인종적/민족적 다양성에 비추어서, 인터뷰 참여자들은 아시아/아시아계 미국인(10%), 흑인/아프리카계 미국인(6%), 히스패닉/라티노(6%), 백인(Causasian/White, 73%), 태평양 섬 주민(Pacific Islander, 0.4%), 그리고 다인종(4.6%)으로 확인되었다. 고등교육 수준과 관련해서, 참가자들은 고등학교미만(1%), 고등학생(9%), 대학을 다녔으나 학위가 없는 사람(18%), 대학 학위자(41%), 석사 학위자(27%), 그리고 박사 학위자(4%) 등이었다. 가정 수

입과 관련해서,[161] 2%가 "평균보다 훨씬 아래", 16%가 "평균 아래", 38% 가 "평균", 38%가 "평균 위", 그리고 6%가 "평균보다 훨씬 위"라고 보고 했다.

3단계 연구

개관, 선별 과정, 그리고 프로토콜

2015년 봄, 연구팀은 3단계에서 심층분석을 위한 사례 연구를 위해 (2 단계의 41개 교회 중에서) 12개 교회를 선별했다. 이 분석은 참가자 관찰, 문서 분석, 인터뷰, 그리고 포커스 그룹으로 구성됐다. 12개 교회를 선별하기 위해, 연구팀은 2단계에서 인터뷰 참가자 중에서 가장 수가 적거나, 마지 막 단계 연구에 참여할 만한 상황에 있지 않은 10개 교회를 제외하고 시 작했다.[162] 다음으로, 연구팀은 전체 교인 중 젊은이들이 14% 이하인 두 교회를 제외했다. 그리고 교회 전체에서 젊은이들이 차지하는 비율과 교 회가 활기찬 신앙을 지닌 사람들의 비율이 높다는 것을 보여주는 2단계 인터뷰에서 나온 세 가지 질문을 바탕으로 합산 점수를 조합해서 각 교회 에 수적 가치를 부여하는 공식을 만들었다.[163] 이 가중치들은 나머지 29 개 교회를 평가하는 데 사용하였다.

이런 과정으로부터 젊은이의 높은 활력과 높은 참여 둘 모두를 보여 주는 잠재적 교회들에 대한 정보를 얻게 되었다. 사례 연구에 다양한 표 본이 되는 교회들을 선별하기 위해서, 연구팀은 대표성을 가지는 중요한 복수의 범주를 만들었다. 여기에는 다양한 교파, 민족적 특성, 사회경제 적 지위, 교회 규모 등이 포함되었다. 각각의 대표 범주에 있어서, 가장 높 은 활력/참여 등급을 받은 교회들이 선별되었다. 모두 14개 교회가 초청을 받아서 연구에 참여하는 마지막 12개 교회를 선택하게 되었다. 이 연구 단계에서 교회들은 익명성을 포기하는 데 동의했지만, 인터뷰에 응한 개인들에게는 반드시 추가적인 허락을 받고서만 그들의 신원을 사용하겠다고 약속했다.

두세 연구팀이 12개 교회 현장을 방문했다. 각각의 방문은 공동체의 독특한 맥락에 맞게 조율된 반면, 전형적인 현장 방문은 주말에 이루어졌다. 이 방문이 있기 전, 각 팀은 그 교회의 온라인 설문 답변, 인터뷰 녹취록, 교회 웹사이트, 교회 대표자가 보낸 문서, 몇 편의 설교, 그리고 공개적으로 이용할 수 있는 정보 등을 검토했다. 교회 대표자는 교회 스태프, 고등학교 학생들, 19-23세의 젊은이들, 24-29세의 젊은이들, 청소년들과 예비 청년들의 부모들, 청소년/청년 사역 봉사자들, 교회의 역사에 대해 말할 수 있는 교인들, 그리고 필요하다고 생각되는 사람들과 인터뷰를 잡았으며, 포커스 그룹을 정했다. 또한 연구팀은 예배, 청소년/청년 모임, 주일학교, 그리고 주말 프로그램을 포함한 모든 가능한 교회 활동과 프로그램에 참여했다. 방문하는 동안, 인터뷰와 포커스 그룹들은 녹음되었으며, 광범위한 현장 기록이 보관되었다.

참여자

3단계 연구에서는, 초교파 두 교회 외에, 8개 교파 이상의 교회들이 선별되었다. 3단계 구성은 침례교회 3곳과 하나님의 성회, 복음주의 언약교회, 기독교 개혁파교회, 나사렛교회, 장로교회, 로마 가톨릭교회, 그리고 연합 감리교회가 각각 하나씩이었다. 활동적으로 공동체에 참여하는 사람들의 규모는 다음과 같이 다양했다. 100명 이하 참여자(1교회), 101-250명(2), 251-500명(1), 501-1000명(4), 1001-3000명(3), 그리고 3001명 이상(1). 미국의 인구조사 지역에 비추어서, 이 교회들은 중서부(3교회), 서부 (2), 남부(4), 그리고 북동부(3)로 할당되었다. 민족적 다양성으로 "주로 백인"으로 확인된 4교회, "다인종" 4교회, "주로 아프리카계 미국인" 2교회, "주로 아시아계" 1교회, 그리고 "주로 히스패닉/라티노" 1교회가 포함되었다. 사회경제적 지위와 관련하여, 5교회가 주로 중상층, 5교회가 주로 중산층, 그리고 2교회가 주로 중하층이었다. 3단계 참여 교회들은 앞 섹션에 있는 2단계 참여 교회들의 목록에서 별표(*)로 표시되어 있다.

데이터 분석

3단계 현장 방문은 2015년 여름 동안 마무리되었다. 평균 60페이지의 현장 기록이 각 방문을 통해서 만들어졌으며, 3단계 교회 전체로는 거의 720페이지였다. 각각 방문 후에, 두 세 명의 연구원들이 모여서 기록을 종합 보고서로 만들었다. 핵심 그룹인 청소년 연구소 연구팀은 이 보고서들을 읽고 반영했는데, 방문이 이루어지는 동안과 방문이 이루어진 후에 모두 그렇게 했다.

3단계의 현장 리서치는 1단계와 2단계의 양적 분석 및 질적 분석과 더불어 사용되었으며, 앞선 단계에서 얻은 데이터를 해석하는 하나의 렌즈가 되었다. 핵심 연구팀은 결과에 대한 잠재적 해석에 관해서 프로젝트 자문위원들과 정기적으로 대화를 나누었다. 8가지 교회 특징은 5가지 목록으로 정리되었는데, 이 5가지는 연구에 참여한 교회들 전체에게 가장 공통적이고 중요한 특징으로 눈에 띄는 것들이었다. 현장 방문과 지속적인 데이터 분석에 대한 깊은 성찰로부터, 연구팀은 여섯 번째의 마지막 특징인 "오늘날의 젊은이들과 공감하기"를 추가했다. 또한, 연구팀은 이것들을 젊은이들의 마음을 효과적으로 사로잡는 교회들의 "6가지 핵심 가치"라고 부르기로 했다.

2015년 여름과 가을 동안에, 핵심 연구팀은 선임 연구 자문위원들, 전문가 자문단, 그리고 목회자 자문단에게 프로젝트의 결과에 대한 상세한 보고서를 보냈다. 30명의 이 자문위원들은 일대일과 그룹 전화 또는 모임을 통해서 피드백을 제공했다.

이에 더하여, 핵심 연구팀은 선별된 결과들을, 2015년 가을 풀러 신학교에서 열린 젊은이들의 마음을 사로잡는 모임(Engaging Young People Summit)에 참여한 50개가 넘는 교회 지도자들에게뿐만 아니라, 2014년 가을과 2015년 가을의 청소년 사역 교육자 협회(Association of Youth Ministry Educators) 컨퍼런스들에서 학자들과 현장사역자들에게 발표했다.

가정과 한계

연구팀이 '젊은이의 마음을 사로잡는 교회들'(CEYP)이라는 프로젝트가 학문적으로 엄격하고, 실천적으로 접근 가능하며, 일반적으로 가능한 한 철저하게 하는 데 모든 노력을 기울였지만, (우리의 것들을 포함해서) 어떤 연구도 가정이나 한계가 없지 않다. 다음은 이 연구에서 이루어진 몇 가지 가정 및 연관된 한계들이다.

연구원으로서 우리의 맥락. 연구팀은 연구원으로서 우리의 맥락을 장점이자 단점으로 이해한다. 풀러 청소년 연구소는 세계에서 가장 큰 신학교 중 하나인 풀러 신학교 안에 자리 잡고 있다. 풀러의 다교파적 구성과 전반적 다양성을 고려할 때, 이것은 이 연구를 할 수 있는 놀랍고도 유일한 장소로서 이바지했다. 그러나 우리는 연구팀이 이 연구에 접근하는 방식을 형성하는데 남부 캘리포니아라는 위치, 자신의 민족적 배경, 중산층에 속한 우리의 사회경제적 지위, 그리고 우리의 교육 수준 등이 영향을 미쳤다는 사실에 의심의 여지가 없다는 것을 인정한다. 가능한 한 가장 폭넓은 관점을 제공하기 위해 다양한 맥락과 배경으로부터 오는 다른 목소리들을 포함하고자 하는 의미 있는 노력이 이루어졌다.

교회 참여의 중요성. '젊은이의 마음을 사로잡는 교회들'이라는 프로젝트를 위한 기초를 놓을 때, 연구팀은 교회 참여가 모든 교회에서 중요하다고 가정했다. 그 결과, 연구팀은 "젊은이의 신앙이 자라도록 돕는 것이 무엇인가?"라는 질문으로 시작하기보다, 교회 참여를 직접 연구하기로 했다. '젊은이들의 마음을 사로잡는 교회들'이라는 프로젝트는 젊은이의 상세한 영적 경험에 관한 질문을 하지 않고, 오히려 교회에 대한 그들의 경험에 초점을 맞추었다.

인식된 효과에 대한 의존. 핵심 가치들이 다양한 교회에서 공통적인 것으로 발견되었다 하더라도, '젊은이들의 마음을 사로잡는 교회들'이라는 프로젝트는 대부분 다양한 지도자와 교회가 효과적이라고 인식한 것에 의존해 있었다. 인터뷰가 진행되는 동안에 생각나지 않았던 변수나 참여자들이 알아차리지 못한 변수 같은, 검토되지 않았을지도 모르는 어떤 변수들이 있다는 데 의심의 여지가 없다.

관련된 사람에 관한 연구. 연구의 핵심적인 측면은 사실상 젊은이 사역에서 효과적인 교회에 초점을 맞추는 것이었으므로, 이 프로젝트는 교회에 참여하지 않는 그리고 더 이상 교회에 소속되어 있지 않은 수 많은 젊은이를 연구하지 않았다. 이들의 목소리가 중요하긴 하지만, 젊은이들이 교회에 머물러 있는 이유에 관한 연구가 아직 덜 이루어졌다.

결과들의 일반화 가능성. '젊은이의 마음을 사로잡는 교회들'이라는 프로젝트 결과가 어떤 환경에서든, 언제나, 모든 교회에 적용되는 것은 아니다. 오히려 이 연구는 미국에 있는 특정한 그룹의 모범적인 교회들에 초점을 맞추고 있다. 의심할 바 없이, 어떤 교회들은 이 연구가 자기의 독특한 맥락에 적용하기 어렵다는 것을 발견할 것이다.

상호관계 대 인과관계. 연구팀은 이 핵심 가치와 젊은이에게 효과적인 교회 사이의 인과관계를 증명했다고 주장하지 않는다. 그러나 우리는 '젊은이의 마음을 사로잡는 교회들'이라는 프로젝트를 통해서 6가지 핵심 가치가 (다양한 방식의 데이터 종합과 분석을 통해서) 젊어지는 교회들 내에 분명하게 존재한다는 것을 확인했다고 확신한다. 각각의 핵심 가치가 특별하게 표현되는 방식은 교회의 맥락에 따라 다양할 것이다. 궁극적으로, 우리의 바람은 이 연구를 통해서 교회 지도자들 사이에 유익하고 생명을 주는 대화들이 시작되는 것이다. 우리는 또한 다른 학자들과 연구원들이 이 작업을 검토하고, 시험하며, 이 작업을 토대로 계속 연구하기를 희망한다.

우리의 신학적 헌신. 마지막으로, 하지만 결코 사소하지 않은 것으로, (풀러 신학교 소속으로서) 풀러 청소년 연구소는 우리의 리서치의 토대가 되고, 우리의 리서치를 지도해 오는 특정한 믿음들과 신학적 헌신들을 지니고 있다. 의심할 바 없이, 이 헌신들이 우리의 리서치 영향을 미쳐서 다른 전통들에 속한 사람들이 보기에는 별로 도움이 되지 않을 수도 있다.[164]

카라 파월(Ph.D)은 FYI의 이사이며, 풀러 신학교의 교수진이다 (FullerYouthInstitute.org를 보라). 〈크리스처니티 투데이〉에서 "주목할 만한 여성 50인"(50 Women to Watch) 중 한 명으로 선정된 카라는 오렌지를 위한 청소년과 가족 전략가로 섬기고 있으며, 또한 육아와 지도자 컨퍼런스들에서 정기적으로 연설을 한다. 카라는 많은 책의 저자이거나 공저자로서, 다음과 같은 것들이 있다. *The Sticky Faith Guide for Your Family, Sticky Faith Curriculum, Can I Ask That?, Deep Justice Journeys, Essential Leadership, Deep Justice in a Broken World, Deep Ministry in a Shallow World,* 그리고 *the Good Sex Youth Ministry Curriculum.* 카라는 캘리포니아의 패서디나에서 의료기기 엔지니어인 남편 데이브(Dave), 그리고 그들의 자녀들인 나단(Nathan), 크리스타(Krista), 그리고 제시카(Jessica)와 살고 있다. Twitter: @kpowllfyi

제이크 멀더(M.Div)는 FYI의 전략기획팀 디렉터(the director of strategic initiatives)로서, 이곳에서 멀더는 경영관리(business administration)를 감독하고, 새로운 리서치를 조정하고, 자원을 개발하고, 그리고 리서치 팀이 전략적으로 생각하도록 돕는 일을 한다. 멀더는 풀러 신학교(목회학 석사)와 웨스턴 미시건 대학교(재무 경영학 학사, bachelor of business administration in finance)의 졸업생이며, 현재 풀러에서 박사과정을 밟고 있다. 제이크는 개인과 단체가 그들의 온전한 잠재력을 발휘하도록 돕는 데 열정적이다. 제이크는 재정 분석가, 미국 개혁파 교회(Reformed Church of America)의 청소년 담당 목사, 그리스도를 위한 청소년(Youth for Christ)의 사역 디렉터, 그리고 유럽과 아시아에서 예수 전도단(Youth With A Mission, YWAM)의 선교사 등을 포함한 다양한 사역과 전문 역할을 감당해왔다. 본래 미시건 출신인 제이크는 캘리포니아의 패서디나에서 영양사인 아내 로렌(Lauren), 그리고 그들의 아들인 윌(Will)과 함께 살고 있다. Twitter: @jmulderfyi

브래드 M. 그리핀(M.Div)은 FYI의 부소장이며, 이곳에서 그리핀은 청소년 일꾼들과 부모들을 위한 리서치에 기반 한 훈련을 개발한다. 연설가, FullerYouthInstitute.org의 블로거, 그리고 청소년 자원 목사(volunteer youth pastor)인 브래드는 몇 권의 스티키 페이스(다음을 보라. StickyFaith.org) 책들의 공저자로서 다음과 같은 것이 있다. *Right Click: Parenting Your Teenager in a Digital Media World, Can I Ask That? 8 Hard Questions about God and Faith,* 그리고 *Can I Ask That? Volume 2: More Hard Questions about God and Faith.* 브래드는 또한 청소년 사역 관련 책의 많은 장들과 저널의 논문들을 썼다. 브래드는 풀러 신학교(목회학 석사, master of divinity in youth, family, and culture)와 애즈베리 대학교(Asbury University, 문학사, 심리학 전공)의 졸업생이다. 본래 켄터키 출신인 브래드는 지금 남부 캘리포니아에서 아내인 미시(Missy), 그리고 그들의 세 자녀와 함께 살고 있으며, 마운틴사이드 커뮤니온(Mountainside Communion)에서 청소년 사역을 지도하고 있다. Twitter: @bgriffinfyi

주

1. Pew Research Center, "America's Changing Religious Landscape," May 12, 2015, http://www.pewforum.org/2015/05/12/americas-changing-religious-landscape/.

2. Pew Research Center, "America's Changing Religious Landscape."

3. 일부 오순절 교단이 미국 밖에서, 그러니까 아시아, 아프리카, 그리고 특히 라틴 아메리카에서 큰 성장을 목격하고 있다. Pew Research Center, "Why Has Pentecostalism Grown So Dramatically in Latin America?," November14, 2014, http://www.pewresearch.org/fact-tank/2014/11/14/why-has-pentecostalism-grown-so-dramatically-in-latin-america/.

4. Conrad Hacket, "Emerging Adult Participation in Congregations," http://www.faithformationlearningexchange.net/uploads/5/2/4/6/5246709/emering_adult_participation_in_congregations_-_hackett.pdf. 미국 교회에 대한 자료의 가장 최신 보고 중 하나로서 종종 인용되는, 최근의 미국교회연구(National Congregations Study)는 교회들이 얼마나 빨리 고령화 되고 있는지를 강조한다. 1998년과 2007년 사이에, 조사에 참여한 2,740개 교회에 있는 60세 이상 정규 예배자의 수는 25%에서 30%로 뛰었다. 같은 짧은 기간에, 35세 이하의 정규 예배자는 25%에서 20%로 하락했다. Mark Chavez, "American Congregations at the Beginning of the 21st Century: A National Congregations Study," http://www.soc.duke.edu/natcong/Docs/NCSII_report_final.pdf.

5. Pew Research Center, "The Shifting Religious Identity of Latinos in the United States," May 7, 2014, http://www.pewforum.org/2014/05/07/the-shifting-religious-identity-of-latinos-in-the-united-states/.

6. Pew Research Center, "Asian Americans: A Mosaic of Faiths," July 19, 2012, http://www.pewforum.org/2012/07/19/asian-americans-a-mosaic-of-faiths-overview/.

7. 청년들에 대한 2001년 연구에 따르면, 기독교 배경을 지닌 젊은이의 대략 59%가 자신들은 교회를 떠났다고 보고한다. David Kinnaman and Aly Hawkins, *You Lost Me* (Grand Rapids: Baker, 2011), 23. 갤럽 조사에 따르면, 16세 또는 17세였을 때 교회에 출석했던 18-29세의 대략 40%가 더 이상 출석하지 않고 있다. George H. Gallup Jr., "The Religiosity Cycle," *The Gallup Poll*, June 4, 2002; and Frank Newport, "A Look at Religious Switching in America Today," *The Gallup Poll*, June 23, 2006. 고교시절 청소년 그룹에서 1년이나 그 이상 시간을 보냈던 18-30세까지의 청년 1,000명 이상을 대상으로 한 2007년 라이프웨이 리서치(LifeWay Research) 조사

에 따르면, 고교시절 적어도 1년동안 개신교회에 출석하는 청년들의 65% 이상이 18세에서 22세 사이의 적어도 1년 동안에 정규적인 예배 참석을 그만두리라는 것을 시사한다. 이 연구에서 응답자들이 반드시 청소년 그룹에서 졸업한 상급생들이었던 것은 아니다. 이 외에도, 이 리서치는 대학 "교회"(church) 출석에 대한 그것의 정의에 있어서 파라처치(para-church)나 캠퍼스 신앙 공동체를 포함하지 않았다.

청소년과 종교에 관한 연구(National Study of Youth and Religion)의 데이터에 따르면, 종교적이었던 로마 가톨릭과 개신교 십대 중 20-35%가 더 이상 종교적이지 않다. Christian Smith with Patricia Snell, *Souls in Transition: The Religious and Spiritual Lives of Emerging Adults* (New York: Oxford University Press, 2009), 109-10. 미국 성인 일반을 대상으로 한 퓨 리서치의 개종(改宗) 연구에서, 대략 미국 인구의 절반가량이 그들의 생애의 어느 지점에서 종교를 바꿨다. Pew Research Center, "Faith in Flux," February 2011, http://www.pewforum. org/2009/04/27/faith-in-flux/.

고교 졸업생 중 40-50%가 그들의 신앙을 고수하지 못하리라는 우리는 평가는 이런 다양한 연구 자료의 취합에 토대를 두고 있다.

8. 우리의 프로젝트의 처음 두 단계에서, 우리는 응답자들이 익명이기를 원했다. 그래서 그들을 인용하거나 기술할 때 우리는 그들의 실제 이름이나 그들을 알아볼 수 있는 다른 정보를 포함하지 않고 있다. 리서치의 세 번째와 마지막 단계에서, 우리는 실제 교회 이름들과 그들을 알아볼 수 있는 정보를 사용해도 좋다는 허락을 받았다.

9. 우리가 신앙에서 "멀어지다"(fall away)란 어구를 사용할 때, 이것은 반드시 학생들이 그들의 구원을 "상실했다"(lost)는 것을 의미하는 건 아니다. 오히려 예수님을 그들의 존재와 행위의 중심에 두는 신앙에서 멀어졌다는 것을 의미한다.

10. 국내에서 청년에 대한 지도적인 학자 중 한 명인 제프리 아넷은 예비 성인들이 부모가 된 후에 상당부분 신앙으로 다시 돌아온다고 말한다. Jeffrey J. Arnett, Emerging Adulthood: The Winding Road from the Late Teens through the Twenties (New York: Oxford University Press, 2004), 177. 청년들의 종교적 경로를 연구하는 이전 데이터에 따르면, (전반적으로 오늘날보다 약간 높은 비율들로) 교회를 떠났던 베이비 부머들 가운데서, 어린 시절 그들의 가족이 정기적으로 예배에 참석한 이들은 주류 개신교인 중에서 65%가, 복음주의 개신교인 중에서 72%가, 그리고 로마 가톨릭 교인 중에서 52%가 교회로 돌아왔다. 다음을 보라. Wade Clark Roof and Lyn Gesch, "Boomers and the Culture of Choice: Changing Patterns of Work, Family, and Religion," in Work, Family, and Religion in Contemporary Society, ed. N. Ammerman and W. C. Roof (New York: Routledge, 1995), 61-79.

11. 칩 히스와 댄 히스 형제의 글로 인해 이 용어의 적절성을 더욱 깊이 인식하게 되었는데, 이 형제는 변화를 일으키려 할 때의 중요한 데이터로서 "빛나는 부분"을 강조한다. Chip Heath and Dan Heath, Switch (New York: Broadway Books, 2010).

12. 이것의 예외는 젊어지는 공동체들 가운데서조차, 교회 근처에 대학이 거의 없다면, 대학생들을 대상으로 일 년 계획의 사역을 하는 것 역시 도전적인 일이다. 이 경우들에 있어서, 대학 사역은 종종 여름에 훨씬 더 활기가 있는데, 이때에 고등학교에서 교회 활동을 한 적이 있는 학생들이 (교회

로-옮긴이) 돌아오기 때문이다.

13. 성인 진입기라는 용어는 2000년도에 제프리 아넷이 처음 사용했다. Jeffrey Jensen Arnett, "Emerging Adulthood: A Theory of Development from the Late Teens through the Twenties," American Psychologist 55, no. 5 (May 2000).

14. Tim Clydesdale, The Purposeful Graduate: Why Colleges Must Talk to Students about Vocation (Chicago: University of Chicago Press, 2015), 201.

15. 13개 개신교단은 다음과 같다. Southern Baptist Convention, Assemblies of God, Presbyterian Church USA, Evangelical Covenant Church, Evangelical Lutheran Church in America, United Methodist Church, Church of the Nazarene, American Baptist Churches USA, Church of God in Christ, Lutheran Church-Missouri Synod, Episcopal Church, Christian Reformed Church, and Christian and Missionary Alliance.

16. 풀러 청소년 연구소의 추천을 받은 교회들은 대부분 일 년 내내 우리의 스티키 페이스 코호트 (Sticky Faith Cohort) 훈련 프로그램에 참여한 교회들이었다.

17. "주목할 만한 교회들"이란 주로 젊은이들의 예배 참석이나 특정한 교회 행사에 젊은이의 참여 비율이 높거나, 교회 지도자들에 의해서 신앙의 성숙도가 높다고 평가되는 젊은이들이 있는 교회 들이다. 풀러 청소년 연구소는 이 "주목할 만한" 목록에 몇몇 교회를 추가했는데, 신앙 형성에 대한 그들의 독특하고 창조적인 접근 때문이었다. 리서치 과정에 대한 보다 자세한 내용에 대해서는 부 록을 참고하기 바란다.

18. 카라는 실천 신학에서 박사학위를 갖고 있다. 브래드와 제이크는 석사학위를 갖고 있으며, 폭 넓은 신학 훈련을 받았다. 분명히, 신학은 우리에게 중요하며, 우리의 연구의 틀을 형성한다. 우리 의 연구와 사역에 영향을 미친 중심적인 많은 신학적 신조를 이해하기 위해서는 다음 사이트에 있 는 풀러 신학교의 신앙 고백을 보라. http://fuller.edu/About/Mission-and-Values/What-We-Believe-and-Teach/.

19. 공동체의 규모는 "참여자들"로 규정된다.

20. 대략 미국 교인의 14%가 "다인종"으로 여겨지는데, 따라서 우리는 국면1에서 31%의 공동체 가 이 범주에 해당 된 것에 대해 기쁘게 생각한다. Scott Thumma, "Racial Diversity Increasing in US Congregations," Huffington Post Blog, March 24, 2013, http://www.huffingtonpost. com/scott-thumma-phd/racial-diversity-increasing-in-us-congregations_b_2944470.html.

21. 다양성이 증가한 일차적인 이유는 나중의 이 두 국면에서 우리의 선출 기준들로 인해 다양한 공동체가 뽑히게 되었다는 것이다. 다양성이 증가한 두 번째의, 영향력이 조금 덜한 이유는 우리 팀이 교회들 가운데서 선출을 할 때에 몇 가지 예에서 우리가 다양성이 더 많은 교회들을 선택했기 때문이다.

22. 젊은이들의 영적 활력과 신앙의 성숙을 평가하는 데, (목사들에 의해) 간접적으로 그리고 (젊 은이들 자신에 의해) 직접적으로, 몇몇 양적, 질적 측정방법이 사용되었다. 우리가 사용한 일차적인 양적 방법은 신앙 성숙의 척도(Faith Maturity Scale)에서 나온 것으로 상당히 수정된 항목들을 사

용하는 9가지 항목의 척도로서, 이 척도는 서치 연구소(Search Institute)를 통해 대중화된 것이다. 다음을 보라. Peter Benson, Michael J. Donahue, and Joseph A. Erickson, "The Faith Maturity Scale: Conceptualization, Measurement, and Empirical Validation," Social Scientific Study of Religion, vol. 5 (Greenwich, CT: JAI Press, 1995), 1-26.

23. 우리가 구체적인 출처를 밝히지 않은 채 자문위원들의 말을 인용할 경우, 그들의 말은 그룹 미팅이나, 우리의 리서치 팀과의 일대일 미팅에서 이루어진 것이었다.

24. 지난 수십 년 동안, "선교적" 리더십에 많은 주목을 해왔는데, 이 리더십은 하나님의 보내심의 성격과 하나님의 백성으로서의 우리의 "보냄을 받는" 성격을 강조한다. 최근에는 또한 "신흥"(emergent) 리더십에 주목해 왔는데, 이것은 리더십을 변화하는 문화에 매우 유연하고 반응적인 것으로 묘사한다. 이 두 모델 모두에는 큰 장점이 있긴 하지만, 우리가 연구한 열쇠꾸러미 지도자들은 이 두 범주 중 어디에도 산뜻하게 들어맞지 않았다. 이들은 또한 지도자들이 모든 결정을 주도하고 그들의 동의가 없이는 아무 일도 일어나지 않는 "CEO로서의 목회자" 모델에도 맞지 않았다. 사실상, 열쇠꾸러미 지도자들의 개성이나 접근은, "목적이 주도하는"(purpose-driven) "종 리더십"이나 "구도자 중심적인"(seekr-sensitive) 등을 포함한 기존의 어느 한 가지 형용사(adjective)나 프로필로는 분류하기가 어려웠다. 이것들을 우리가 발견하지 못한 모델 목록에 넣었다고 해서, 이것들이 도움이 되지 않는다는 것을 시사하는 것은 아니다. 이것들은 모두 어떤 장점과 타당성을 갖고 있다.

25. Patrick Lencioni, The Advantage: Why Organizational Health Trumps Everything Else in Business (San Francisco: Jossey-Bass, 2012), 190.

26. Robert Wuthnow, The Crisis in the Churches: Spiritual Malaise, Fiscal Woe (Oxford: Oxford University Press, 1997), 6-7.

27. Lee G. Bolman and Terrence E. Deal, Reframing Organizations: Artistry, Choice, and Leadership (San Francisco: Jossey-Bass, 2008), 13.

28. Ibid., 15-16.

29. 이 목사는 자신이 피터 스카지로(Peter Scazzero)의 책을 통해서 어떻게 더 좋은 건강을 추구하게 되었는지를 이야기했다. Emotionally Healthy Spirituality: Unleash a Revolution in Your Life in Christ (Nashville: Integrity, 2006).

30. Candace Coppinger Pickett, "Relational Capacity, Personal Well-Being, and Ministry Performance: Consequences of the Evolved Social Brain" (unpublished dissertation, Fuller Theological Seminary, 2014).

31. De Pree, Leadership Is an Art, 11.

32. Walter Isaacson, Steve Jobs (New York: Simon & Schuster, 2011), 14-15.

33. Institute of Design at Stanford, "An Introduction to Design Thinking Process Guide," https://dschool.stanford.edu/sandbox/groups/designresources/wiki/36873/attachments/74b3d/ModeGuideBOOTCAMP2010L.pdf?sessionID=9a5d0a2a0cd5fb6c26a567

b2636b19513b76d0f4.

34. Pew Research Center, "Barely Half of U.S. Adults Are Married-A Record Low," December 14, 2011, http://www.pewsocialtrends.org/2011/12/14/barely-half-of-u-s-adults-are-married-a-record-low/.

35. National Vital Statistics Report, "Births: Final Data for 2013," vol. 64, no. 1, January 15, 2015, http://www.cdc.gov/nchs/data/nvsr/nvsr64/nvsr64_01.pdf; and T. J. Matthews and Brady E. Hamilton, "Delayed Child bearing: More Women Are Having Their First Child Later in Life," NCHS Data Brief, no. 21, August 2009, http://www.cdc.gov/nchs/data/databriefs/db21.pdf.

36. Arnett, Emerging Adulthood, 6.

37. Bureau of Labor Statistics, "America's Young Adults at 27: Labor Market Activity, Education, and Household Composition: Results from a Longitudinal Survey," March 26, 2014, http://www.bls.gov/news.release/nlsyth.nr0.htm.

38. Robert Schoeni and Karen Ross, "Material Assistance from Families During the Transition to Adulthood," in On the Frontiers of Adulthood, ed. Richard Settersten, Frank Furstenburg, and Ruben Rumbaut (Chicago: University of Chicago Press, 2005), 396-416.

39. Robin Marantz Henig, "What Is It about 20-Somethings?" New York Times, August 18, 2010, http://www.nytimes.com/2010/08/22/magazine/22Adulthood-t.html?pagewanted=all&_r=1.

40. 어떤 학자들은 사실상 확장된 청소년기보다는 성인 진입기라는 표현을 선호한다. 우리는 확장된 청소년기라는 표현이 성인기로의 전환을 묘사하는데 어울리는 용어임을 인정하지만, 앞으로 우리는 성인 진입기라는 보다 흔한 용어를 사용할 것이다.

41. Susan Y. Euling et al., "Role of Environmental Factors in the Timing of Puberty," Pediatrics 21 (February 1, 2008): S167-S171.

42. 다음을 보라. Arlie Hochschild and Anne Machung, The Second Shift: Working Families and the Revolution at Home (New York: Penguin, 2012).

43. 이런 일과의 결과로서, 십대의 15%만이 8시간 30분 동안 잠을 자게 되는데, 이것은 가장 잘 활동하기 위한 최소 시간이다. National Sleep Foundation, "Teens and Sleep," http://sleepfoundation.org/sleep-topics/teens-and-sleep.

44. American Psychological Association, "American Psychological Association Survey Shows Teen Stress Rivals That of Adults," February 11, 2014, http://www.apa.org/news/press/releases/2014/02/teen-stress.aspx.

45. American Psychological Association, "2010 Stress in America Findings," November 9, 2010, https://www.apa.org/news/press/releases/stress/2010/national-report.pdf.

46. 3,000명 이상을 대상으로 한 2014년의 한 전국적인 연구에서, 대학생의 57%와 대학 졸업생의 58%가 평균 이상의 스트레스나 극심한 스트레스를 받는다고 했다. 불과 4년 전에, 이 퍼센티지는 49% 정도였다. University of Michigan University Health Service, "National College Health Assessment," https://www.uhs.umich.edu/ncha.

47. Clydesdale, Purposeful Graduate, 109.

48. Tim Clydesdale, The First Year Out (Chicago: University of Chicago Press, 2007), 2–3, 39.

49. 우리 연구에 참여한 젊은이 중 일부는 그들의 교회가 스트레스를 더한다고 고백했다. 그리고 이렇게 고백하는 젊은이 중 16%에 따르면, 불안으로 가득한 이런 시기에 더 많은 책임을 짊어지게 되면, 그러니까 구체적인 행사나 프로그램을 담당하게 되면 스트레스가 높아지게 된다. 그럼에도 불구하고, 아이들은 여전히 이런 리더십 기회들을 반기는데, 그 경험들이 자신의 삶에 더욱 큰 의미를 심어줄 수 있기 때문이다.

50. Kenda Creasy Dean, Almost Christian: What the Faith of Our Teenagers Is Telling the American Church (New York: Oxford University Press, 2010), 10, 18.

51. 시 23:4.

52. Pew Research Center, "Teens, Social Media, and Technology Overview 2015," April 9, 2015, http://www.pewinternet.org/2015/04/09/teens-social-media-technology-2015/.

53. Danah Boyd, It's Complicated: The Social Lives of Networked Teens (New Haven, CT: Yale University Press, 2014), 127.

54. Andrew K. Przybylski et al., "Motivational, Emotional, and Behavioral Correlates of Fear of Missing Out," Computers in Human Behavior 29, no. 4 (2013): 1841–48.

55. Mark D. Regnerus, Forbidden Fruit: Sex and Religion in the Lives of American Teenagers (New York: Oxford University Press, 2007), 85.

56. Ibid., 121.

57. LGBTQ는 (이 명칭의 출처에 따르자면) 레즈비언(lesbian), 게이(gay), 양성애자(bisexual), 트렌스젠더(transgender), 그리고 퀴어(queer/questioning) 등을 포함한 일군의 성적 행위와 정체성을 나타내는 약어다. 다음을 보라. Mark D. Regnerus, Premarital Sex in America: How Young Americans Meet, Mate, and Think about Marrying (New York: Oxford University Press, 2011), 8?9. 리서처들로서, 우리는 동성 간의 이끌림, 정체성, 그리고 혼인에 대해 특정한 신학적 또는 윤리적 입장을 취하고 있지 않다. 이 책 전체를 통해, 우리는 단지 우리가 추가적 리서치를 통해 수집한 것뿐만 아니라, 젊어지는 교회들에서 우리가 목격한 것을 묘사하고 있을 뿐이다. 이 복잡하고 자극적인 이슈에 대해 젊은이들에게 말하는 법에 대한 도움을 위해서는 다음을 보라. Jim Candy, Brad M. Griffin, and Kara Powell, Can I Ask That? 8 Hard Questions about God and Faith (Pasadena, CA: Fuller Youth Institute, 2014), 그리고 2015년에 나온 Can I Ask That? Volume 2.

58. Bill Albert, Sarah Brown, and Christine M. Flanigan, 14 and Younger: The Sexual Behavior of Young Adolescents (Washington, DC: National Campaign to Prevent Teen Pregnancy, 2003).

59. Chap Clark, Hurt 2.0: Inside the World of Today's Teenagers (Grand Rapids: Baker Academic, 2011), 31.

60. Robert Wuthnow, After the Baby Boomers: How Twenty- and Thirty-Somethings Are Shaping the Future of American Religion (Princeton, NJ: Princeton University Press, 2007), 216.

61. 글로벌 엔터프라이즈 모니터 2014 글로벌 리포트(Global Enterprise Monitor 2014 Global Report)에 따르면, 24-34살까지 중 18%가 새로운 일을 시작하거나 운영한다. Babson College, "Entrepreneurship Rebounds Globally in 2014," h t t p ://www.babson.edu/News-Events/ babson-news/Pages/2015-gem-global-report-shows-ambition-rising.aspx.

62. Smith and Snell, Souls in Transition, 72.

63. Pew Research Center, "America's Changing Religious Landscape."

64. Pew Research Center, "Children Under 12 Are Fastest Growing Group of Unaccompanied Minors at U.S. Border," July 22, 2014, http://www.pewresearch.org/fact-tank/2014/07/22/children-12-and-under-are-fastest-growing-group-of-unaccompanied-minors-at-u-s-border/.

65. NSYR의 선임 연구자인 크리스천 스미스(Christian Smith)가 기술하듯이, "그들의 삶의 대부분에 있어서, 학교에 입학하기 전부터 계속해서, 대부분의 예비 청년들은 여러 기관을 통해 다양성을 칭송하고, 차이를 받아들이고, 인종적 분열을 극복하고, 다문화주의를 수용하고, 보통 사람과 다른 이들을 향해 편협한 판단을 내리는 것을 피하도록 가르침을 받아 왔다." Smith and Snell, Souls in Transition, 80.

66. Ibid., 80-81.

67. Andy Stanley, Deep and Wide: Creating Churches Unchurched People Love to Attend (Grand Rapids: Zondervan, 2012), 159.

68. Dean, Almost Christian, 3.

69. Christian Smith with Melinda Lundquist Denton, Soul Searching: The Religious and Spiritual Lives of America's Teenagers (New York: Oxford University Press, 2005), 162?65.

70. Dean, Almost Christian, 3. 다른 곳에서 딘은 도덕주의적인 치유적 이신론을 역사적으로 서구 문화의 건강하지 못한 측면 중 일부 탓으로 돌린다. 즉, "두 세기 반 동안 '아메리칸 드림'(American Dream)과 더불어 살아온 후, 교회들은 소비자 주도적인 치유적 개인주의(comsumer-driven therapeutic individualism)와 종교적 실용주의(religious pragmatism) 사이의 아슬아슬한 상호의존을 완성했다. 이 신학적 대용물들은, 흰개미처럼, 그리스도의 몸으로서의

우리의 정체성을 갉아먹는다. 자기 자신을 주는 사랑이라는 예수님의 삶이야말로 자기 성취와 자기 실현이라는 미국적 복음에 직접적으로 도전한다는 사실을 인식할 수 있는 우리의 능력을 부식시킴으로써 말이다." (p.5).

71. George C. Hunter III, The Celtic Way of Evangelism: How Christianity Can Reach the West…Again (Nashville: Abingdon, 2000, 2010), 94.

72. Nancy T. Ammerman, "Golden Rule Christianity: Lived Religion in the American Mainstream," in Lived Religion in America, ed. David Hall (Princeton, NJ: Princeton University Press, 1997), 196-216.

73. "하나님의 아들"과 삼위일체, 즉 "아버지, 아들, 그리고 성령"과 관련된 용어들을 포함해서.

74. 예수님에 대한-그가 누구이고, 그가 무엇을 행하셨고, 그리고 그가 행하신 일이 왜 중요한지-십대들의 언급에 대한 또 다른 연구는 대다수의 그리스도인 청소년들이 정통 신앙과 비교해서 예수님에 대한 불완전한 이미지들을 갖고 있는 것으로 결론을 내렸다. 사실상, 응답자의 약 4분의 1만이 예수님이 온전히 하나님이며 온전히 사람이시라고 믿는다. 다음을 보라. Jen Bradbury, The Jesus Gap: What Teens Actually Believe about Jesus (San Diego: Youth Cartel, 2014).

75. 우리의 연구에서 19-23세의 대학생 연령의 젊은이 중 78%가 그들의 응답에서 예수님이나 아들 되심, 삼위일체를 언급했는데, 이로 보건데, 거의 10명 중 2명만이 예수님을 복음의 밖에 두고 있다는 것은 주목할 만하다. 스티키 페이스(Sticky Faith)를 위한 앞선 리서치에서, 젊은이들의 35%가 "그리스도인이 되는 것은 무엇을 의미하는가?"라는 질문에 대한 답변들에서 예수님을 언급하지 않았다는 것 역시 주목할 만하다. 질문이 약간 다르긴 했지만, 이 젊은이들의 마음을 사로잡는 교회들(CEYP)의 연구에서, 예수님 중심적 반응이 보통 5% 더 높았다. 다음을 보라. Kara Powell, Brad M. Griffin, and Cheryl Crawford, Sticky Faith Youth Worker Edition (Grand Rapids: Zondervan, 2011), 29.

76. 다음의 책은 예비 청년들이 구속적 복음 내러티브를 발전시키도록 도울 수 있다. Craig G. Bartholomew and Michael W. Goheen, The Drama of Scripture: Finding Our Place in the Biblical Story, 2nd ed. (Grand Rapids: Baker Academic, 2014). 또한 다음을 보라. Scot McKnight, The Blue Parakeet: Rethinking How You Read the Bible (Grand Rapids: Zondervan, 2010).

77. 낸시 앰머먼은 이렇게 주장한다. "그들의 자녀들이 그들과 함께 취할 수 있는 유산을 교회들이 제공하는 방식의 중심에는 신앙의 이야기들을 만들고 말하는 것이 있다. 그들은 성인이 될 때 그 유산을 다른 많은 곳으로 가져갈 것이므로, 말해지고 경험된 이야기들은 필수적이다." Nancy Ammerman, "Journeys of Faith: Meeting the Challenges in Twenty-First-Century America," in Passing On the Faith: Transforming Traditions for the Next Generation of Jews, Christians, and Muslims, ed. James L. Heft, S.M. (New York: Fordham University Press, 2006), 49.

78. 형성 전문가들(Formation experts)인 데이비드 세트란과 크리스 키슬링은 예비 청년들이 도덕주의적인 치유적 이신론을 넘어서기 위해서는 세 가지가 일어날 필요가 있다고 결론을 내린다.

즉, 그들이 사랑하는 것들(갈망하는 것들과 바라는 것들)을 재형성하는 것, 그들에게 값비싼 희생을 권하는 것, 그리고 그들에게 규칙적인 실천들 및 성령의 지속적인 사역에 의해 특징지어지는 "그리스도와 함께 하는" 삶을 요구하는 것이다. 다음을 보라. Chapter 2, "Spiritual Formation: Reversing Moralistic Therapeutic Deism," in David P. Setran and Chris A. Kiesling, Spiritual Formation in Emerging Adulthood: A Practical Theology for College and Young Adult Ministry (Grand Rapids: Baker Academic, 2013), 29-53.

79. 윌라드는 이것을 다음과 같이 기술한다. "역사는 기독교 메시지가 본질적으로 죄-잘못된 행위(wrong-doing)나 잘못된 존재(wrong-being)와 이것의 결과들-를 다루는 법하고만 관련이 있다고 생각하는 데까지 우리를 데려갔다. 우리의 실제적인 실존인 삶은 현재 기독교 메시지의 중심으로 제시되는 것 속에 포함되어 있지 않거나, 오직 주변적으로만 포함되어 있다." Dallas Willard, The Divine Conspiracy: Rediscovering Our Hidden Life in God (San Francisco: HarperCollins, 1998), 41.

80. 이와 비슷하게, 청소년 사역에서 모범적인 것으로 밝혀진 공동체들에 대한 그들의 연구에서, 마틴슨, 블랙, 그리고 로베르토는 다음과 같이 결론을 내린다. "우리가 연구한 공동체들에서 청소년 사역의 목적은 단 한 가지 목표로 요약될 수 있다. 즉, 예수 그리스도의 제자를 만드는 것이다. 이 공동체들은 자신들의 청소년 사역의 초점을 예수 그리스도에게 두며, 제자도, 증언, 그리고 그들의 삶을 변화시키는 봉사에 젊은이들을 참여시킨다. 효과적인 청소년 사역들은 예수님과 그들의 관계를 깊게 하고, 그들이 신앙을 더 잘 이해하게 하고, 그들의 신앙을 매일의 삶과 진지한 삶의 선택들에 적용하고, 그리고 그들의 신앙을 다른 사람들과 나눔으로써 젊은이들의 신앙에 중요한 영향을 미친다." Roland D. Martinson, Wesley Black, and John Roberto, The Spirit and Culture of Youth Ministry: Leading Congregations toward Exemplary Youth Ministry (St. Paul: EYM, 2010), 14.

81. 젊은이들이 달릴 때, 우리는 충분한 지원을 통해 도전과 균형을 맞추어 주면서 그들과 나란히 달릴 필요가 있다. 지원이 없는 도전은 일을 수행해야 한다는 해로운 압박을 초래할 수 있으며, 결국 쓰러지게 할 수 있다. 반면에, 도전이 없는 지원은 젊은이들을 응석받이로 만들어서 스스로를 달래는 오락들을 추구하게 한다. 오락은 우리가 둘 중 어느 하나를 제대로 하지 못할 때 발생하는 것이다.

82. 우리의 양적 신앙 성숙의 척도에는 9개 항목이 포함되었다. 보다 상세한 사항을 위해서는 부록과 우리의 웹사이트에 있는 리서치 방법 및 절차들을 보라. www.churchesgrowingyoug.org.

83. 예를 들어, 다윗과 골리앗 이야기는 하나님의 기적적인 구원 이야기보다 용감하라는 권고가 되거나, 씨 뿌리는 자의 비유는 관대한 씨 뿌리는 자로서의 하나님의 성격보다 "좋은 토양"으로서의 우리의 성격에 대한 것이 된다.

84. 성경을 보다 큰 내러티브 내에서 어떻게 설명할 수 있는지에 대한 추가적 자료를 위해서는 다음을 보라. Mark Novelli, Shaped by the Story: Helping Students Encounter God in a New Way (Grand Rapids: Zondervan/Youth Specialties, 2008); V. Roberts, God's Big Picture: Tracing the Storyline of the Bible (Downers Grove, IL: InterVarsity, 2002); and N. T. Wright's For Everyone series.

85. 만약 교회력(liturgical year)이 당신의 전통에서는 친숙하지 않을 경우, 온라인 검색을 통해서 무료로 소개하는 자료들을 빠르게 구할 수 있을 것이다. 어떤 교회력에는 다른 교회력보다 더 많은 절기가 있겠지만, 가장 일반적인 절기는 다음과 같다. 강림절(Advent), 성탄절(Christmas), 주현절(epiphany), 사순절(Lent), 부활절(Easter), 오순절(Pentecost), 그리고 일상 시기(Ordinary or Common Time). 도움이 되는 또 다른 자료는 다음과 같다. Joan Chittister, The Liturgical Year: The Spiraling Adventure of the Spiritual Life (Nashville: Thomas Nelson, 2010).

86. 오늘날의 가르침과 짝을 이룬 종교개혁 교리문답들의 현대적 형태를 위해서는 팀 켈러(Tim Keller)와 샘 샤머스(Sam Shammas)가 개발한 무료 자료들을 보라. 이것들은 다음 사이트에 있다. www.newcitycatechism.com.

87. 이 연구의 더 많은 결과를 위해서는 다음을 보라. Thomas Bergler and Dave Rahn, "Results of a Collaborative Research Project in Gathering Evangelism Stories," Journal of Youth Ministry 4, no. 2 (Spring 2006): 65-74, 그리고 브래드 그리핀이 데이브 란(Dave Rahn)과 행한 관련된 인터뷰를 보라. "Re-Storying Conversion: Listening to Students' Accounts of Coming to Christ." 이 인터뷰는 다음에서 이용할 수 있다. https://fulleryouthinstitute.org/articles/re-storying-conversion.

88. Richard Peace, Conversion in the New Testament: Paul and the Twelve (Grand Rapids: Eerdmans, 1999).

89. Sharon Daloz Parks, Big Questions, Worthy Dreams: Mentoring Young Adults in Their Search for Meaning, Purpose, and Faith (San Francisco: Jossey-Bass, 2000), 198.

90. Powell, Griffin, and Crawford, Sticky Faith Youth Worker Edition, 143-45.

91. 풀러 청소년 연구소는 십대들과 예비 청년들이 가장 공통적으로 어려운 신앙의 질문 중 일부를 탐구하도록 돕기 위해 두 권으로 된 소그룹 연구서를 만들었다. 다음을 보라. Candy, Griffin, and Powell, Can I Ask That?: 8 Hard Questions about God and Faith and Can I Ask That? Volume 2: More Hard Questions about God and Faith.

92. 다음을 보라. Steve Argue, "From Faith to Faithing: Could Faith Be a Verb?," http://stickyfaith.org/articles/from-faith-to-faithing. '믿는 것'이란 용어가 샤론 달로즈 팍스에 의해서도 다음 책에서 사용된다는 것에 주목하라. Big Questions, Worthy Dreams.

93. 사회학자인 우드나우는 이와 비슷하게 젊은이들이 믿는 과정을 사고하는 것(thinking)으로 묘사한다. "종교와 영성-사실 삶-에 대한 청년들의 접근을 가장 잘 묘사하는 것은 사고하는 것이다. 사고하는 사람은 바로 가까이에 있는 기술(skill)과 아이디어와 자원이 무엇이든 그것들로부터 삶을 조합한다…전문화된 기술들이 요구된다면, 그들은 그것들을 가지고 있다. 그들이 전문가들에게서 도움을 필요로 할 때, 그들은 그것을 구한다. 그러나 그들이 일을 하는 한 가지 방식에만 의존하는 것은 아니다." Wuthnow, After the Baby Boomers, 13.

94. 예를 들어 다음을 보라. 출 23:9; 신 10:18; 14:29; 마 25:34?36; 롬 12:13; 히 13:2.

95. Christine D. Pohl, Making Room: Recovering Hospitality as a Christian Tradition (Grand

Rapids: Eerdmans, 1999), 13.

96. 신학자인 앤드류 루트는 이런 소속 경험이 가장 깊이 느껴지는 때는 바로 젊은이들이 자신들을 목회 지도자의 노력의 타겟이나 대상이 아니라, 오히려 다른 사람들과 관계하는 사람(a person) 이라고 느낄 때라고 주장한다. 루트는 성인들에게 젊은이들의 삶의 현실-그리고 고통-을 보고 그 속으로 들어가게 되는 "장소-공유"의 행위에 참여하도록 권한다. 이런 진정한 상호작용의 공간 안에 그리스도께서 임재 하신다. 다음을 보라. Andrew Root, Revisiting Relational Youth Ministry: From a Strategy of Influence to a Theology of Incarnation (Downers Grove, IL: InterVarsity, 2007).

97. 다른 이들은 교회에서의 멘토링의 부족을 청년들을 붙잡는 것과 관련해서 다루어야 할 중요한 문제라고 말했다. 2014년의 바나(Barna) 보고에 따르면, 십대를 지나서 지역 교회 안에 계속 참여하는 청년들이 교회 안에서 노인들과 개인적으로 친밀한 관계를 맺지 않는 청년들보다 거의 두 배에 이른다. 교회에 다니기를 그만 둔 10명의 밀레니얼 세대 중 7명이 노인과의 친밀한 관계를 갖지 못했으며, 10명 중 거의 9명은 그들의 교회에 멘토가 전혀 없었다. 다음을 보라. Barna Group, Making Space for Millennials: A Blueprint for Your Culture, Ministry, Leadership, and Facilities (Ventura, CA: Barna, 2014), 48.

98. 이런 접근과 표현은 1900년대 중반에 영 라이프(Young Life)에 의해서 옹호되었는데, 이것은 결국 교회에 토대를 둔 청소년 사역의 실천으로 나아가게 되었다.

99. Kara Eckmann Powell, Brad M. Griffin, and Cheryl A. Crawford, Sticky Faith: Practical Ideas to Nurture Long-Term Faith in Teen-agers (Grand Rapids: Zondervan, 2011), 75.

100. 이것은 대부분의 미국 교회 전체에 사실이다. 홀리 알렌과 크리스틴 로스는 이렇게 결론을 내린다. "교회 지도자들이 '그리스도의 몸'이나 '하나님의 가족' 같은 성경의 은유들을 인용할 때마다, 그들이 일반적으로 세대 간 상호작용(intergenerationality)을 인정할지라도, 사실상 미국의 주요한 복음주의 교회들은 일반적으로…그들의 예배와 활동의 다수를 연령별로 구분된 환경들 속에서 행한다. 그 결과, 21세기 미국의 두 번째 10년 동안에, 가족 공동체의 모든 세대가-유아에서 90대에 이르기까지-좀처럼 한 자리에 함께 하지 않는다." Holly Catterton Allen and Christine Lawton Ross, Intergenerational Christian Formation: Bringing the Whole Church Together in Ministry, Community, and Worship (Downers Grove, IL: IVP Academic, 2012), 30-31.

101. Miroslav Volf, After Our Likeness: The Church as the Image of the Trinity (Grand Rapids: Eerdmans, 1998), 11.

102. 다음을 보라. Warren S. Brown and Brad D. Strawn, The Physical Nature of Christian Life: Neuroscience, Psychology, and the Church (New York: Cambridge University Press, 2012), 125.

103. 챕 클락 역시 입양이라는 바울의 유익한 은유를 사용해서 젊은이들을 공동체 안으로 품도록 격려한다. 우리가 가족이 될 때 입양은 우리에게 변화를 가져온다. 당신이 아이를 입양할 때, 가족 체계 자체가 바뀌지 않으면 안 된다. 그 아이가 그 체계의 일부가 될 수 있도록 말이다. (어떤 연령의 사람이든) 사람들을 교회 안으로 입양하는 것은 복음의 요청이다. 클락은 이렇게 강하게 말

한다. "입양 사역에 따르면, 힘(power)이 있는 사람의 책임은 아웃사이더라고 느끼는 모든 사람이 하나님의 가족의 중심에 있다고 느끼도록 그들을 끌어 들이고, 포함시키며, 자격을 부여하는 것이다. "Adoption: Re-envisioning Youth Ministry and the Family of God," in Chap Clark, Adoptive Youth Ministry: Integrating Emerging Generations into the Family of Faith (Grand Rapids: Baker Academic, 2016), 2.

104. 우리가 연구한 교회들이 매우 따뜻한 교회들이었다는 사실에도 불구하고, 우리 인터뷰 응답자 중 10%가 여전히 훨씬 더 많은 따뜻함과 공동체 생활을 갖고 싶어 한다는 것은 주목할 만하다! 이것은 젊은이들에게 따뜻함이 얼마나 중요한지를 강조한다.

105. 브래드의 교회는 35명의 추천자들에 의해서 젊은이들을 잘 참여시키는 것으로 확인된 363개 교회 중 하나였다. 그의 교회는 259개 교회 중 하나로서 1단계에 그리고 41개 교회 중 하나로서 2단계에 참여했다. 브래드는 그의 교회에서 이루어지는 리서치 커뮤니케이션이나 데이터 모으기에 어떤 식으로든 직접 참여하지 않았다. 2단계에 포함되는 과정을 포함한 이름과 다른 식별 정보는 모두 제거된 채, 모든 데이터는 익명으로 분석되었다. 선별 방식에 대한 더 상세한 내용을 위해서는 부록에 있는 리서치 방법과 www.churchesgrowingyoung.org를 보라.

106) 『슬로우 처치』(Slow Church)라는 도발적인 책에서, 저자들은 "슬로우 푸드" 운동과 지역의 이웃에 심겨진 교회 공동체에 대한 성경의 비전 사이의 연결들을 탐구한다. 저자들은 (페스트 푸드와 비슷한) "페스트 처치"(fast church) 운동에 대한 많은 비판과 반대 담론을 제공하면서, 따뜻함과 매우 닮은 듯이 들리는 한 쌍의 치유책으로 결론을 내린다. 즉, 함께 먹는 것과 대화를 통한 나눔이다. 다음을 보라. chapter 11, "Dinner Table Conversation as a Way of Being Church," in C. Christopher Smith and John Pattison, Slow Church: Cultivating Community in the Patient Way of Jesus (Downers Grove, IL: InterVarsity, 2014), 208-22.

107. 제일 침례교회의 변화들은 이민 연구자들인 알레한드로 포르테스와 루벤 럼바우트가 "선택적 문화변용"(selective acculturation)이라고 부른 것의 모범을 보여주는데, 이런 "선택적 문화 변용"에서 1세대 이민자 부모와 2세대 아이들은 문화에 적극적으로 적응하며, "문화적 변화를 늦추고 부모의 모국어와 규범들을 부분적으로 간직하기에 충분할 정도의 규모와 제도적 다양성을 지닌 공동 민족적(co-ethnic) 공동체 안에 들어가게 된다." 이들의 리서치에 따르면, 선택적 문화변용은 "2개 국어를 유창하게 말하는 능력을 지니는 것과 밀접하게 연관되어 있으며, 역으로, 보다 높은 자존감, 보다 높은 교육적이고 직업적인 기대들, 그리고 보다 높은 학문적 성취와 연결되어 있다." Alejandro Portes and Ruben G. Rumbaut, Legacies: The Story of the Immigrant Second Generation (Berkeley: University of California Press, 2001), 54, 274.

108. 스티키 페이스는 이런 변화의 일부가 되어 왔지만, 우리는 또한 어린이와 청소년 사역이 가족과 교회 사이의 보다 의도적인 파트너십(partnership)을 향해 나아가게 하는 데 있어서 믿을 수 없을 정도의 놀라운 추진력을 개척한 것에 대해 오렌지(Orange)에 있는 우리 친구들의 영향력 있는 작업에 박수를 보낸다. 다음을 보라. www.orangeleaders.com.

109. "부모들이 자기 자녀들이 갖추게 될 가장 그럴듯한 종교적 결과를 계산하는 데 사용할 수 있는 최고의 일반적 경험 규칙은 이것이다. 즉 '우리는 우리의 현재 모습을 얻게 될 것이다.'" Smith and Lundquist Dention, Soul Searching, 57. 부모의 모범의 중요성은 여러 연구에서 확증되는

데, 여기에는 다음의 것이 포함된다. Pam E. King and Ross A. Mueller, "Parental Influence on Adolescent Religious-ness: Exploring the Roles of Spiritual Modeling and Social Capital," Marriage and Family: A Christian Journal 6, no. 3 (2003): 401-13.

110. 이 결과들은 젊은이들의 부모 및 젊은이들의 그룹과 이루어진 나중의 인터뷰들에 기초한 것이 아니라, 부모의 참여와 젊은이들의 활력 및 신앙의 성숙을 평가하는, 목회자들에 대한 1단계 조사들에 기초를 두었다는 것에 주목하기 바란다.

111. 지도자들은 미국의 전체 혼인 중 50%가 이혼으로 끝난다는 통계를 규칙적으로 인용한다. 새로운 데이터에 따르면, 이것은 정확하지 않다. 인구통계청에 따르면, 혼인한 사람들의 72%가 그들의 첫 배우자와 여전히 혼인관계를 유지하고 있다. 그들의 첫 번째 배우자와 혼인관계에 있지 않은 남아 있는 28%에는 배우자가 세상을 떠난 사람들이 포함되어 있다. 이 데이터를 고려할 때, 믿을 만한 한 가지 평가는 첫 번째 혼인의 20-25%가 이혼으로 끝난다고 결론을 내린다. Shaunti Feldhahn, The Good News about Marriage: Debunking Discouraging Myths about Marriage and Divorce (Colorado Springs: Multnomah, 2014), 19-22.

112. Elizabeth Marquardt, Between Two Worlds: The Inner Lives of Children of Divorce (New York: Three Rivers Press, 2005), 48, 59, 85.

113. Arnett, Emerging Adulthood, 60-61.

114. Marquardt, Between Two Worlds, 155.

115. 피터 드러커(Peter Drucker)가 자기의 글에서 이런 말을 직접 하지 않았지만, 이 말은 대개 그의 말로 여겨진다.

116. 이탤릭체는 본래 없는 것이지만, 여기에서 추가되었다.

117. 특히 중서부의 한 로마 가톨릭 대성당은 젊은이와 노인 양 편 모두에게 매우 중요한 깊은 전통 안에서 숭배감?경외감?뿌리에 대한 의식 등을 자아낸다.

118. Judith M. Gundry-Volf, "The Least and the Greatest," in The Child in Christian Thought, ed. Marcia J. Bunge (Grand Rapids: Eerdmans, 2001), 34.

119. Mary Ann Hinsdale, "'Infinite Openness to the Infinite': Karl Rahner's Contributions to Modern Catholic Thought on the Child," in Bunge, The Child in Christian Thought, 428.

120. 더 많은 자료를 위해서 그리고 오렌지 전략을 더 상세히 보기 위해서는 다음을 보라. www.orangeleaders.com.

121. 다음을 보라. Andy Crouch, Culture Making: Recovering Our Creative Calling (Downers Grove, IL: InterVarsity, 2008), 23. 크라우치는 이 어구가 문화 비평가인 켄 마이어스(Ken Myers)에 의해 다음에서 사용된 것이라고 말한다. Albert Louis Zambone, "But What Do You Think, Ken Myers?," re:generation quarterly 6, no. 3 (2000).

122. Timothy J. Keller, Center Church: Doing Balanced, Gospel-Centered Ministry in Your City (Grand Rapids: Zondervan, 2012), 22.

123. 이런 용어들을 사용함으로써, 우리가 의미하는 것은 모든 사람이 번창하거나 하나님이 의도하시는 '샬롬'(shalom, 모든 것이 잘 되는 것)을 경험할 기회를 갖도록 세상에서 "잘못된 것들을 바로잡는 일"에 참여하는 것이다.

124. 자유대학교(Free University) 취임 연설에서 인용됨. 이 연설문은 다음에서 발견할 수 있다. Abraham Kuyper: A Centennial Reader, ed. James D. Bratt (Grand Rapids: Eerdmans, 1998), 488.

125. Makoto Fujimura, Culture Care: Reconnecting with Beauty for Our Common Life (New York: Fujimura Institute and International Arts Movement, 2015), Kindle edition, location 7041.

126. Gabe Lyons, The Next Christians: The Good News about the End of Christian America (New York: Doubleday Religion, 2010), 59.

127. Soong-Chan Rah, The Next Evangelicalism: Releasing the Church from Western Cultural Captivity (Downers Grove, IL: Inter Varsity, 2009), 12.

128. Pew Research Center, "The Most and Least Racially Diverse U.S. Religious Groups," July 27, 2015, http://www.pewresearch.org/fact-tank/2015/07/27/the-most-and-least-racially-diverse-u-s-religious-groups/.

129. 구체적으로 말해서, 통계적으로 의미 있는 상관관계가 이 단계에서의 다양성과 사회적 정의를 강조하는 것, 궁핍한 다른 사람들을 섬기는 것, 사람들에게 문화적?사회적 이슈들과 상호작용하는 법을 가르치는 것, 신앙은 행위나 규율을 따르는 것 그 이상의 것임을 사람들이 이해하도록 도와주는 것, 사람들의 마음을 끄는 예배를 드리는 것, 우정에 영향을 미치는 신앙, 그리고 시간을 내서 성경을 읽고 연구하는 젊은이들을 갖게 되는 것 사이에서 발견되었다.

130. 이 주제에 대해 더욱 유용한 논의를 위해서는 세트란과 키슬링의 다음 책에 있는 직업에 대해 다루는 5장을 보라. Setran and Kiesling, Spiritual Formation in Emerging Adulthood.

131. 우리는 교회들이 문화적 이슈들에 의도적으로 관여하는 것이 젊은이들 안에 있는 활기 있는 믿음뿐만 아니라, 교회를 건강하게 해주는 것으로 확인된 일들에 교회 전체가 참여하는 것과도 긍정적인 관계가 있다는 것을 발견했다.

132. Crouch, Culture Making, 67.

133. 우리가 이 아이디어를 여러 출처에서 듣긴 했지만, 이 아이디어는 다음에서 발견될 수 있다. Chris Heuertz and Christine Pohl, Friendship at the Margins: Discovering Mutuality in Service and Mission (Downers Grove, IL: InterVar-sity, 2010).

134. 더욱더 상호적인 자세를 가지고 봉사·선교·정의에 접근하는 것에 대해 더 많이 고찰하기를 원한다면, 다음을 보라. Chap Clark and Kara Powell, Deep Justice in a Broken World: Helping Your Kids Serve Others and Right the Wrongs around Them (Grand Rapids: Zondervan, 2007) and David A. Livermore, Serving with Eyes Wide Open: Doing Short-Term Missions with Cultural Intelligence, updated ed. (Grand Rapids: Baker, 2013).

135. Kara Powell and Brad M. Griffin, Sticky Faith Service Guide: Moving Students from Mission Trips to Missional Living (Grand Rapids: Zondervan, 2016), 17.

136. 예를 들어, 다음을 보라. 창 12:1-9; 삼상 3:1-21; 사 6:1-13; 렘 1:1-10; 마 4:18-22; 16:24-28; 20:20-28; 벧전 2:9-10.

137. Mark Labberton, Called: The Crisis and Promise of Following Jesus Today (Downers Grove, IL: InterVarsity, 2014).

138. 이 일은 우리의 스티키 페이스 코호츠(Sticky Faith Cohorts)를 통해서 이루어졌는데, 스티키 페이스 코호츠는 학습하는 교회 공동체들로서, 리서치와 이 리서치가 구체적인 교회의 맥락들 속에서 함의한 것 사이의 1년에 걸친 역동적 상호작용에 참여한다. 코호츠 과정에는 교회/청소년 사역 평가, 매월 온라인 웹 세미나, 패서디나에서 두 번에 걸쳐 이루어진 3일 간의 최고 지도자 모임, 변화를 이루기 위한 전략적 계획, 그리고 맞춤형 코칭 등이 포함된다.

139. Ronald A. Heifetz and Marty Linsky, Leadership on the Line: Staying Alive through the Dangers of Leading (Boston: Harvard Business School Press, 2002), 14.

140. Scott Cormode, "Leadership Begins with Listening," Fuller Theological Seminary, http://leadership.fuller.edu/Leadership/Classes/CF565/Wk01-03/Leadership_Begins_with_Listening.aspx.

141. 강점 탐구(Appreciative inquiry)는 변화를 일으키기 위해 잘 듣는 효과적인 접근이다. 풀러 신학교의 우리 동료인 마크 라우 브랜슨 박사는 이 접근을 공동체들에 성공적으로 적용했다. 다음을 보라. Mark Lau Branson, Memories, Hopes, and Conversations: Appreciative Inquiry and Congregational Change (Lanham, MD: Rowman and Littlefield, 2004).

142. "열망들과 상실들" 그리고 사람들로 하여금 밤에 깨어있게 하는 것들에 목사들이 어떻게 반응할 수 있는지를 더욱 잘 이해하기 위해서는 다음을 보라. Scott Cormode, Making Spiritual Sense: Christian Leaders as Spiritual Interpreters (Nashville: Abingdon, 2006), xiii-xvi.

143. Scott Cormode, "A Shared Story of Future Hope," Fuller Theological Seminary, http://leadership.fuller.edu/Leadership/Resources/Part_2-Three_Ways_to_Lead/IV_The_Cultural_o_Interpretative_Approach_to_Leading/D_Meaning_Making_Leaders_Proclaim_Vision/1_A_Shared_Story_of_Future%C2%A0Hope.aspx.

144. Ammerman, "Journeys of Faith," 49-50.

145. Heifetz and Linsky, Leadership on the Line, 102?16.

146. Scott Cormode, "Leading for Transformative Change," Fuller Theological Seminary, http://leadership.fuller.edu/Leadership/Resources/Part_4_Leading_for_Transformative_Change.aspx.

147. Ronald A. Heifetz and Donald L. Laurie, "The Work of Leadership," Harvard Business Review, December 2001, 135.

148. 예를 들어, 1단계 조사에서, 교회 지도자들에게 예수 그리스도에 대한 활기 있는 신앙을 가진 젊은이에 대해 생각하고, 그다음에 이 젊은이의 신앙이 어떤지에 대해 세 가지에서 다섯 가지의 특징을 기술하도록 부탁했다. 그다음에 이 지도자는 (그 기술에 기초해서) 교회의 젊은이들 중 몇 퍼센트가 활기 있는 신앙을 가지고 있는지를 눈금으로 평가했다. 또한 청소년 지도자에게 성숙한 신앙과 연관되어 있다고 여겨지는 특정한 신앙의 실천이나 활동에 참여하는 젊은이가 공동체에서 몇 퍼센트나 되는지를 선택해 달라고 부탁했다. 2단계 인터뷰에서, 참여자들에게 "나의 공동체는 사람들을 효과적으로 준비시켜서 예수 그리스도를 따르는 자들로 성장하게 해 준다"와 같은 특정한 진술이 그들의 공동체에 얼마나 참된지를 평가해달라고 부탁했다. 젊은이들 자신에게는 그들 자신의 신앙 실천들을 기술하는 특정한 진술들이 얼마나 참된지를 평가해달라고 부탁했다. 이런 진술들은 조사 연구소(Search Institute)에 의해서 대중화된 신앙성숙 평가도(Faith Maturity Scale)를 상당히 수정한 항목들을 활용하고 있는 9개 항목의 등급(a nine-item scale)으로 이루어졌다. 다음을 보라. Benson, Donahue, and Erickson, "The Faith Maturity Scale," 1-26. 마지막으로, 3단계의 현장 방문 동안에, 리서치 팀은 관찰을 통해서, 그리고 교회의 영적 활력에 대한 그들의 관점에 대해 인터뷰와 포커스 그룹 참여자들에게 질문하는 것을 통해서, 활력 있는 신앙을 평가했다. 이런 방법 중 어느 것도 포괄적이거나 우리 팀에게 전체적인 그림을 제공하지 않았지만, 이 방법들은 이 프로젝트의 목표들을 이루기 위한 충분한 이해를 제공했다.

149. 여러 학문적 작품이 리서치 설계를 위한 기초를 형성했지만, 리서치 팀은 모범적인 방법론을 전개하는 데 다음의 것들이 특히 유익하다는 것을 알게 되었다. Anne Colby and William Damon, Some Do Care: Contemporary Lives of Moral Commitment (New York: Free Press, 1992); and Pamela Ebstyne King, C. E. Clardy, and J. S. Ramos, "Adolescent Spiritual Exemplars: Exploring Spirituality in the Lives of Diverse Youth," Journal of Adolescent Research 29, no. 2 (2014): 186?212 몇몇 종교사회학자의 작품 역시 전반적인 리서치 설계에 가치가 있었는데, 여기에는 다음의 저자들도 포함된다. Nancy Ammerman, Christian Smith, and Robert Wuthnow.

150. 주목할 만한 15개 교회의 이름을 보내는 것 외에, 추천자들에게 "청년들의 마음을 사로잡는데 있어서 보다 전형적인" 교회의 이름을 10개까지 보내달라고 부탁했다. 보다 전형적인 교회들의 이 그룹은 이 프로젝트의 모범적 방법론에 중심적인 것이 아니라, 전형적인 교회와 주목할 만한 교회 사이에서 의미 있는 차이들이 발견될 경우, 거기에 맞는 대조 샘플로서 사용하기 위한 것이었다.

151. 추천자들에게는 효과적인 교회에 대한 이 프로젝트의 실용적 정의를 제공했다.

152. 이 추천 과정을 설계하는 동안에, 리서치 팀은 보다 구체적인 기준들을 제공하는 것을 고려했다. 그러나 많은 논의 끝에, 그 기준들을 추천자의 해석에 어느 정도 열어두자는 결정이 내려졌다. 그 덕분에, 리서치 팀은 전문 추천자들이 주목할 만하다고 믿는 매우 다양한 교회를 확인하고 그들로부터 배울 수 있었다. 리서치 팀이 생각하기에 효과적인 교회라고 여겨졌던 것에 대한 최초의 기대들에 맞지 않을 수도 있는 교회들을 포함해서 말이다. 이렇게 해서 젊은이들의 마음을 사로잡는 데 있어서 효과적이라고 인식되는 교회들이 추천될 수 있게 되었다.

153. 예를 들어, "당신의 공동체에 있는 젊은이들의 몇 퍼센트가 시간을 내서 성경을 읽고 공부하

는가?"

154. 예를 들어, 이 등급에 있는 한 가지 질문은 이런 것이었다. "당신의 교회는 얼마나 의도적으로 또래들이 서로 정직하게 공유할 수 있는 관계를 증진하는 활동들을 계획하는가?"

155. 리서치의 각 단계에서 사용된 조사 도구들을 보기 위해서는 www.churchesgrowingyoung. org를 방문하기 바란다.

156. 1단계 분석들이 이 8가지 특징들과 교회의 효과적 사역 사이에 있는 관계를 증명해주었으며, 리서치 팀은 이 8가지 특징들이 실행가능한 선별 기준이라는 것을 알게 되었다.

157. 리서치 팀은 이 특징("복음을 주고 받는 것"-옮긴이)이 1단계 참여자들에 의해서 8가지 특징 중 가장 대략적으로 진술되고, 가장 폭넓게 해석되었다고 결정했다. 그래서 리서치 팀은 이 주제를 2단계의 참여를 위한 선별 기준으로 사용하기보다는, 2단계와 3단계에서 이 주제를 더욱 잘 이해하고자 했다.

158. 리서치 팀은 3단계에서의 현장 방문 때까지 인터뷰를 하지 않고 기다리기로 했으며, 미성년들 (15-17세)로 이루어진 포커스 그룹들을 정했다. 이런 결정을 하게 된 것은 이 프로젝트를 설명하고 부모들에게서 직접 정보에 근거한 동의를 얻을 수 있기 위해서였다.

159. 예를 들어, 이 리커트 척도를 통한 한 가지 질문은 이런 것이다. "당신의 교회가 사람들에게 문화적·사회적 이슈들과 상호작용하는 법을 실제로 얼마나 가르치는가?"

160. 예를 들어, 이 리커트 척도를 통한 한 가지 질문은 이런 것이다. "당신은 그리스도인이 아닌 다른 사람들과 실제로 얼마나 대화를 나누는가?" 신앙 성숙에 대한 열린 질문의 한 가지 예는 다음과 같다. "기독교의 복음, 또는 좋은 소식의 메시지를 당신은 몇 문장으로 어떻게 묘사하겠는가?"

161. 참여자들에게는 국가적 표준에 대한 그들의 인식과 비교하여, 가정 수입을 표시하도록 부탁했다.

162. 예를 들어, 한 교회는 2단계 인터뷰가 시작된 이후로 교회의 유급 지도자 중 세 명이 교회를 떠나게 되는 상당한 스탭 변화를 겪고 있었다. 이런 변화는 풀러 청소년 연구소의 리서치 팀이 필요한 리서치를 수행하는 것을 어렵게 만들었을 것이다.

163. 세 가지 질문을 합산한 점수는 다음과 같은 진술들에 대해 각 교회가 얻은 평균 등급에 기초해서 계산되었다. 즉, "나의 교회는 젊은이들이 예수 그리스도를 따르는 자들로서 자라도록 효과적으로 준비시키고 있다," "나의 교회는 사람들이 그들의 직업, 학교, 또는 다른 일상의 활동들 속에서 예수님을 따르도록 준비시키고 있다," 그리고 "나의 교회는 사람들이 기독교의 복음, 또는 좋은 소식을 알고 이해하도록 도와준다."

164. 풀러의 신앙 고백은 온라인에서 찾아볼 수 있다. 우리의 믿음들을 더욱 잘 이해하기 위해서는 다음 사이트를 방문하기 바란다. http://fuller.edu/About/Mission-and-Values/What-We-Believe-and-Teach/.